신
국

회
복

BIBLE in TIMES 5

신국 회복

무너진 백성을 소생시키는 하나님의 은혜

고영길 엮음

홍성사.

주의 분노를 주의 성 예루살렘, 주의 거룩한 산에서 떠나게 하옵소서

다니엘 9:16

여호와께서 시온의 포로를 돌려보내실 때에 우리는 꿈꾸는 것 같았도다
그때에 우리 입에는 웃음이 가득하고 우리 혀에는 찬양이 찼었도다
그때에 뭇 나라 가운데에서 말하기를
여호와께서 그들을 위하여 큰 일을 행하셨다 하였도다

시편 126:1-2

추천 글 김구원(시카고 대학교 구약학 박사, 《쉬운 구약 개론》 저자)

구속사의 흐름과 시대정신이 반영된 결과물

《유다 왕국》의 후속 편에 해당하는 《신국 회복》은 유다의 바빌론 포로 생활부터 귀환 유다 백성들의 사회 재건, 종교 개혁까지 약 190여 년의 역사를 다룬다. 엮은이가 밝힌 바와 같이 이 책은 이 시기에 해당하는 역사서와 예언서를 연대적으로 재배열했을 뿐 아니라 극적으로 펼쳐지는 역사적 사건들 뒤에 담겨 있는 예언자들의 메시지를 '하나님 나라의 회복'이라는 주제로 체계화하였다.

이 책에서 엮은이는 하나님 나라의 흥망이 하나님과 이웃에 대한 사랑의 원리와 연결되어 있다고 제안한다. 인류 역사상 처음이자 마지막으로 실험된 '이 땅의 하나님 나라'인 유다 왕국의 멸망도 하나님과 이웃 사랑에 실패했기 때문이다. 따라서 멸망을 경험한 유다 민족은 에스라와 느헤미야와 같은 정치 지도자 밑에서 학개와 말라기 선지자 등과 함께 하나님과 이웃 사랑이 실천되는 사회제도를 구축하려 했다. 즉 율법이 마음으로 순종되는 신앙 공동체를 이루려 했다는 것이다. 하지만 귀환 시대의 제사장, 정치가, 선지자들은 모두 그리스도의 사역의 그림자에 불과하며, 그런 공동체는 참된 왕, 제사장, 선지자이신 예수 그리스도를 통해서 비로소 가능해진다는 구속사의 흐름이 이 책을 통해 잘 전달되고 있다.

《신국 회복》의 큰 장점은 독자들이 이 책을 통해 구속사의 '원전'인 성경 본문과 직접 만나게 된다는 점이다. 하나님의 말씀은 "살아 있고 활력이 있어 좌우에 날선 어떤 검보다도 예리하여 혼과 영과 및 관절과 골수를 찔러 쪼개기까지 하며 또 마음의 생각과 뜻"을 판단할 뿐 아니라 만물이 그분의 말씀 앞에서 "벌거벗는 것같이" 드러나기 때문이다. 하나님의 통치는 그 백성들이 그분의 말씀을 듣고 순종할 때 실현된다.

코로나 바이러스로 인한 감염병이 우리 시대의 헛된 권위를 적나라하게 노출시켰다. 정치권력이나 돈, 종교적 형식이 생명을 구원할 수 없음을 깨닫게 하는 이때에 이 책은 하나님의 말씀에서 참된 권위를 찾는 일을 도울 것이다. 또한 성경을 읽어 나갈 때 중간에 역사나 예언의 맥을 놓치거나, 이름 또는 목록을 나열하는 본문에서 오는 지루함 때문에 포기하는 일이 없도록 돕는다. 구속사의 흐름과 그 안에 구현된 '시대정신'을 엮은이가 단락마다 친절하게 설명하고 있기 때문이다. 그리고 그 '시대정신'은 2,500년이 흐른 지금에도 여전히 유효하다. 따라서 이 책은 성경에서 이 시대를 향한 하나님의 뜻을 진지하게 구하는 사람들에게 좋은 친구가 될 것이다. 엮은이의 노고에 감사드리며, 기쁜 마음으로 추천한다.

프롤로그

하나님 나라를 회복시키시는 그리스도 예수를 대망하며

이 책은 유다 왕국 멸망 이후부터 말라기까지 포로기와 회복기 190년 동안에 해당하는 구약성경 내용을 시대순으로 정리한 것이다. 단순히 연대순으로 병렬적으로 정리한 것이 아니라, 시대정신의 흐름을 한 구슬로 꿰어 체계화시킨 결과다.

하나님은 자기 백성과 함께하시며 하나님과 이웃을 사랑하는 나라를 세우길 원하셨다. 하지만 유다 백성은 하나님을 버리고 우상을 숭배했으며, 이웃을 폭력으로 억압, 착취하고 살인을 일삼았다. 예루살렘 거리를 죄 없는 사람들의 피로 물들이며 하나님의 이름을 더럽혔으므로, 하나님은 유대인들을 회개시켜 돌아오게 하고자 예언자를 보내고 또 보내셨다. 그러나 그들이 끝내 돌아오지 않자, 마침내 유다 왕국이 멸망할 때 그들을 살육당하게 하셨으며, 살아남은 자들을 포로로 잡혀가게 하셨다. 유다 백성을 하나님과 이웃을 사랑하는 백성으로 만드시려는 것이 유대인 포로생활에 대한 하나님의 선하신 뜻이다. 왕국 멸망 50년 후 하나님은 그들 중 일부를 회개시켜 유다 땅으로 돌아오게 하고, 예루살렘 성전과 성벽 재건축, 율법과 예언서 집대성을 통해 하나님 나라를 회복시키셨다.

나는 대학 시절 서양중세사 강의를 들으면서 '예수님이 오신 시대는 어떠했으며 왜 그때 오신 것일까?'라는 생각이 들어 궁금해한 적이 있다.

'예언자는 불의한 시대를 하나님께로 돌아오게 하려고 말씀을 대언하며 경고하는 사람인데, 시대가 악할수록 대예언자가 활동했다. 예수 시대의 유대 사회가 최고 대예언자이신 예수께서 오셔야 할 정도라면 얼마나 불의가 극심했을까? 예수께서 오시지 않았다면 노아 시대나 소돔과 고모라 사회처럼 심판받아 멸망했을 것이다. 예수 시대의 유대 사회는 과연 어떠했을까?'

나는 이 질문에 답을 얻고자 지금으로부터 14년 전 《예수 전기》를 저술하여 예수님의 활동과 예수 시대상을 살펴보았고, 이제 《신국 회복》을 펴내어 예수께서 오시기 전 구약성경 끝부분을 시대순으로 정리하여 그 시대상을 살펴보게 되었다. 《신국 회복》 이전에 유다 왕국이 멸망하기까지 50년의 성경 기록은 《유다 왕국》을 저술해 이해했다. 그때 멸망을 향해 가는 유다 왕국을 바로 세우려 요시야 왕이 종교개혁을 추진하며 국정 통치의 롤모델로 삼은 다윗 왕의 생애는 《다윗 실록》을 저술하며 이해했다.

나는 《유다 왕국》에서 하나님과 이웃을 사랑하지 않는 나라는 반드시 심판받아 멸망한다는 진리를 깨닫고, 이어지는 《신국 회복》

에서는 멸망하여 포로생활하는 유대인들이 회개함으로써 하나님의 은혜로 귀환하게 되고, 무너진 예루살렘 성전과 성벽을 재건축하며 율법생활을 회복하게 된다는 사실을 확인했다. 유다 왕국 멸망의 역사를 통해 하나님이 유다 민족을 왜 버리셨는지 그 이유를 살펴보았듯이, 《신국 회복》을 통해 하나님이 유대인을 버린 적이 없는 사람처럼(슥 10:6) 회복시키시는 과정을 살펴본 것이다. 하지만 하나님과 이웃을 마음과 뜻을 다해 사랑하지 못하는 유다 민족의 고질적인 문제가 여전히 해결되지 않자, 결국 말라기 사태가 발생하여 400년 침묵기가 되었고, 그 암흑기를 거쳐 마침내 때가 찼을 때 그리스도 예수께서 오셔서 모든 문제를 해결하고 하나님 나라를 이루신 것을 통찰할 수 있었다.

독자들이 이 책을 읽고 오늘날 한국 교회가 쇠퇴의 길로 빠져 버린 원인을 깨닫고 회개함으로, 자기가 속한 공동체를 하나님과 이웃 사랑의 공동체로 회복시켜 주님께 복 받는 삶을 누리기를 소원한다.

2022년 10월

고영길

차례

일러두기
- 본문의 각 단락 위에 표기한 구약성경 출처의 배열 순서는 해당 성경 내용
  을 종합한 순서입니다.
- 본문 중 명조체가 아닌 고딕체 글씨, 작은 크기의 글씨, [ ] 안의 내용은
  문자적으로는 성경에 없으나, 문맥의 연결과 독자의 이해를 위해 성경에 기
  반하여 엮은이가 첨가한 것입니다.

1

유다 왕국
멸망 이후의
예언활동

예레미야의 이집트 예언활동

유다 백성은 하나님을 사랑하지 않고 우상을 숭배했으며, 이웃을 폭력으로 억압하고 살인했다. 이에 하나님의 심판을 받아 예루살렘은 함락되고 유다 왕국은 멸망했다. 그때 도피하여 간신히 살아남은 유대인들 중 이스마엘을 비롯한 몇 사람은 느부갓네살 왕이 임명한 유다 총독 그달리야를 바빌로니아의 앞잡이 노릇을 한다며 살해하고 암몬으로 도망갔다. 요하난을 비롯한 다른 군인들은 바빌로니아의 보복이 두려워, 살아남은 유대인들을 끌고 이집트로 도망갔다. 예레미야와 바룩도 끌려갔다. 그들은 예레미야를 통해 '유다 땅에 머물라'는 하나님의 말씀을 듣고도 불순종하고 이집트로 갔던 것이다. 그들은 유다 왕국이 멸망하게 된 원인을 깨닫지 못했다. 오히려 지난날 우상숭배하던 시절에는 잘 살았으나 우상숭배를 그치자 궁핍과 전쟁으로 죽게 되었다면서 이집트에서 우상숭배하다가 BC 582년 바빌로니아가 이집트를 정복할 때 바빌로니아로 끌려가 버렸다.

바빌로니아 왕 느부갓네살은 BC 587년 예루살렘을 함락시킨 뒤 시드기야 왕을 잡아 오게 했다. 그리고 왕자들과 지도자들이 처형당하는 장면을 보게 하고 그의 두 눈을 뽑아 버렸으며, 유다 포로들과 함께 바빌로니아로 끌고 갔다. 느부갓네살 왕은 경호부대 뜰에 갇혀 있던 예레미야를 석방시키고 예레미야가 원하는 곳에 가서 자유롭게 살도록 보살펴 주었다.

예레미야가 석방되다 (BC 587, 렘 39:11-14; 40:1-6)

바빌로니아 왕 느부갓네살은 경호대장 느부사라단에게 예레미야에 관하여 명령했다.

"너는 그를 데려와 잘 보살펴 주고, 조금도 피해를 주지 마라. 그가 네게 요청하는 대로 해줘라."

경호대장 느부사라단, 지도자 느부사스반, 귀족 네르갈사레셀[1] 그리고 바빌로니아 왕의 모든 신하들은 사람을 보내, 경호부대 뜰에서 예레미야를 데려왔다. 경호대장이 예레미야를 데려와 말했다.

"그대의 주 하나님이 이곳에 재앙을 내리겠다고 말씀하셨고, 주께서 말씀하신 대로 이제 재앙을 내리셨습니다. 그대들이 주께 죄짓고 그분 음성에 순종하지 않아, 그대들에게 이런 재앙이 일어난 것입니다. 이제 내가 그대의 손을 묶은 사슬을 풀어 주겠습니다. 그대가 나와 함께 바빌로니아로 가는 것을 좋게 여긴다면, 나와 함께 갑시다. 내가 그대를 보살펴 주겠소. 하지만 그대가 나와 함께 바빌로니아로 가는 걸 좋게 여기지 않는다면, 가지 않아도 좋습니다. 이 땅

---

1. 28년 후 그는 느부갓네살 왕의 아들 에윌므로닥 왕(BC 562-560 재위)을 암살하고 자신이 왕이 되어 4년간 통치한다.

어디든 그대 마음에 드는 곳이 있다면, 그곳으로 가는 게 마음 편하다면 그곳으로 가십시오."

예레미야가 돌아서려 하지 않자[2] 그가 말했다.

"바빌로니아 왕께서 유다 땅 총독으로 세우신 사반[3]의 손자이자 아히감의 아들인 그달리야에게로 돌아가 그와 함께 동족과 더불어 사십시오. 그게 싫으면, 그대 마음에 드는 곳으로 찾아가십시오."

예루살렘과 유다의 모든 포로들이 바빌로니아로 끌려갈 때, 예레미야도 결박돼 끌려가던 중 경호대장 느부사라단이 라마에서 예레미야를 석방했다. 그러고는 그달리야(사반의 손자이며 아히감의 아들)에게 예레미야를 맡기고, 그의 집으로 데려가게 했다. 경호대장은 예레미야에게 양식과 선물을 줘서 보냈다. 그래서 예레미야는 미스바[4]에 있는 그달리야를 찾아가, 그와 함께 그 땅에 남아 있는 동족과 더불어 살았다.

느부갓네살 왕은 그달리야를 유다 총독으로 임명하고 그에게 유다 통치를 맡겼다. 왕이 바빌로니아로 돌아가자, 광야로 도망갔던 유다 군대 지휘관들이 그달리야를 만나러 왔다. (렘 40:7-16; 왕하 25:23-24)

광야로 도망갔던 유다 군대 지휘관들이 모두 소식을 듣고서 자기 부하들을 데리고 미스바로 와 그달리야를 만났다. 바빌로니아 왕이

---

2. 예레미야가 바빌로니아로 가려 하지 않은 이유는 바빌로니아는 죄 많은 유다 백성을 징계하는 하나님의 도구일 뿐, 바빌로니아 역시 자신의 죄악으로 인해 멸망하게 될 것(렘 50:1-51:58)이라 보았기 때문이다.
3. 35년 전(BC 622) 사반은 성전에서 발견한 율법책을 요시야 왕에게 낭독해 종교개혁의 계기를 만들었다(왕하 22:3).
4. 유다 왕국 멸망 이후 예루살렘은 황폐해졌고, 미스바가 유다 지역의 행정 중심지가 되었다.

그달리야를 그 땅의 총독으로 삼고, 바빌로니아로 끌려가지 않은 여자와 어린이들과 노약자들을 그에게 맡겼다는 소식이었다. 그들은 이스마엘(느다니야의 아들), 요하난과 요나단(가레아의 두 아들), 스라야(단후멧의 아들), 느도바 사람 에배의 아들들, 여사냐(마아가 사람의 아들)와 그들 각 사람이 거느린 부하들이다. 그때 그달리야가 그 지휘관들과 그들의 부하들에게 맹세하며 말했다.

"여러분, 바빌로니아 사람들 섬기기를 두려워하지 마시오.[5] 이 땅에 살면서 바빌로니아 왕을 섬기는 게 여러분에게 좋을 것이오. 나는 미스바에 머물며 우리를 찾아오는 바빌로니아 사람 앞에 서서 여러분을 보호할 테니, 여러분은 포도주와 여름 과일과 기름을 모아 여러분의 그릇에 담아 두면서 여러분이 차지한 성에서 살도록 하시오." (40:7-10)

바빌로니아 왕이 유다 땅에 사람들을 남겨 뒀고, 그달리야를 그들의 총독으로 세웠다는 소문이 돌았다. 모압과 암몬과 에돔과 그밖의 여러 나라에 흩어져 있던 유대인들이 모두 그 소문을 듣고 유다 땅 미스바에 있는 그달리야에게 돌아왔다. 그들은 포도주와 여름 과일을 아주 많이 거둬들였다. 그때 요하난을 비롯해 들판에 있던 군대 지휘관들이 모두 미스바에 있는 그달리야에게 와서 말했다.

"암몬 사람의 왕 바알리스가 총독님을 죽이려고 이스마엘을 보냈다는 사실을 알고 있습니까?"

그러나 그달리야는 그들을 믿지 않았다. 그러자 요하난이 미스바

5. 렘 42:11 참조.

에서 그달리야에게 은밀히 말했다.

"내가 가서 이스마엘을 아무도 모르게 죽일 테니, 허락해 주십시오. 그가 총독님을 살해하면, 지금 총독님께 모여 있는 유대인들이 모두 다시 흩어질 것입니다. 살아남은 유대인들마저 멸망할 것입니다."

하지만 그달리야가 답했다.

"그런 일을 하지 마시오. 그대는 거짓말로 이스마엘을 헐뜯고 있소."

그달리야 살해 (BC 587, 왕하 25:25-26: 렘 41:1-18)

그해 7월[6]이 되었을 때, 이스마엘이 부하 열 명을 데리고 그달리야를 만나러 미스바로 와서 그와 함께 식사했다. 이스마엘은 엘리사마의 손자이자 느다니야의 아들이었고, 왕족이자 시드기야 왕의 장관이었다. 그달리야는 사반의 손자요 아히감의 아들이자, 바빌로니아왕이 그 땅의 총독으로 세운 자였다. 그때 이스마엘이 자기 부하 열 명과 함께 일어나 그달리야를 칼로 쳐 죽였다. 그들은 그달리야와 함께 미스바총독 공관에 있던 유대인들과 갈대아인들도 모두 죽였다.

그달리야가 살해된 다음 날, 아직 아무도 그 사실을 알지 못하고 있을 때, 수염을 깎고 옷을 찢고 몸에 상처를 낸 사람들[7] 80명이 세겜과 실로와 사마리아에서 곡식 제물과 향료를 들고 주님의 성전으로 왔다. 그때 이스마엘이 그들을 맞으려고 미스바에서 나와 계속

---

6. BC 587년 10월.
7. 유다 왕국 멸망을 애통하며 이방 관습을 본받아 고행하던 사람들(신 14:1 참조).

울면서[8] 걸어가다가, 마침내 그들을 만나 말했다.

"그달리야에게로 갑시다."

그들이 미스바 성 안으로 들어오자, 이스마엘이 자기 부하들과 함께 그들을 죽여 물웅덩이 속에 던져 넣었다. 그러자 그들 가운데 열 명이 이스마엘에게 애걸했다.

"우리가 밭에 숨겨 둔 밀과 보리와 기름과 꿀을 드릴 테니, 제발 우리를 죽이지 마시오."

이스마엘은 그들과 그 일행을 죽이지 않았다. 이스마엘이 사람들을 쳐 죽이고 그 시체를 모두 던져 넣은 물웅덩이는 아사 왕[9]이 이스라엘 왕 바아사를 저지하려고 파놓은 것이다. 이스마엘이 그곳을 시체로 채웠다.

그 후 이스마엘은 미스바에 남아 있던 백성과 왕의 딸들[10]을 모두 사로잡았다. 그들은 모두 경호대장 느부사라단이 그달리야에게 맡겨 두어 미스바에 남아 있던 백성이었다. 이스마엘은 그들을 사로잡아 암몬 사람에게로 넘어가려 했다.

요하난과 그와 함께 있던 모든 군대 지휘관들은 이스마엘이 저지른 범죄 소식을 모두 전해 들었다. 그러고는 모든 부하를 거느리고 이스마엘을 치러 뒤쫓아갔다. 결국 기브온에 있는 큰 연못가에서 그를 만났다. 미스바에서부터 이스마엘에게 포로로 끌려가던 사람들이 모두 요하난과 그와 함께 온 모든 군대 지휘관들을 보고 기뻐

---

8. 사악한 이스마엘은 교활하게 거짓 울음으로 위장하여 고행자들을 속이고 동료의식을 갖게 한 후, 미스바로 유인해 살해했다.
9. 320년 전(BC 907) 유다 왕(왕상 15:22 참조).
10. 시드기야 왕의 아들들은 느부갓네살 왕에 의해 처형되었고(렘 39:6) 그의 딸들만 살아남았다.

했다. 그리고 뒤돌아서 요하난에게로 도망갔다. 그러자 이스마엘은 여덟 명과 함께 요하난 앞에서 도망해 암몬 사람에게로 넘어갔다.

이스마엘은 그달리야를 살해한 후, 미스바에 남아 있던 모든 백성을 사로잡아 끌고 가려고 했으나, 요하난이 자기가 데리고 있던 모든 군대 지휘관들과 함께 가서, 끌려가던 군인들과 남자와 여자와 어린아이들과 내시들을 기브온에서 데리고 왔다. 바빌로니아 왕이 그달리야를 그 땅의 총독으로 세워 놓았는데 이스마엘이 그를 죽였으니, 요하난과 군대 지휘관들은 바빌로니아 사람들을 두려워했다. 그들은 이집트로 도망하다 베들레헴 근처에 있는 게롯김함[11]에 머물렀다.[12]

예레미야가 이집트로 끌려가다 하나님의 뜻을 전하다 (렘 42:1-43:7a)

모든 군대 지휘관들과 요하난과 여사냐(호사야의 아들)와 낮은 사람으로부터 높은 사람에 이르기까지, 온 백성이 모여 예언자 예레미야에게 말했다.

"우리의 간구를 들으셔서, 여기에 남아 있는 우리 모두를 위해 당신의 주 하나님께 기도해 주시오. 당신이 보듯 많은 사람 가운데 우리만 겨우 남았으니, 우리가 가야 할 길과 우리가 해야 할 일을 당신의 주 하나님이 우리에게 알려 주시도록 해주시오."

"잘 알아들었습니다. 여러분의 간청대로 내가 여러분의 주 하나님께 기도해 보겠습니다. 그리고 주께서 응답하시는 것을 숨김없이 모

---

11. 김함의 거주지(삼하 19:37-40 참조).
12. 그달리야 살해 사건 후 유다는 행정적 독립 지위를 상실하고 사마리아 지방에 편입된 듯하다.

두 여러분에게 알려 드리겠습니다."

"주님은 우리 사이에 진실하고 신실한 증인이시므로, 당신의 주 하나님이 당신을 통해 말씀하시는 대로 우리가 행하겠습니다. 우리가 당신을 우리 주 하나님께 보내는 목적은, 그분의 응답이 좋든지 나쁘든지, 우리가 그 음성에 순종하려는 것입니다. 우리 주 하나님의 음성에 순종하면, 우리는 복을 받을 것입니다."

열흘이 지난 뒤 주께서 예레미야에게 말씀하셨다. 예레미야가 요하난과 그와 함께 있던 모든 군대 지휘관들과 낮은 사람으로부터 높은 사람에 이르기까지 모든 백성을 불렀다.

"여러분은 나를 이스라엘의 주 하나님께 보내 여러분의 간구를 전하게 했습니다. 그분이 말씀하셨습니다.

'너희가 이 땅에 머물러 있으면, 내가 너희를 세우고 허물지 않겠다. 너희를 심고 뽑지 않겠다. 내가 너희에게 내린 재앙에 대해 나는 이제 후회한다. 너희가 두려워하는 바빌로니아 왕을 두려워하지 말아라. 내가 너희와 함께하면서 너희를 구원하고, 너희를 그의 손에서 건져 내겠다. 너희는 그를 두려워하지 말아라. 주님의 말씀이다. 내가 너희에게 자비를 베풀어, 바빌로니아 왕이 너희를 불쌍히 여기고 너희를 고향 땅으로 돌려보내게 하겠다.

그러나 너희가 너희 주 하나님의 음성에 순종하지 않고, 이 땅에 살지 않겠다고 하고, 이집트 땅으로 들어가 전쟁도 보지 않고 비상나팔 소리도 듣지 않고 굶주리지도 않고 그곳에서 살겠다고 말하면, 유다의 살아남은 자들아, 너희는 주님의 말씀을 들도록 해라. 만군의 주 이스라엘의 하나님이 말씀하신다. 너희가 이집트로 들어가려

하고, 그곳에서 살고자 내려간다면, 너희가 두려워하는 전쟁이 너희를 따라 이집트 땅으로 갈 것이며, 너희가 무서워하는 기근이 이집트에서 너희에게 붙어 다닐 것이며, 결국 너희는 거기서 죽을 것이다. 이집트 땅에서 머물고자 그곳으로 내려가기로 작정한 사람은 모두, 전쟁과 기근과 전염병으로 죽을 것이고, 내가 그들에게 내리는 재앙에서 아무도 살아남거나 도망하지 못할 것이다. 만군의 주 이스라엘의 하나님의 말씀이다. 너희가 이집트로 들어가면, 내가 예루살렘 주민에게 분노와 진노를 쏟아부었던 것처럼, 너희에게도 내 분노를 쏟아붓겠다. 그러면 너희는 가증거리와 혐오거리와 저주거리와 치욕거리가 되어 다시는 이곳을 보지 못할 것이다.'

유다의 살아남은 여러분, 주께서 여러분에게 '너희는 이집트로 가지 말라'고 말씀하셨고, 나도 오늘 여러분에게 같은 경고를 했음을 여러분이 분명히 알아야 합니다. 여러분은 나를 여러분의 주 하나님께 보내면서, '우리 주 하나님께 우리를 위해 기도해 주십시오. 우리 주 하나님이 말씀하시는 것을 모두 우리에게 알려 주시면, 우리가 그대로 실행하겠습니다'라고 말하면서 여러분 자신의 마음을 속였습니다.[13] 나를 여러분에게 보내신 여러분의 주 하나님의 말씀을 내가 여러분에게 알려 주었음에도, 여러분은 오늘 순종하지 않았습니다. 그러므로 이제 여러분이 들어가 머물려 하는 그곳에서, 여러분은 전쟁과 기근과 전염병으로 죽을 거라는 것을 확실히 아십시오."

예레미야가 모든 사람에게 그들의 주 하나님의 모든 말씀, 곧 그

---

13. 약 1:22, 26; 욥 1:3; 겔 33:31; 요일 1:8 참조.

들의 주 하나님이 예레미야를 그들에게 보내면서 전하게 하신 모든 말씀을 전해 주자, 아사랴(호사야의 아들)와 요하난과 고집 센 사람들이 예레미야에게 말했다.

"당신은 거짓말을 하고 있소. 우리 주 하나님이 당신에게, '너희는 이집트에서 머물고자 그곳으로 들어가지 마라'는 말씀을 전했을 리가 없소. 바룩(네리야의 아들)이 우리를 바빌로니아 사람의 손에 넘겨주어 우리를 죽이거나 바빌로니아로 잡아가게 하려고 당신을 꼰 말임이 틀림없소."

요하난과 모든 군대 지휘관들과 온 백성은 유다 땅에 머물러 살라는 주님의 음성에 순종하지 않았다. 마침내 요하난과 모든 군대 지휘관들은 여러 나라에 흩어져 살다가 유다 땅에서 살고자 돌아온 유다의 살아남은 사람들, 곧 남자와 여자와 어린아이들과 시드기야 왕의 딸들, 그리고 경호대장 느부사라단이 그달리야에게 맡겨 놓은 모든 사람 및 예언자 예레미야와 바룩까지 데리고 이집트 땅[14]으로 들어갔다. 그들은 주님의 음성에 순종하지 않았다.

예레미야가 느부갓네살의 이집트 정복을 예언하다 (렘 43:7b-13)

그들이 다바네스에 이르렀을 때, 주님의 말씀이 예레미야에게 들렸다.

"너는 네 손으로 큰 돌들을 다바네스에 있는 파라오의 왕궁 대문 앞 벽돌로 쌓은 축대에 날라다가, 유대인들이 보는 앞에서 진흙

---

14. 이집트 북동쪽 다바네스에 정착 후 믹돌, 멤피스(놉), 바드로스로 흩어졌다(렘 43:7; 44:1).

으로 감춰라. 그다음 그들에게 전해라. '만군의 주, 이스라엘의 하나님이 이렇게 말씀하신다. 보라. 내가 내 종 바빌로니아 왕 느부갓네살을 불러오면,[15] 그는 내가 숨겨 놓은 이 돌들 위에 그의 보좌를 놓고 그 위에 천막을 칠 것이다. 그가 와서 이집트 땅을 치면, 죽을 자는 죽고 포로로 끌려갈 자는 포로로 끌려가고 칼에 맞아 죽을 자는 칼에 맞아 죽을 것이다. 내가 이집트 신전에 불을 지르면, 그가 신상을 태우거나 전리품으로 가져갈 것이다. 목동이 자기 옷으로 자기 몸을 두르듯, 그는 이집트 땅으로 자기 몸을 두르고 평안히 그곳에서 떠나갈 것이다. 그는 이집트 땅에 있는 태양 신전의 돌기둥을 부수고 이집트의 신전을 불태워 버릴 것이다.'"

이집트로 도망하고서도 우상숭배하는 유대인들의 불신앙 (렘 44:1-30)

주께서 이집트 땅에 사는 모든 유대인들, 곧 믹돌과 다바네스와 멤피스와 바드로스에 사는 유대인들에게 전할 말씀을 예레미야에게 내리셨다.

"만군의 주 이스라엘의 하나님이 말씀하신다. 내가 예루살렘과 유다의 모든 성에 내린 모든 재앙을 너희가 보았다. 보라, 그 성들은 오늘날 폐허가 되어 아무도 살지 않는다. 그 이유는 그들이 자기들이나 너희나 너희 조상도 알지 못하는 다른 신들에게 분향하며 섬김으로써, 나를 분노하게 하는 죄악을 저질렀기 때문이다. 나는 내 종 예언자들을 모두 너희에게 보내고 또 보내면서, 내가 그토록 싫

---

15. 5년 후(BC 582) 느부갓네살은 이집트를 정복한다.

어하는 이런 역겨운 행위를 하지 말라고 했다. 그런데도 그들은 듣지 않고, 귀 기울이지도 않고, 여전히 다른 신들에게 분향하며 악에서 돌아서지 않았다. 이에 내가 분노와 진노를 유다 성들과 예루살렘에 퍼부어 거리를 불태웠으므로, 그곳이 오늘날과 같이 폐허와 황무지가 돼버렸다.

만군의 하나님, 이스라엘의 주 하나님이 말씀하신다. 너희는 어찌하여 그렇게 큰 악을 행하여 유다 백성 가운데 남자와 여자와 어린아이와 젖먹이들까지 다 죽게 하고, 너희 중 살아남는 사람이 없게 하려 하느냐? 너희는 어찌하여 너희가 머물려고 들어간 이집트 땅에서 너희 손으로 다른 신들에게 분향함으로 나를 노하게 해서, 너희 자신이 멸절되고 세상 만민에게 저주와 조롱의 대상이 되려고 하느냐? 너희는 유다 땅과 예루살렘 거리에서 저지른 너희 조상의 죄와 유다 왕들의 죄와 왕비들의 죄와 너희 죄와 너희 아내들의 죄를 잊었느냐? 그들은 오늘날까지 회개하지 않고 두려워하지도 않으며, 내가 너희와 너희 조상에게 준 내 율법과 율례를 지키지도 않았다.

그러므로 만군의 주 이스라엘의 하나님이 말씀하신다. 보라. 내가 내 얼굴을 너희에게 향하게 하여 재앙을 내리고, 이집트에 있는 유다 백성을 모두 멸종시키겠다. 유다에서 살아남은 사람들 가운데 이집트 땅에 머물려고 간 자들은 모두 이집트 땅에서 전쟁과 기근으로 멸망할 것이다. 낮은 사람부터 높은 사람까지 모두 전쟁과 기근으로 죽을 것이고, 가증함과 놀라움과 저주거리와 치욕거리가 될 것이다. 내가 예루살렘을 징계한 것같이, 이집트 땅에 사는 사람들도 전쟁과 기근과 전염병으로 징계하겠다. 유다에서 살아남은 사람들 중 이집트 땅에 머물려고 들어간 자들 가운데는 살아남거나 죽음을 면할 사람이 하나도 없을 것이다. 그들이 유다 땅으로 돌아가 살기를 갈망해도 돌아갈 사람이 아무도 없을 것이다. 그렇다. 도망치는 몇 명[16]을 제외하고는 아무도 돌아가지 못할 것이다." (44:1-14)

이집트 땅 바드로스에 살고 있던 모든 백성, 곧 자기 아내들이 다른 신들에게 분향하는 것을 알고 있던 모든 남편들과 그곳에 서 있던 모든 여인들이 예레미야에게 항의했다.

"당신이 주님의 이름으로 우리에게 무슨 말을 하든지 우리는 당신의 말을 듣지 않겠소. 우리는 우리 입으로 맹세한 대로 하겠소. 우리와 우리 조상과 우리 왕들과 우리 지도자들이 유다 도시들과 예루살렘 거리에서 하던 대로, 우리는 하늘 여신에게 분향하고 술 제물도 바치겠소. 우리가 하늘 여신을 섬길 때[17]는 먹을 양식이 풍족했고 잘 살았으며 재앙을 겪지 않았는데, 우리가 하늘 여신에게 분향하는 일을 그치고 술 제물을 바치는 일을 그친 후부터는, 모든 것이 부족하고 전쟁과 기근으로 죽게 되었소."

여인들도 말했다.

"우리가 하늘 여신에게 분향하고 술 제물을 바칠 때, 남편들 모르게 그렇게 했겠습니까? 우리가 그 여신의 모습대로 빵을 만들어 바치고 술 제물을 바칠 때, 남편들 모르게 그렇게 했겠습니까?" (44:15-19)

예레미야가 모든 백성, 곧 자기에게 그렇게 말한 남자와 여자와 모든 백성에게 말했다.

16. 렘 44:28.
17. 렘 7:18; 신 17:2-5.

"여러분과 여러분 조상과 여러분의 왕들과 여러분의 지도자들과 그 땅의 모든 백성이 유다 도시들과 예루살렘 모든 거리에서 우상에 게 분향한 것을, 주께서 기억하시고 마음에 생각지 않으셨겠습니까? 주님은 여러분의 악한 행실과 여러분이 행한 역겨운 행위를 더 이상 참으실 수 없었습니다. 그래서 여러분의 땅이 오늘날과 같이 주민이 없는 폐허로 변했고, 놀라움과 저주거리가 되고 말았습니다. 여러분 이 우상에게 분향해 주께 죄를 짓고, 주님의 음성을 듣지 않고, 주님 의 율법과 율례와 규례대로 행하지 않아 오늘날과 같은 이런 재앙 이 여러분에게 닥쳐온 것입니다."

예레미야가 다시 모든 백성과 모든 여인들에게 말했다.

"이집트 땅에 있는 모든 유대인들아, 주님의 말씀을 들어라. 만군 의 주 이스라엘의 하나님이 이렇게 말씀하셨다. 너희와 너희 아내들 은 '우리는 하늘 여신에게 분향하고 술 제물을 바치며 서약한 대로 하고야 말겠다'고 입으로 말하고 손으로 행했다. 너희가 서약을 하 고 그 서약을 행할 수 있을 것 같으면, 그렇게 해봐라! 그러나 이집 트 땅에 사는 모든 유대인들아, 주님의 말씀을 들어라. 주님의 말씀 이다. '내가 나의 큰 이름을 걸고 맹세한다. 이집트 온 땅에 있는 유 대인은 주님의 살아 계심을 두고 맹세한다고 하면서 내 이름을 부르 는 일을 내가 더 이상 못 하게 하겠다. 보라. 이집트 땅에 있는 모든 유대인들이 전쟁과 기근으로 멸망될 때까지, 그들에게 복이 아니라 재앙이 내리는 것을 내가 지켜보겠다. 전쟁을 피해 이집트 땅을 벗 어나 유다 땅으로 돌아갈 사람들은 무척 적을 것이다. 이집트 땅에 머물려고 내려간 유대인 중 살아남은 사람은 모두 내 말과 저희 말

가운데 누구 말대로 되었는지 알게 될 것이다.'

주님이 말씀하셨다. '내가 여기서 너희를 징계해, 너희에게 재앙을 내리겠다고 말한 내 약속이 반드시 이뤄진다는 것을 증명하는 표징이 되게 하겠다.' 주님의 말씀이다. '내가 유다 왕 시드기야를 그의 목숨을 노리던 그의 원수인 바빌로니아 왕 느부갓네살의 손에 넘겨주었듯, 이집트 왕 파라오 호브라[18]를 그의 목숨을 노리는 그의 원수들의 손에 넘겨주겠다.'" (44:20-30)

예레미야의 예언활동 기록이 끝났다. 예레미야는 이집트에서 순교했다고 전해져 온다.

---

18. BC 589-570년 재위.

요하난이 미스바에서 그달리야에게 은밀히 말했다.
"내가 가서 이스마엘을 아무도 모르게 죽일 테니, 허락해 주십시오. 그가 총독님을 살해하면, 지금 총독님께 모여 있는 유대인들이 모두 다시 흩어질 것입니다. 살아남은 유대인들마저 멸망할 것입니다." (렘 40:15)

이집트와 대결하고 있던 바빌로니아는 바빌로니아를 배신하고 친이집트 정책을 추진한 유다 왕국을 군사력으로 멸망시키고 유다 민족을 굴복시켰다. 이때 지난날 유다 왕국의 지배층 신분이었던 이스마엘 같은 왜곡된 민족주의자들은 유다 총독 그달리야를 바빌로니아의 앞잡이 노릇을 한다고 여겨, 숙청해야 할 반역자로 보았다. 거짓되고 사기 치며 포악하여 살인을 일삼는 이스마엘 같은 자들이 유다 왕국의 장관이고 왕족이며 지도자였으므로 유다 왕국은 하나님의 심판을 받아 멸망했다. 그러나 바빌로니아에서 포로생활하며 회개한 유대인들은 억울하게 살해된 그달리야를 기리며 해마다 금식했다(슥 7:5; 8:19 참조).

그런데도 그들은 듣지 않고, 귀 기울이지도 않고, 여전히 다른 신들에게 분향하며 악에서 돌아서지 않았다. (렘 44:5)

예레미야와 바룩을 끌고 이집트로 망명한 자들은 예루살렘 함락의 고통과 바벨론 포로의 환난을 겪은 동족과 달리, 재빨리 예루살렘을 탈출하여 살아남은 자들이다. 하지만 피난처로 생각한 이집트 망명생활에서 회개의 삶을 살지 않고 오히려 우상숭배하며 죄 없는 예레미야와 바룩을 박해했기에, 하나님은 그들을 끝까지 추적하여 바벨론으로 사로잡혀 가게 하고서라도 회개시키려 하셨다.

하나님이 예레미야와 바룩을 이집트로 망명하는 유대인들과 동행하게 하신 목적은, 유대인들을 회개시켜 구원하시려는 다함 없는 사랑을 보여 주고, 또한 끝까지 불순종하는 유대인의 종말을 기록으로 남겨 역사적 교훈을 주시기 위함이다. 바룩은 BC 582년 느부갓네살이 이집트를 정복하고 유대인 745명을 바빌로니아로 사로잡아 갈 때 함께 잡혀가 바벨론에서 바룩서를 썼다고 전해진다(렘 52:30; 바룩서 1:1-2 참조).

바빌로니아에서 포로생활하는 유대인들의 비탄과 저주 (시 137)

바벨론 강변,
우리는 그곳에 앉아, 시온을 생각하며 울었다.
우리가 강변 버드나무 가지 위에 우리의 수금을 걸어 두었더니,
우리를 사로잡아 온 자들이 그곳에서 우리에게 노래를 불러 보라 하고,
우리를 억압한 자들이 저희를 즐겁게 해보라 하며,
시온의 노래 한 가락을 불러 보라고 하는구나!
우리가 어찌 낯선 남의 나라 땅에서 주님의 노래를 부르랴.
예루살렘아,
내가 너를 잊는다면, 내 오른손도 수금 타는 재주를 잊을 것이다.
내가 너를 기억하지 않는다면,
내가 가장 기뻐하는 것보다 예루살렘을 더 기뻐하지 않는다면,
내 혀가 입천장에 붙을 것이다.
주님,
예루살렘이 멸망하던 날, 에돔 사람들이 말하기를
"헐어 버려라, 헐어 버려라. 기초가 드러나도록 헐어 버려라"[19]라고 했던 것을 기억하
소서.
멸망할 딸 바벨론아,
네가 우리에게 행한 대로 네게 갚는 자에게 복이 있을 것이다.
네 어린아이들을 바위에 메어치는 자에게 복이 있을 것이다.

시편 137편은 바벨론 포로생활 초기에 원한에 사무친 유대인들 사이에 널리 불린 통속 민요인 듯하다. 유대 민족이 바벨론 포로생활을 하게 된 원인이 악한 바벨론 때문만이 아니라 유대인 자신들이 하나님과 이웃을 배신함으로써 하나님의 징계를 받았다는 진리를 깨닫는 데는 수십 년이 걸렸다. 예레미야서와 다니엘서(9장), 레위기(26:41-43) 그리고 신명기(28:14-68)를 읽고 깨닫고서야 알게 되었을 것이다. 포로생활 70년의 후반기에 이르러서야 유대인들은 참회했고, 예루살렘 귀환이 자신들의 땅이 아닌 곳에서 열방을 섬기는 자들에게 달려 있음을 알게 되었으리라. 그들은 자신들의 죄를 깨닫고 회개했을 때(BC 537) 비로소 예루살렘으로 귀환할 수 있었다.

19. 겔 35:5, 10, 12 참조.

오바댜의 에돔 심판 예언

유다 왕국이 BC 587년 바빌로니아에 의해 멸망할 때, 에돔은 형제 나라인 유다를 돕지 않고 오히려 바빌로니아와 합세해 유다를 공격하고 유다 남부 지역을 차지했다. 하나님은 예언자 오바댜를 통해 에돔 심판을 예언하게 하셨다. 에돔은 오바댜의 경고를 듣고도 회개하지 않아 BC 582년 바빌로니아에 의해 멸망한다. 에스겔도 에돔 심판을 예언했다(겔 35장 참조).

오바댜의 에돔 심판 예언 (옵 1:1-18)

주 하나님이 에돔에 관해 오바댜에게 말씀하신 계시다.

주께서 열방에 사신들을 보내시면서 이렇게 말씀하시는 것을 우리가 들었다.

"일어나라. 에돔을 쳐부수러 가자. 나는 너에돔를 열방 가운데서 작은 자로 만들겠다. 너는 멸시받을 것이다. 네가 바위 틈 사이에 거주하고 높은 곳에 살면서 마음속으로 '누가 나를 땅으로 끌어내리겠느냐?'라고 말하지만, 네 교만한 마음이 너를 속였다. 네가 독수리처럼 높은 곳에 있고 별들 사이에 둥지를 튼다 해도, 내가 너를 거기서 끌어내리고야 말겠다. 주님의 말씀이다.

도둑이 네게 오거나 강도가 밤중에 들이닥쳐도, 그들은 자기들에게 필요한 만큼만 도둑질하지 않느냐? 그런데 너는 어찌 그렇게도 쫄딱 망했느냐? 포도를 털어 가는 사람들이 네게 와도, 포도를 얼마쯤은 남기지 않겠느냐? 그런데 에서는 어찌 그렇게도 샅샅이 털

렸느냐? 네가 숨겨 둔 보물마저 빼앗기고 말았구나! 너와 동맹을 맺은 나라가 모두 너를 나라 밖으로 쫓아내고, 너와 평화조약을 맺은 나라들이 너를 속이고 너를 정복했다. 네 빵을 먹던 자들이 네 발 아래 올가미를 놓았는데도 너는 지혜가 없었다. 주님의 말씀이다. 그날에는 내가 에돔에서 지혜로운 사람을 없애고, 에서의 산에서 지혜 있는 사람을 진멸하지 않겠느냐? 에서의 산에서 한 사람도 남지 않고 칼에 쓰러질 것이므로, 데만[20]아, 네 용사들이 기가 꺾일 것이다.

네가 네 아우 야곱에게 저지른 폭행 때문에 치욕을 당할 것이며 영원히 멸망할 것이다.

네가 멀리 서서 구경만 하던 그날, 곧 낯선 자들이 야곱의 재물을 늑탈하고, 이방인들이 그의 성문으로 들어와 제비 뽑아 예루살렘을 나눠 가질 때, 너도 그들과 한패였다.

네 형제의 날, 그가 재앙 받던 날, 너는 방관하지 않았어야 했다.

유다 자손이 멸망하던 날, 너는 기뻐하지 않았어야 했다.

그가 고난받던 날, 너는 입을 크게 벌리고 웃지 않았어야 했다.

내 백성이 패망하던 날, 너는 그들의 성문 안으로 들어가지 않았어야 했다.

내 백성이 패망하던 날, 너는 그들의 고난을 방관하지 않았어야 했다.

내 백성이 패망하던 날, 너는 그들의 재산에 손대지 않았어야 했다.

20. 에서 민족의 정예 용사가 사는 도시.

너는 도망가는 자들을 죽이려고 갈라지는 길목을 지키고 있지 않았어야 했다.

그가 고난받던 날, 너는 살아남은 사람들을 원수의 손에 넘겨주지 않았어야 했다. (1:1-14)

내가 모든 민족을 심판할 주님의 날이 다가왔으니, 네가 행한 대로 내가 네게 행할 것이다. 그러므로 네가 받을 보복이 네 머리로 돌아갈 것이다. 너희가 내 거룩한 산에서 잔을 마셨듯이 이제 모든 민족이 마실 것인데, 다 마셔서 아무것도 없었던 것처럼 될 것이다.

그러나 시온 산으로 피할 자들이 있고, 그 산은 거룩한 곳이 될 것이다. 그때 야곱 족속은 자기 유산을 상속받을 것이다. 야곱 족속은 불이 되고 요셉 족속은 불꽃이 되겠지만, 에서 족속은 지푸라기가 될 것이다. 그 불이 지푸라기에 붙어 지푸라기를 살라서, 에서 족속 안에는 아무도 살아남지 못할 것이다. 주님의 말씀이다." (1:15-18)

오바댜가 예언하기를, 포로로 잡혀갔던 이스라엘과 유다 백성이 돌아와 옛날 다윗 왕이 다스렸던 영토를 회복할 것이라고 했다. 이것은 종말에 그리스도께서 사탄의 세력을 멸하시고 믿는 자들을 구원하여 하나님의 나라를 다스릴 것임을 예표한다. (옵 1:19-21)

"유다의 네게브 사람들이 에서의 산을 차지하고, 쉐펠라에 있던 사람들이 블레셋을 차지할 것이다. 그들은 에브라임 들판과 사마리아 들판을 차지할 것이다. 베냐민은 길르앗을 차지할 것이다.

잡혀갔던 이스라엘 포로가 돌아와 가나안 족속의 땅을 사르밧까지 차지하고, 예루살렘에서 스바랏으로 잡혀갔던 사람들은 네게브

성을 차지할 것이다. 구원자들이 시온 산에 올라와 에서의 산을 다
스릴 것이고, 그 나라가 주님의 것이 될 것이다."

에스겔의 바빌로니아 예언활동

에스겔은 BC 623년 제사장의 아들로 태어나 25세(BC 598)에 바빌로니아에
포로로 잡혀 왔다. 30세(BC 593)에 바빌로니아의 텔아비브에서 예언자로 부름
받아 52세(BC 571)까지 22년 동안 예언 사역을 했다. BC 594년 하나님은 유
다 왕국을 멸망시키기로 확정하신 후(왕하 24:20; 대하 36:16), 바빌로니아 군대가 예루
살렘 성을 포위할 때(BC 588)까지 6년 동안 예레미야를 통해 말씀하지 않으셨
다. 그 대신 바빌로니아에 포로로 잡혀 와 있는 에스겔을 통해 바빌로니아의 유
다 백성에게 예루살렘이 유다 백성의 우상숭배와 폭력의 죄 때문에 하나님의 심
판을 받아 멸망할 것이라고 예언하게 하셨다. 그리고 유다 왕국 멸망 후 17년 동
안 유다 백성의 회복과 하나님의 영광이 유다 땅에 회복될 것을 예언하게 하셨다.
에스겔서는 심판 예언(1:1-33:20)과 유다 왕국 멸망 후의 회복 예언(33:21-48:36)
으로 나뉜다. 심판 예언은 이스라엘 심판(1:1-24:27)과 열방 심판(25:1-33:20)으로 나
뉜다.

유다 왕국 멸망 소식이 에스겔에게 전달되다 (겔 33:21-33)

우리가 포로로 잡혀 온 지 12년째 되는 해 10월 5일,[21] 예루살렘

---

21. BC 587년 12월경. 예루살렘 함락(BC 587년 6월 24일) 6개월 뒤.

에서 도망 온 사람이 내게로 와서 '그 도시가 함락되었다'고 말했다. 도망 온 그 사람이 오기 전날 저녁, 주님의 능력이 나를 사로잡아 내 입을 열어 주셨다.[22] 그 사람이 아침에 내게로 올 즈음 내 입이 열려, 나는 더 이상 말 못 하는 사람이 아니었다. 주님의 말씀이 내게 들렸다.

"사람의 아들아, 이스라엘 땅, 곧 저 황폐한 곳에 사는 사람들이 말하길 '아브라함은 한 명이었는데도 이 땅을 유업으로 물려받았으니, 수가 많은 우리는 당연히 이 땅을 유업으로 물려받게 될 것이다'라고 한다. 그러므로 너는 그들에게 전해라. '주 하나님이 말씀하신다. 너희는 피를 빼지 않은 고기를 먹고,[23] 우상에게 눈을 팔고, 사람들의 피를 흘리면서도 그 땅을 물려받으려 하느냐? 너희가 너희 칼을 의지하고 역겨운 일을 저지르며, 서로 이웃 사람의 아내를 더럽혀 놓으면서도 그 땅을 유업으로 물려받으려고 하느냐?'

너는 그들에게 또 전해라. '주 하나님이 말씀하신다. 내가 살아 있음을 두고 맹세한다. 황폐한 곳에 있는 사람들은 칼에 쓰러질 것이고, 들판에 있는 사람들은 내가 들짐승들에게 먹이로 주겠고, 산성과 동굴에 있는 사람들은 전염병에 걸려 죽게 하겠다. 내가 그 땅을 심히 황폐하게 만들어 놓으면, 자랑하던 권세도 끝장나고, 이스라엘 산은 황폐해져 지나가는 사람이 없을 것이다. 그들이 저지른 그 모든 역겨운 행위 때문에, 내가 그 땅을 황폐하게 만들어 놓으면 그때

---

22. 에스겔은 BC 593년부터 6년 반 동안 말을 못했다. 하나님이 말씀을 주시며 대언하라고 할 때만 입이 열려 말했다(겔 3:26 참조).
23. 창 9:4; 신 12:23 참조.

비로소 그들이 내가 주님인 줄 알게 될 것이다.'"(33:21-29)

"너 사람의 아들아, 네 민족의 자손이 담 옆이나 집 문간에서 자기들끼리 서로 네 이야기를 하며 '어서 가서, 주께서 그에게 무슨 말씀을 하셨는지 들어나 보자'고 하면서, 호기심 많은 사람들이 무슨 구경거리를 보러 오듯 네게 와 네 말을 듣지만, 그들이 그 말대로 행하지 않을 것이다. 그 이유는 그들이 입으로는 달갑게 여기면서도 마음으로는 자기들 욕심을 따르기 때문이다. 보라, 그들은 너를, 아름다운 목소리로 사랑 노래 부르며 악기를 잘 다루는 가수쯤으로만 생각하니, 네 말을 듣기만 할 뿐 그 말대로 행하지는 않는다.[24] 그러나 내가 너를 통해 한 말은 반드시 이뤄지고, 그 말이 이뤄지면 그때 비로소 그들은 그들 가운데 예언자가 있었음을 알게 될 것이다."(33:30-33)

유다 왕국의 지도자들이 하나님의 백성을 돌보지 않고 억압하고 착취했으므로 하나님이 유다 왕국을 멸망시켜 그 지도자들을 없애 버렸으나, 메시아를 보내 하나님의 백성 한 사람 한 사람을 직접 보호하고 인도하며 양육할 것이라고 예언하다. (겔 34:1-31)

주님의 말씀이 내게 들렸다.

"사람의 아들아, 너는 이스라엘의 목자들에 대해 예언해라. 너는 목자들에게 예언해라. '주 하나님이 이렇게 말씀하신다. 자기 자신만을 돌보는 이스라엘의 목자들에게 화가 있을 것이다. 목자란 양 떼

---

24. 눅 6:46, 49 참조.

를 먹여야 하지 않느냐? 그런데 너희는 살진 양을 잡아 기름진 것을 먹고, 양털로 옷을 만들어 입기는 하면서도 양 떼를 먹이지는 않았다. 너희는 약한 양들을 튼튼하게 키워 주지 않았고, 병든 양을 고쳐 주지 않았으며, 다리가 부러진 양을 싸매어 주지 않았고, 흩어진 양을 모으지 않았다. 잃어버린 양을 찾지 않았고, 오히려 양 떼를 폭력과 잔혹함으로 다스렸다. 참된 목자가 없으니, 양 떼가 흩어져 온갖 들짐승의 먹이가 되었다. 내 양 떼가 모든 산과 모든 높은 언덕에서 헤매고 온 땅에 흩어졌는데도, 그 양 떼를 찾으려고 물어보거나 찾아다니는 목자가 없었다. 그러므로 너희 목자들아, 너희는 주님의 말씀을 들어라. 주 하나님의 말씀이다. 내가 살아 있음을 두고 맹세한다. 내 양 떼가 약탈당하고, 내 양 떼가 온갖 들짐승의 먹이가 된 이유는 참된 목자가 없기 때문이다. 내 목자들이 내 양 떼를 찾지 않고 자기들 배만 채우며 내 양 떼를 굶겼다. (34:1-8)

그러므로 목자들아, 너희는 주님의 말씀을 들어라. 주 하나님의 말씀이다. 내가 목자들을 대적해 그들에게 맡겼던 내 양 떼를 되찾아 오겠고, 다시는 그들이 내 양 떼를 치지 못하게 하겠다. 그러면 목자들이 다시는 자기들 배나 채우는 일은 하지 못할 것이다. 내가 내 양 떼를 그들의 입에서 구출해 내면, 내 양 떼가 다시는 그들에게 잡아먹히지 않을 것이다.

주 하나님이 진정으로 말씀하셨다. 내가 내 양들을 찾아 돌봐주겠다. 목자가 양들 가운데 있을 때 양들이 흩어지면 목자가 자기 양 떼를 찾듯, 나도 내 양들을 찾겠다. 내 양들이 캄캄하게 구름 낀 날 흩어진 그 모든 곳에서 내가 내 양들을 구해 내겠다. 내가 여러 민족 속에서 내 양들을 데려 나오고, 여러 나라에서 그들을 모아 그들의 땅으로 데리고 가겠다. 이스라엘의 산과 여러 시냇가와 그 땅의 모든 거주지에서 그들을 먹이겠다. 내가 좋은 초원에서 그들을 먹이고, 이스라엘의 높은 산 위에 그들의 목장을 만들어 주겠다. 그들이 거기 좋은 목장에서 눕고, 이스라엘의 산 위에서 좋은 풀을 먹을 것이다. 내가 직접 내 양들을 먹이고, 내가 직접 내 양들을 눕게 하겠다. 주 하나님의 말씀이다. 길 잃은 양은 찾아오고 쫓겨난 양은 다시 데려오며, 다리가 부러진 양은 싸매어 주고 약한 양은 튼튼하게 만들어 주겠다. 하지만 살진 양과 힘센 양은 죽이겠다. 나는 양들을 공의로 먹이겠다. (34:9-16)

주 하나님이 말씀하셨다. 내 양들아, 내가 양과 양 사이에서 심판하고, 숫양과 숫염소 사이에서 심판하겠다. 너희살진 양는 좋은 초원에서 풀을 뜯어먹는 것을 시시하게 여겨, 먹다 남은 풀을 발로 짓밟느냐? 맑은 물 마시는 것을 시시하게 여겨, 마시고 남은 물을 발로 더럽혀 놓느냐? 내 양들은 너희가 짓밟은 풀을 뜯어먹고, 너희가 발로 더럽혀 놓은 물을 마시고 있다. 그러므로 주 하나님이 그들을 두고 이렇게 말씀하셨다. 내가 직접 살진 양과 여윈 양 사이에서 심판하겠다.

너희가 병든 양들을 모두 옆구리와 어깨로 밀어내고 너희 뿔로 받아서, 그 양들을 바깥으로 내보내 흩어지게 했다. 나는 내 양들을 구해 그 양들이 다시는 희생당하지 않게 하겠다. 내가 양과 양 사이에서 심판하겠다. 내가 그들 위에 한 목자를 세워 그들을 먹이게 하겠다. 그 목자는 내 종 다윗이다. 그가 그들을 먹이고 그들의 목자가 될 것이다. 그때 나 주가 그들의 하나님이 되고, 내 종 다윗은 그들의 왕이 될 것이다. 나 주의 말씀이다. (34:17-24)

　내가 그들과 평화의 언약을 세우고, 그 땅에서 악한 짐승들을 없애 버리겠다. 그래서 그들이 광야에서도 평안히 살고, 숲속에서도 안심하고 잠들 수 있을 것이다. 내가 그들과 내 산 사방에 복을 내려 주고 때를 따라 비를 내려 줄 것이니, 복된 소낙비가 내릴 것이다. 들의 나무가 열매를 맺고 땅은 그 소산을 내어 줄 것이니, 그들이 자기 땅에서 평안히 살 것이다. 그들이 멘 나무멍에를 내가 부러뜨리고, 그들을 노예 삼은 자들의 손에서 그들을 구해 주면, 그때 비로소 그들은 내가 주님인 줄 알게 될 것이다. 그들이 다시는 이방 나라에게 약탈당하지 않고, 그 땅의 짐승에게 잡아먹히지 않을 것인즉, 그들이 평안히 살고 그들을 두렵게 할 자가 없을 것이다. 내가 그들에게 기름진 옥토를 마련해 줄 것이므로, 그들이 다시는 그 땅에서 흉년으로 몰살당하지 않고, 다시는 이방 나라에게 수치를 당하지도 않을 것이다. 그때 비로소 그들은 그들의 주 하나님이 그들과 함께한다는 것과 그들이 내 백성 이스라엘 족속이라는 것을 알게 될 것이다. 주 하나님의 말씀이다. 너희는 내 양들이요, 내 목장의 양들이다. 너희는 사람이고,[25] 나 주는 너희의 하나님이다. 주 하나님의 말씀이다.'" (34:25-31)

　유다 왕국이 멸망할 때 에돔이 기뻐하며 유다 땅을 차지하려 했으므로, 하나

---

25. LXX에는 없음.

님이 에돔을 심판해 멸망시키겠다고 말씀하셨다. (겔 35:1-15)

주님의 말씀이 내게 들렸다.

"사람의 아들아, 네 얼굴을 세일 산[26] 쪽으로 돌리고, 그곳에 대언해라. 말해라. '주 하나님이 이렇게 말씀하신다. 세일 산아! 보라, 내가 너를 대적한다. 내가 내 손을 네게 뻗어 너를 폐허로 만들겠다. 너는 황폐하게 될 것이다. 내가 네 마을들을 폐허로 만들면 너는 황무지가 될 것이다. 그때 비로소 너는 내가 주님인 줄 알게 될 것이다. 네가 옛날부터 이스라엘에 반감을 갖고 있더니, 이스라엘이 환난을 당했을 때, 곧 마지막 형벌 때 너는 그들을 칼에 넘겼다. 그러므로 주 하나님이 말씀하신다. 내가 살아 있음을 두고 맹세한다. 내가 너를 피투성이가 되게 하고, 네가 피 흘리며 쫓겨 다니게 하겠다. 이스라엘이 피 흘리는 것을 네가 싫어하지 않았으니, 네가 피 흘리며 쫓겨 다닐 것이다. 내가 세일 산을 황무지와 폐허로 만들어 그곳을 지나다니는 사람이 끊어지게 하겠다. 내가 세일 산을 칼에 죽은 자들로 채워 놓을 것이니, 네 언덕과 골짜기와 모든 시냇물에는 칼에 죽은 자들이 널려 있을 것이다. 내가 너를 영원히 황무지로 만들어, 아무도 네 성에 사는 자가 없게 하겠다. 그때 비로소 너희는 내가 주님인 줄 알 것이다. 주님이 유다와 이스라엘에 있는데도, 너는 감히 말하기를 '두 민족[27]과 두 땅이 내 것이고, 내가 그것을 소유하게 될 것이다'고 했다. (35:1-10)

주 하나님의 말씀이다. 그러므로 내가 살아 있음을 두고 맹세한

---

26. 에돔 사람들이 사는 곳.
27. 북이스라엘과 남유다.

다. 네가 그들을 미워해 분노하고 질투한 그대로, 나도 네게 보복하겠다. 내가 너를 심판할 때에야 비로소, 그들 이스라엘 백성은 내가 누군지 알게 될 것이다. 그때 비로소 네가 이스라엘의 산을 가리켜 '저 산들이 황폐해졌으니 우리 것이 되었다'고 말하며 조롱하는 소리를 주님이 다 들으셨음을 알게 될 것이다.

너희가 입을 벌려 나를 거슬러 허풍을 떨고, 나를 거슬러 빈정대며 하는 말을 내가 직접 들었다. 그러므로 주 하나님의 말씀이다. 내가 너를 황폐하게 만들 때 온 땅이 기뻐할 것이다. 이스라엘 족속의 소유가 황폐하게 되었다고 네가 기뻐했던 것과 똑같이, 내가 너를 그렇게 만들어 놓겠다. 세일 산과 에돔 온 땅아, 네가 황폐하게 될 것이고, 그때에 비로소 그들 이스라엘 백성이, 내가 주님인 줄 알 것이다.'" [28] (35:11-15)

한편, 이스라엘의 산과 땅이 회복되고 이전보다 더 좋아질 것인즉, 포로로 잡혀갔다가 돌아오게 되는 하나님 백성의 소유가 될 것이다. (겔 36:1-15)

너 사람의 아들아, 너는 이스라엘 산에게 이렇게 대언하며 전해라. "이스라엘 산들아, 너희는 주님의 말씀을 들어라. 주 하나님의 말씀이다. 원수가 너희에 대해 말하길 '옛적 높은 곳[29]이 이제 우리 소유가 되었다'고 한다. 그러므로 너는 대언해 일러 주어라. '주 하나님이 이렇게 말씀하셨다. 그들이 너희를 황폐하게 만들고 너희 사방을 삼

---

28. 이스라엘 백성은 에돔의 멸망을 보고도 140년 뒤 말라기 시대에 자신들에 대한 하나님의 사랑을 잊어버렸다(말 1:2-3 참조).
29. 이스라엘 땅(겔 36:6).

켜, 너희가 남아 있는 이방 민족의 소유가 되게 했고, 너희가 사람들 입에 오르내리며 조롱거리가 되었다. 그러므로 너희 이스라엘 산들아, 주 하나님의 말씀을 들어라. 주 하나님이 이렇게 말씀하셨다. 산과 언덕과 시냇물과 골짜기와 황폐해진 황무지와 사방에 남아 있는 성읍들, 곧 이방 민족들이 약탈해 조롱거리가 되고 버림받은 성읍에게 말씀하셨다. 주 하나님이 이렇게 말씀하셨다. 진실로 내가 내 맹렬한 질투를 쏟아, 남아 있는 이방 민족들과 에돔 온 땅을 쳐서 말하는 이유는 그들이 내 땅을 자기들 소유로 삼고 기뻐 날뛰며, 멸시하는 마음으로 약탈하고 파괴했기 때문이다.'"(36:1-5)

그러므로 너는 이스라엘 땅을 두고 대언해라. 산과 언덕과 시냇물과 골짜기에게 전해라. "주 하나님이 말씀하신다. 내가 내 질투와 분노를 쏟으며 말한다. 너희가 여러 민족에게 수치를 당했으니, 내가 내 손을 들고 맹세하는바, 너희 사방에 있는 이방 민족들이 진정 스스로 수치를 당하게 될 것이다. 주 하나님의 말씀이다. 내 백성 이스라엘이 곧 돌아올 테니, 너희 이스라엘 산들아, 너희는 내 백성을 위해 나뭇가지를 내어 뻗고 열매를 맺어라. 내가 너희 편이 되겠다. 내가 너희에게로 얼굴을 돌리면, 사람들이 너희 산을 갈고 씨를 뿌릴 것이다. 내가 너희 위에 많은 사람, 곧 모든 이스라엘 백성이 있게 하여, 도시에 다시 사람이 살고 폐허가 건설될 것이다. 내가 너희 산 위에 사람과 짐승을 많게 해, 그 수가 많아지고 번창할 것이다. 내가 너희를 예전처럼 사람들이 살게 하고 이전보다 더 좋아지게 하겠다. 그때 비로소 너희는 내가 주님인 줄 알 것이다. 내가 너희 산 위에 사람들, 곧 내 백성 이스라엘이 다시 다니게 하겠고, 그들이 너희를 차지하고 너희는 그들의 소유가 될 것이다. 너희가 다시는 그들의 자식을 빼앗기지 않게 하겠다. (36:6-12)

주 하나님의 말씀이다. 사람들이 너를 두고 '너는 사람을 삼키는 땅이요, 네 나라 백성을 빼앗아 간 자'라고 말하지만, 네가 다시는 사람을 삼키지 않고, 다시는 네 나라 백성을 빼앗아 가지 않을 것이다. 주 하나님의 말씀이다. 나는 네가 다시는 이방 민족의 모욕을 듣지 않게 하고, 여러 민족의 조롱을 받지 않게 하겠으며, 다시는 네 나라 백성이 넘어지지 않게 하겠다. 주 하나님의 말씀이다." (36:13-15)

이스라엘 백성이 우상을 숭배하고 이웃을 폭력으로 살인하여, 하나님은 유다 왕국을 멸망시키고 유다 백성을 열방에 흩으셨다. 하지만 자신의 이름을 위해 그들을 다시 돌아오게 하고 그들에게 새 마음과 새 영을 주고 성령을 주어서 하나님의 백성으로 회복시키셨다. 또한 그들을 통해 하나님의 거룩하심을 나타내어 하나님의 이름을 거룩하게 하겠다고 하셨다. 그러나 이스라엘 백성이 돌아오려면 먼저 회개한 뒤 회복시켜 달라고 하나님께 부르짖어야 응답해 주시겠다고 말씀하셨다. (겔 36:16-38)

주님의 말씀이 내게 들렸다.

"사람의 아들아, 이스라엘 족속이 자기들의 땅에 살 때 삶과 행위로 그 땅을 더럽혔다. 내가 보기에 그들의 삶이 월경 중에 있는 여자의 부정함과 같았다. 그들이 살인과 우상으로 그 땅을 더럽혔으니, 내가 그들에게 내 분노를 쏟아부었고, 그들의 삶과 행위대로 심판해 이방 민족 속으로 흩어 버렸다. 그들은 여러 이방인들 속으로 흩어졌다. 그런데 그들이 이방 민족 속으로 흩어져 가는 곳마다 내 거룩한 이름을 더럽혔기에, 이방인들은 그들을 보고 '이 사람들은 주님의 백성이지만 주님의 땅에서 쫓겨났다'고 말했다. 이스라엘 족속이 이방 민족 속으로 흩어져 가는 곳마다 내 거룩한 이름을 더럽혀 놓았으므로, 나는 내 이름이 더럽혀지는 것을 그대로 둘 수 없었다. 그러므로 너는 이스라엘 족속에게 전해라. '주 하나님이 말씀하신다. 이스라엘 족속아, 내가 이렇게 너희를 회복시키려 하는 이유는 너희를 위해서가 아니라, 너희가 들어간 이방 민족 안에서 너희가 더럽혀 놓은 내 거룩한 이름을 위해서다. 너희가 이방 민족 가운데 더럽혀 놓은 내 이름, 곧 이방 민족 안에서 더럽혀진 내 큰 이름을 내가 다시 거룩하게 하겠다. 그리고 이방인들이 보는 앞에서 내가 너희를 통해 내 거룩함을 나타낼 때,[30] 비로소 그 이방인들도 내가 주님인 줄 알게 될 것이다. 주 하나님의 말씀이다. (36:16-23)

내가 너희를 이방 민족 가운데서 데리고 나오고, 모든 나라에서 모아 너희 땅으로 데리고 가겠다. 그리고 너희에게 맑은 물을 뿌려 너희를 정결하게 하고 너희 온갖 더러움과 우상으로부터 정결하게 하겠다. 너희에게 새 마음을 주고 너희 안에 새 영을 넣어 줘, 너희 육신에서 돌같이 굳은 마음을 없애고 살같이 부드러운 마음을 주겠다. 너희 안에 내 영을 두어 너희가 내 율례대로 행하고 내 규례를 지키며 행하게 하겠다. 그때 너희는 내가 너희 조상에게 준 땅에서 살 것이다. 너희는 내 백성이 되고 나는 너희 하나님이 될 것이다. 내가 너희를 그 모든 더러운 것에서 구원해 낸 다음, 곡식을 풍

---

30. 단 3:28-4:3; 4:34-37; 6:26-27 참조.

성하게 하여 다시는 너희에게 흉년이 들지 않게 하겠다. 나무에 과일이 많이 맺히게 하고 밭에서 농작물이 많이 나게 하여, 다시는 너희가 굶주림 때문에 이방 민족 안에서 조롱받지 않게 하겠다. 그때 너희가 너희 악한 삶과 좋지 못한 행위를 기억하고, 너희 죄악과 역겨운 행위 때문에 너희 자신을 미워하게 될 것이다.[31] 내가 이렇게 하는 것은 너희를 위해서가 아니라는 것을 너희가 알게 될 것이다. 주 하나님의 말씀이다. 이스라엘 족속아, 너희 삶을 부끄러워하고 수치스러워해라. (36:24-32)

주 하나님이 말씀하신다. 내가 너희에게서 모든 죄를 깨끗이 씻어 주는 날, 너희 도시에도 사람이 살게 하고 폐허가 재건되게 하겠다. 이전에는 지나가는 사람들이 모두 황폐한 땅을 보며 다녔으나, 이제는 그곳이 경작된 땅이 될 것이다. 그렇게 되면 사람들이 말하기를 '황폐하던 그 땅이 에덴동산처럼 되었고, 무너져 폐허와 황무지가 되었던 성읍에 성벽이 생겨 사람이 산다'고 할 것이다.

그때 비로소 너희 사방에 남아 있던 이방인들은 나 주가 무너진 것을 건축하고 황폐한 땅에 씨를 심은 줄 알게 될 것이다.[32] 나 주가 말했으니, 내가 이루겠다. 주 하나님의 말씀이다. 그러나 이스라엘 족속이 '다시 이렇게 되게 해달라'고 내게 간구해야 내가 이루어 주겠다. 나는 그들의 인구수를 양 떼처럼 많아지게 하겠고, 거룩한 양 떼, 곧 절기 때 예루살렘의 양 떼처럼 사람들이 황폐한 도시에 가득 차게 하겠다. 그때 비로소 그들이 내가 주님인 줄 알 것이다.'" (36:33-38)

31. 눅 14:26; 요 12:25; 시 119:104 참조.
32. 느 6:16 참조.

하나님은 에스겔에게 환상을 보여 주셨다. 유대인들이 바빌로니아에 포로로 잡혀 와 정치·경제적으로나 영적으로 마른 뼈같이 절망적인 상태이지만, 하나님이 그들을 다시 살려서 '한 왕 다윗' 아래 큰 군대를 이루게 하고 이스라엘 땅으로 데려와 회복시킬 것이라는 환상이었다. 이 예언대로 유대인들은 바빌로니아에서 유다 땅으로 귀환해 하나님의 나라를 회복한다. (겔 37:1-14)

주님의 능력이 내 위에 있었다. 주님은 영으로 나를 데리고 나가[33] 골짜기 가운데 두셨다. 그곳에는 뼈가 가득했다. 그가 나를 그 뼈 주위로 다니게 하셨다. 내가 보니 그 골짜기 바닥에 뼈가 너무도 많았다. 그 뼈는 무척 말라 있었다. 그가 내게 물으셨다.

"사람의 아들아, 이 뼈들이 살아날 수 있겠느냐?"

"주 하나님, 주님이 아십니다."[34]

"너는 이 뼈들에게 대언해라. 그것들에게 전해라. '마른 뼈들아, 너희는 주님의 말씀을 들어라. 주 하나님이 뼈들에게 말씀하신다. 내가 너희 속에 생기[35]를 불어넣어, 너희가 다시 살아나게 하겠다. 내가 너희에게 힘줄을 주고 살을 입히고 살갗으로 덮고 너희 속에 생기를 불어넣어, 너희가 다시 살아나게 하겠다. 그때 비로소 너희는 내가 주님인 줄 알게 될 것이다.'"

나는 명령받은 대로 대언했다. 내가 대언하자 요란한 소리가 났다. 내가 보니 그것은 뼈들이 서로 연결되는 요란한 소리였다. 내가 바라보니 그 뼈들 위에 힘줄과 살이 오르고, 그 위에 살갗이 덮었다. 그러

33. 눅 2:27; 마 4:1; 행 20:22.
34. 요 21:15-17.
35. LXX에는 생명의 기운(프뉴마 조에스). 창 2:7; 롬 8:10 참조.

나 그들 속에 생기가 없었다. 그때 그가 내게 말씀하셨다.

"사람의 아들아, 너는 생기에게 대언해라. 생기에게 이렇게 대언하며 말해라. '주 하나님이 말씀하셨다. 생기야, 사방에서부터 불어와 죽은 이 사람들에게 불어 그들이 살아나게 해라.'"

나는 명령받은 대로 대언했다. 그러자 생기가 그들 속으로 들어갔다. 그들이 즉시 살아나 제 발로 일어나 섰는데, 엄청나게 큰 군대였다. 그때 그가 내게 말씀하셨다.

"사람의 아들아, 이 뼈들이 바로 이스라엘 온 족속이다. 그들이 말하기를 '우리의 뼈가 말랐고 우리의 희망도 사라졌으니 우리는 망했다'고 한다. 그러므로 너는 그들에게 대언해 전해라. '주 하나님이 말씀하셨다. 보라, 내 백성아, 내가 너희 무덤을 열고, 그 무덤 속에서 너희를 이끌어 내어 이스라엘 땅으로 들어가게 하겠다. 내 백성아, 내가 너희 무덤을 열고 그 무덤 속에서 너희를 이끌어 낼 때 비로소 너희는 내가 주님인 줄 알 것이다. 내가 내 영을 너희 속에 두어 너희가 살게 하고, 너희를 너희 땅에 데려다 놓겠다. 그때 비로소 너희는 나 주가 말하고 내가 행한 줄 알 것이다. 주님의 말씀이다.'" (겔 37:1-14)

남유다와 북이스라엘 백성이 이스라엘 땅으로 돌아와 한 나라, 한 백성이 되고, 메시아가 그들을 영원히 다스리게 된다. (겔 37:15-28)

주님의 말씀이 내게 들렸다.

"너 사람의 아들아, 너는 막대기 하나를 가져와 그 위에 '유다와 그의 친구 이스라엘 자손'이라고 써라. 또 막대기를 하나 가져와 그 위에 '에브라임의 막대기, 곧 요셉과 그의 친구 이스라엘 모든 자손'

이라고 써라. 그리고 두 막대기를 서로 연결해 하나가 되게 해라. 그러면 그것들이 네 손 안에서 하나가 될 것이다. 네 백성의 자손이 네게 묻기를 '이것이 무슨 뜻인지 우리에게 말해 주지 않겠느냐?'고 하면, 너는 그들에게 말해라. '주 하나님의 말씀이다. 내가 에브라임의 손 안에 있는 요셉과 그의 친구 이스라엘 지파의 막대기를 가져다 놓고, 그 위에 유다의 막대기를 연결시켜, 그 둘을 한 막대기로 만들겠다. 그들이 내 손 안에서 하나가 될 것이다'라고 하셨다고 해라. 또 너는 그들이 보는 앞에서 글 쓴 두 막대기를 네 손에 들고 그들에게 말해라. '주 하나님이 말씀하셨다. 이스라엘 백성이 잡혀간 이방 민족 가운데서 내가 그들을 데리고 나오고, 사방에서 그들을 모아 그들의 땅으로 데리고 가겠다. 내가 그들의 땅 이스라엘 산 위에서 그들을 한 백성으로 만들고, 한 왕이 그들 모두를 다스리게 하면, 그들이 다시는 두 민족이 되지 않고 두 나라로 나뉘지 않을 것이다. 다시는 우상과 역겨운 것과 온갖 범죄로 자기들을 더럽히지 않을 것이다. 그들이 범죄한 모든 곳에서 내가 그들을 구해 내 깨끗이 씻어 주면, 그들은 내 백성이 되고 나는 그들의 하나님이 될 것이다. 그리고 내 종 다윗이 그들을 다스리는 왕이 되어, 모두를 거느리는 한 목자가 될 것이니, 그들은 내 명령을 지키며 살고 내 규례를 지켜 행할 것이다. 그때는 내가 내 종 야곱에게 준 땅, 곧 그들의 조상이 살던 땅에서 그들이 살게 될 것이다. 그들과 그들의 자자손손이 영원히 거기서 살 것이며, 내 종 다윗이 그들의 영원한 왕이 될 것이다. 내가 그들과 평화의 언약을 세워 영원한 언약을 삼겠다. 그들에게 복을 주고 번성하게 하며, 내 성소를 영원히 그들

안[36]에 세우겠다. 내 처소가 그들 안에 있을 것이다. 나는 그들의 하나님이 되고 그들은 내 백성이 될 것이다. 내 성소가 영원히 그들 안에 있을 때 비로소 이방 민족들이 내가 이스라엘을 거룩하게 하는 주님인 줄 알 것이다.'" (37:15-28)

에스겔 38-39장은 장차 메섹과 두발 왕 곡이 회복된 이스라엘을 대적해 전쟁을 일으키겠지만 하나님이 곡을 심판하시리라는 내용이다. 곡의 파멸은 하나님과 그분의 백성을 대적하는 적그리스도의 파멸의 상징이다. (겔 38:1-23)

주님의 말씀이 내게 들렸다.

"사람의 아들아, 네 얼굴을 마곡 땅에 있는 메섹과 두발의 우두머리 군주인 곡에게로 향하고 그에게 대언해라. '주 하나님이 말씀하신다. 보라. 너 메섹과 두발의 우두머리 군주인 곡아, 내가 너를 돌려세우고 네 턱을 갈고리로 꿰어, 너와 네 모든 군대, 곧 군마와 기마병과 무장한 군인들과, 큰 방패 작은 방패를 들고 칼을 잡은 무리들을 끌어모으겠다. 모두 방패와 투구로 무장한 페르시아와 에티오피아와 리비아를 끌어모으고, 고멜과 그의 모든 군대와, 북쪽 끝에 있는 도갈마 족속과 그의 모든 군대와 수많은 백성을 너와 함께 끌어모으겠다. 너는 네게로 모여든 온 군대와 함께 만반의 준비를 하고, 그들을 다스리는 자가 되어라. 그래서 여러 해가 지난 다음 마지막 해에,[37] 전쟁에서 벗어나 오랫동안 폐허로 남아 있던 이스라엘 산, 곧 여러 민족 가운데 흩어져 살다가 돌아온 사람들이 다시 세운 나

36. LXX에는 '안과 가운데'. 눅 17:21; 고후 6:16; 레 26:11-12; 출 29:45; 렘 31:1; 32:38 참조.
37. 겔 38:16; 눅 21:34-35 참조.

라를 네가 공격 명령을 받고 침략하게 될 것이다.

그 나라 백성은 여러 민족 사이에서 살다가 돌아온 뒤, 그때쯤에는 평화롭게 살고 있을 것이다.[38] 그때 네가 쳐 올라갈 것이다. 너와 네 모든 군대와 너와 함께하는 많은 나라의 연합군이 폭풍처럼 들어가 구름처럼 그 땅을 덮을 것이다.[39] 주 하나님의 말씀이다. 그날이 오면, 네 마음속에서 온갖 생각이 떠올라, '내가 성벽이 없는 마을이 있는 땅으로 올라가 성벽이 없고 성문도 없고 문빗장이 없어도 모두 조용히 평화롭게 살고 있는 백성들에게로 쳐들어가 물건을 약탈하며 노략하겠다'고 하는 악한 생각을 네가 품게 될 것이다.[40] 그래서 손을 들어 그 백성, 곧 여러 나라에서 돌아와 황폐했던 땅의 중앙에 다시 거주하며 가축과 재산을 늘려 가며 살고 있는 백성을 칠 때, 스바와 드단과 다시스의 상인들과 젊은 용사들이 너를 비난하면서 네가 전리품을 빼앗으려 왔느냐? 네가 탈취물을 약탈하려고 군대를 동원했느냐? 네가 은과 금을 탈취하고, 가축과 재산을 빼앗으며, 엄청난 전리품을 약탈하려 왔느냐?고 할 것이다.' (38:1-13)

사람의 아들아, 너는 곡에게 예언을 전해라. '주 하나님이 이렇게 말씀하신다. 내 백성 이스라엘이 평화롭게 살 때, 바로 그날에 네가 일으켜지지 않겠느냐?[41] 그때가 되면, 너는 네 나라 북쪽 끝에서 많은 민족을 이끌고 올 텐데, 그들은 모두 말 타는 자들이고 큰 무리이며 힘 있는 군인들이다. 구름이 땅을 덮듯, 네가 내 백성 이스라엘

---

38. 살전 5:3 참조.
39. 계 20:7-8.
40. 삿 18:7-10 참조.
41. LXX.

을 치러 올 것이다. 곡아, 마지막 날에 그 일이 일어날 것이다. 내가 너를 끌어들여 내 땅을 치게 하고, 이방인들이 보는 앞에서 내가 내 거룩함을 너를 통해 나타낼 때, 그때 비로소 이방인들은 모두 내가 누구인지 알게 될 것이다.

주 하나님이 말씀하신다. 곡아, 내가 옛날에 내 종 이스라엘의 예언자들을 통해 여러 해 동안 예언하기를, '내가 너를 끌어들여 이스라엘을 치게 할 것이다'라고 했었다. 곡이 이스라엘을 치러 오는 그날에, 내 진노가 불같이 타오를 것이다. 주 하나님의 말씀이다. 내가 질투와 불같은 진노로 말한다. 그때 이스라엘 땅에 큰 지진이 일어날 것이므로, 바다의 물고기와 공중의 새와 들의 짐승과 땅에 기어다니는 모든 것과 땅 위의 모든 사람이 내 앞에서 떨 것이다. 산이 무너지고 절벽이 무너지며, 그 땅의 모든 성벽이 무너질 것이다. 내가 곡을 칠 칼을 내 모든 산으로 불러들이겠고, 사람마다 칼로 자기 형제를 죽일 것이다. 주님의 말씀이다. 내가 전염병과 피로 그를 심판하겠다. 곡과 그의 군대와 그와 함께하는 많은 민족 위에 폭우와 우박과 불과 유황을 퍼붓겠다. 내가 이렇게 여러 민족이 보는 앞에서 내 위엄과 거룩함을 나타내면, 그때 비로소 그들은 내가 주님인 줄 알게 될 것이다.' (38:14-23)

침략자 곡의 멸망과 이스라엘의 회복 (겔 39:1-29)

너 사람의 아들아, 곡에게 예언을 알려라. 주 하나님의 말씀이다. 너 메섹과 두발의 우두머리 군주인 곡아, 내가 너를 대적한다. 내가 너를 돌려세워 이끌어 모으고 북쪽 끝에서 나와서 이스라엘 산으로 들어가게 하겠다. 그렇게 해놓고 나는 네 왼손에 있는 활을 쳐서 떨어뜨리고, 네 오른손에 있는 네 화살을 떨어뜨리겠다. 너는 네 군대와, 너와 함께하는 민족들과 함께 이스라엘 산 위에서 쓰러져 죽을 것이다. 나는 너를 날개 달린 온갖 종류의 사나운 새들과 들짐승들에게 넘겨줘 뜯어먹게 하겠다. 내가 말했으니 너는 틀림없이 들판에서 쓰러져 죽을 것이다. 주 하나님의 말씀이다.

내가 또 마곡과 여러 섬에서 평화롭게 사는 사람들에게 불을 보내겠다. 그때 비로소 그들이 내가 주님인 줄 알 것이다. 내가 내 거룩한 이름을 내 백성 이스라엘 가운데 알려 주어, 내 거룩한 이름이 다시는 더럽혀지지 않게 하겠다.

그때 비로소 이방 민족은 내가 주, 곧 이스라엘의 거룩한 자인 줄 알 것이다. 그날이 오고, 그대로 이뤄질 것이다. 내가 말한 그날이 바로 이날이다. 주 하나님의 말씀이다.

그때는 이스라엘 도시 주민들이 바깥으로 나가 버려진 무기를 땔감으로 주울 것이다. 큰 방패와 작은 방패, 활과 화살, 몽둥이와 창을 모아 7년 동안 땔감으로 쓸 것이다. 그 무기를 땔감으로 쓰니, 들에서 나무를 주워 오지 않아도 될 것이고, 숲에서 나무를 베어 올 필요도 없을 것이다. 그들은 전에 자기들을 약탈한 자들을 약탈하고, 노략질한 자들을 노략질할 것이다. 주 하나님의 말씀이다.

그날에 내가 이스라엘 땅, 사해의 동쪽, 아바림 골짜기에 곡의 무덤을 만들어 주겠다. 이스라엘 사람들이 곡과 그의 모든 군대를 거기에 묻으면, 여행자들이 그곳으로는 다니지 못하게 될 것이다. 그곳 이름은 하몬곡[42] 골짜기라 불릴 것이다. 이스라엘 족속이 그들의 시체를 거두어 묻어서 땅을 깨끗하게 하는 데 7개월이 걸릴 것이다. 그 땅 모든 백성이 시체를 묻을 것이고, 내 이름이 떨치게 될 것이다. 그날은 내가 영광 받는 날이다. 주 하나님의 말씀이다. 7개월이 지난 다음에도, 백성들이 시체를 찾아 매장할 전담 인력을 뽑아 그 땅을 늘 돌아다니면서 지면에 남아 있는 시체들을 샅샅이 찾아 묻어 그 땅을 깨끗하게 할 것이다. 그들이 그 땅을 돌아다니다 사람의 뼈를 발견해 그 곁에 표시해 두면, 시체 묻는 사람들이 그 표시를 보고 시체를 찾아 하몬곡 골짜기에 묻을 것이다. 그 부근에는 하몬곡 골짜기라는 이름을 딴 하모나라는 성읍이 생길 것이다. 그들이 이렇게 그 땅을 깨끗하게 할 것이다. (겔 39:1-16)

주 하나님이 말씀하신다. 너 사람의 아들아, 날개 달린 모든 새와 들의 모든 짐승에게 전해라. '너희는 모여 오너라. 내가 너희를 위해 이스라엘 산 위에서 희생제물을 잡아 큰 잔치를 준비할 터이니, 사방에서 몰려와 고기도 먹고 피도 마셔라. 용사들의 살을 먹고 세상 왕들의 피를 마셔라. 너희는 바산의 살진 가축, 곧 숫양과 어린 양과 염소와 수송아지들을 먹듯, 내가 너희를 위해 준비한 잔치 제물 가운데 기름진 것을 배부르게 먹고 피도 취하도록 마셔라. 또 너희는 내가 마련한 잔칫상에서 군마와 기병과 용사와 모든 군인을 배부르게 먹여라.[43] 주 하나님의 말씀이다.' (39:17-20)

내가 내 영광을 너희[44] 가운데 드러낼 것이며, 모든 민족이 내 심

42. '곡의 무리들'이란 뜻.
43. 계 19:17-21; 욥 39:30; 눅 17:37.
44. LXX.

판과 내가 어떻게 내 권능을 그들에게 나타내는지 볼 것이다. 그날로부터 이스라엘 족속은 내가 그들의 주 하나님인 것을 알게 될 것이다. 모든 민족은 이스라엘 족속이 죄를 지어 포로로 끌려갔음을 알게 될 것이다. 그들이 나를 배반했으므로 내가 그들을 외면하고 그들을 원수의 손에 넘겨, 모두 칼에 쓰러지게 했다는 것과 나는 그들의 부정과 죄악대로 그들에게 벌주고 그들을 외면했다는 사실을 알게 될 것이다. 주 하나님이 말씀하셨다. 그러나 이제는 내가 내 거룩한 이름을 위해 열심을 내어 포로 된 야곱의 자손을 돌아오게 하고 이스라엘 온 족속을 불쌍히 여기겠다. 그들이 그들의 땅으로 돌아와 평화롭게 살고 그들을 위협하는 사람이 없게 될 때, 비로소 그들은 나를 배반한 모든 행위를 부끄러워하며 뉘우칠 것이다.[45] 내가 그들을 이방 민족 가운데서 돌아오게 하고 원수들의 땅에서 모아 데리고 나올 때, 이방 민족이 보는 앞에서 그들을 통해 내 거룩함을 나타내겠다. 내가 그들을 이방 민족에게 포로로 잡혀가게 했으나, 그들을 다시 고국 땅으로 모으고, 그들 가운데 한 사람도 다른 나라에 남아 있지 않게 하겠다.

그때 비로소 그들은 내가 그들의 하나님인 줄 알게 될 것이다. 내가 내 영[46]을 이스라엘 족속에게 쏟았으므로, 내가 더 이상 그들을 외면하지 않겠다. 주 하나님의 말씀이다." (39:17-29)

---

45. 느 9:16-37 참조.
46. LXX에는 분노, 진노(겔 22:21 참조)이고, '내가 내 분노를 이스라엘 족속에게 쏟았으나, 더 이상은 내가 그들을 외면하지 않겠다'로 번역된다.

에스겔 32장은 하나님의 백성을 괴롭힌 이집트가 심판받는다는 예언이다. 이집트 왕 파라오가 심판받아 최후를 맞이하게 될 것이기에 하나님은 에스겔에게 장송곡을 부르게 하신다. (BC 586, 겔 32:1-16)

제12년 12월 1일(BC 586년 3월 3일)에 주님의 말씀이 내게 들렸다. "사람의 아들아, 너는 이집트 왕 파라오에 대해 애가를 불러 그에게 알려 주어라. '너는 너 스스로를 여러 나라의 사자라고 여기지만, 사실은 바닷속 용이며, 너는 강에서 튀어나와 발로 강물을 휘저으며 강물을 더럽혔다. 그러므로 주 하나님이 말씀하신다. 내가 많은 백성을 데려와 네 위에 그물을 던져 너를 끌어올린 뒤, 땅바닥에 내던지고 들판에 내동댕이치겠고, 공중의 모든 새를 데려와 네 위에 앉게 하고 땅의 모든 짐승과 함께 너를 뜯어먹고 배부르게 하겠다. 내가 네 살점을 여러 산에 흩어놓으면 골짜기마다 네 시체로 가득 찰 것이다. 네 피로 땅을 적시되 산 위까지 적실 것이니, 시내가 네 피로 넘쳐흐를 것이다. 내가 네 빛을 꺼지게 할 때, 하늘을 가려 별들을 어둡게 하고, 구름으로 태양을 가리고, 달도 빛을 내지 못하게 하겠다. 하늘에서 빛나는 광채를 모두 어둡게 하고 네 땅을 어둠으로 덮어놓겠다. 주 하나님의 말씀이다. 네가 포로로 잡혔다는 소식을 내가 여러 민족, 곧 네가 알지도 못하는 민족에게 알려 그 민족들의 마음을 불안[47]하게 하겠다. 내가 많은 백성이 보는 앞에서 칼을 휘둘러 너를 치면, 그들은 놀랄 것이고 또 내가 그들의 왕 앞에서 내 칼을 휘둘러 너를 치면, 그들은 모두 네가 받는 형벌을 보

47. LXX.

고 벌벌 떨 것이다. 네가 쓰러지는 그날에 왕마다 목숨을 잃을까 봐 떨 것이다. (32:1-10)

주 하나님이 말씀하신다. 바빌로니아 왕의 칼이 네게 미칠 것이다.[48] 내가 모든 민족 가운데 잔인한 용사들의 칼로 네 군대를 쓰러뜨리겠다. 그들이 이집트의 거만을 박살 내고 이집트의 모든 군대를 끝장낼 것이다. 내가 그 큰 물가에서 이집트의 모든 짐승을 없애 버리면, 사람의 발과 짐승의 발굽이 다시는 그 물을 흐리게 하지 못할 것이다. 그 후에 내가 그 강물을 맑게 해, 그 강물이 기름처럼 흐르게 하겠다. 주 하나님의 말씀이다. 내가 이집트 땅을 황무지로 만들어 그 땅에 가득 찬 풍요가 사라지게 하겠다. 내가 그 땅에 사는 모든 사람을 치면, 그때 비로소 그들이 내가 주님인 줄 알 것이다.'

이것은 애가이니 사람들이 이것을 슬피 부를 것이다. 이방 민족의 딸들이 이것을 슬피 부를 것이다. 그들은 이것을 이집트와 그 나라의 온 백성을 위해 슬피 부를 것이다. 주 하나님의 말씀이다." (32:11-16)

할례받지 못한 자들이 스올로 내려간다는 예언 (BC 586, 겔 32:17-32)

제12년 1월[49] 15일, 주님의 말씀이 내게 들렸다.

"사람의 아들아, 너는 이집트 무리를 위해 슬피 울어라. 그들을 스올로 내려가게 해라. 내가 이집트와 이방 나라의 딸들을 구덩이로 내려가는 자들과 함께 땅 깊은 곳으로 내려가게 하겠다.

---

48. 예루살렘 함락 5년 후(BC 582)에 느부갓네살은 코일레시리아(Coelesyria, 고대 그리스)를 공격하여 정복하고 암몬과 모압도 굴복시킨 후 이집트를 공격하여 정복했다(요세푸스의《유대 고대사》10권 9장 7절).
49. LXX.

네이집트가 누구보다 더 아름답다는 것이냐? 너는 아래로 내려가 할례받지 못한 자들과 함께 누워라. 그들은 칼에 맞은 자들 가운데 쓰러질 것이고, 그[50]는 그의 모든 무리와 함께 죽을 것이다. 그러면 스올에 있는 용사 중 가장 강한 자들[51]이 그와 그를 돕는 자들[52]에게 말하기를 '할례받지 못한 자들, 곧 칼에 죽은 자들이 내려와 누웠다'고 할 것이다.

그곳에는 앗시리아와 그의 모든 군대가 함께 묻혀 있고 사방에 그들의 무덤이 있다. 그들은 모두 칼에 쓰러져 칼에 죽은 자들이다. 그 앗시리아의 무덤은 구덩이의 가장 깊은 밑바닥에 마련되었고, 그 무덤 둘레에는 그의 군대가 묻혀 있다. 그들은 모두 칼에 맞아 쓰러진 자들이요, 칼에 죽은 자들이요, 살아 있는 사람들의 땅에서 사람들에게 공포를 주던 자들이다. (32:17-23)

그곳에는 엘람과 엘람의 모든 군대가 그 무덤 둘레에 묻혀 있다. 그들은 모두 칼 맞고 쓰러져 칼에 죽은 자들이고, 할례받지 못한 자들이며, 땅 깊은 곳에 내려간 자들이다. 그들은 살아 있는 사람들의 땅에서 사람들에게 공포를 주던 자들이었으나, 이제는 구덩이로 내려가는 자들과 함께 수치를 당한 자들이다. 그들이 칼에 죽은 자들 가운데 엘람에게 침상을 하나 주었고, 그 무덤 둘레에는 모든 엘람의 군대가 묻혀 있다. 그들은 모두 할례받지 못한 자들이요, 칼에 죽은 자들이요, 살아 있는 사람들의 땅에서 공포를 주던 자들이었으나, 이

---

50. 이집트 왕.
51. 이집트 왕보다 먼저 죽은 이방 폭군들.
52. 이집트 왕의 군인들.

제는 구덩이로 내려간 자들과 함께 수치를 당하고 칼에 죽은 자들 가운데 누워 있다. (32:24-25)

그곳에는 메섹과 두발과 그들의 모든 군대가 그 무덤 둘레에 묻혀 있다. 그들은 모두 할례받지 못하고 칼에 죽은 자들이요, 살아 있는 사람들의 땅에서 공포를 주던 자들이다. 그러나 그들 모두는 할례 받지 않고 죽은 용사들, 곧 무기를 가지고 스올로 내려간 자들과 함께 눕게 되었다.[53] 그들은 칼을 베개 삼아 벤다. 그들의 죄가 그들의 뼈 위에 있으니, 그들이 살아 있는 자들의 땅에서 용사들에게 공포를 주었기 때문이다. (32:26-27)

너 이집트는 할례받지 않은 자들과 함께 패망할 것이고, 칼에 죽은 자들과 함께 누울 것이다. 그곳에는 에돔, 곧 용맹스러웠던 에돔의 왕들과 모든 지도자가 칼에 죽은 자들과 함께 있고, 할례받지 못하고 구덩이로 내려간 자들과 함께 누워 있다.[54] (32:28-29)

그곳에는 북쪽의 모든 군주와 모든 시돈 사람들이 묻혀 있다. 그들은 칼에 죽은 자들과 함께 지하로 떨어졌는데, 세상에서는 공포를 주고 힘을 자랑했기 때문에 이제는 수치를 당한다. 할례받지 못하고 죽은 자들과 칼에 죽은 자들과 함께 눕고, 구덩이로 내려간 자들과 함께 수치를 당했다. 파라오가 그들을 보고 그 모든 무리 때문에 위로받을 것이며, 칼에 죽은 파라오와 그의 모든 군대가 위로받을 것이다. 주 하나님의 말씀이다. 그 파라오가 살아 있는 사람들의 땅에서 공포를 주었기 때문에, 파라오와 그의 모든 군대가 할례받지 못한

53. LXX.
54. LXX.

자들 가운데, 칼에 죽은 자들과 함께 무덤에 눕게 될 것이다. 주 하나님의 말씀이다." (32:30-32)

심판을 경고하는 파수꾼의 책임 (겔 33:1-20)

주님의 말씀이 내게 들렸다.

"사람의 아들아, 너는 네 민족의 자손에게 말하고, 그들에게 알게 해라. 만일 내가 어떤 나라에 전쟁이 일어나게 하고, 그 나라 백성이 자기들 가운데서 한 사람을 뽑아 파수꾼으로 세웠다고 하자. 그 파수꾼이 자기 나라로 적군이 오는 것을 보고 나팔을 불어 자기 백성에게 경고했지만, 어떤 사람이 그 나팔 소리를 듣고도 주의하지 않아, 적군이 와서 그를 죽이면, 그가 죽은 것은 자기 탓이 된다. 그는 나팔 소리를 듣고도 주의하지 않았으므로, 그가 죽은 것은 자기 탓인 것이다. 그가 주의했다면 자기 목숨을 건졌을 것이다.

그러나 만일 그 파수꾼이 적군이 오는 것을 보고도 나팔을 불지 않아 그 백성이 주의할 수 없었다면, 그래서 적군이 와서 그들 가운데 어떤 사람을 죽였다면, 죽은 사람은 자기 죄 때문에 죽었지만 그 사람의 죽음에 대한 책임은 내가 그 파수꾼에게 묻겠다.

너, 사람의 아들아, 내가 너를 이스라엘 족속의 파수꾼으로 세웠으니, 너는 내 말을 듣고 내 경고를 그들에게 들려주어라. 내가 악인에게 말하길 '악인아, 너는 반드시 죽을 것이다'라고 말했는데도, 네가 그 악인에게 말하여 그가 악한 길을 버리도록 경고하지 않으면, 그는 악인이므로 자기 죄 때문에 죽겠지만 그 사람의 죽음에 대한 책임은 내가 네게 묻겠다. 그러나 네가 악인에게 그의 길에서 떠나 돌아서라고 경고했음에도 그가 자신의 길에서 돌아서지 않으면, 그는 자기 죄 때문에 죽겠고 너는 네 목숨을 보존할 것이다." (33:1-9)

그러므로 사람의 아들아, 너는 이스라엘 족속에게 말해라. 그들이 말하길 '우리의 허물과 우리의 죄악이 우리를 짓눌러 그것 때문에 우리가 기진해 죽을 지경인데, 우리가 어떻게 하면 살 수 있겠느냐?'고 했다.

너는 그들에게 말해라. '주 하나님의 말씀이다. 내가 살아 있음을 두고 맹세한다. 나는 악인이 죽는 것을 기뻐하지 않고, 오히려 악인이 자기의 길에서 돌이켜 사는 것을 기뻐한다.[55] 그러므로 너희는 돌이켜라. 너희는 악한 길에서 돌이켜라. 이스라엘 족속아, 너희가 왜 죽으려 하느냐?'라고 해라. (33:10-11)

사람의 아들아, 네 민족의 자손에게 말해라. '의인이 죄를 짓는 날에는 그 의인의 과거의 의가 그를 구원하지 못하고, 악인이 자신의 죄악에서 떠나 돌이키는 날에는 과거의 악이 그를 넘어뜨리지 못한다'고 해라. 그러므로 의인도 범죄하는 날에는 그가 과거에 의로웠다는 것만으로는 살지 못할 것이다. 내가 의인에게 말하기를 '너는 반드시 살 것이다'라고 했어도, 그가 자기 의를 믿고 불의를 행하면, 나는 그의 모든 의를 기억하지 않을 것이며 그는 자기가 행한 불의 때문에 죽을 것이다.

그러나 내가 악인에게 말하기를 '너는 반드시 죽을 것이다'라고 했어도, 그가 자기 죄에서 떠나 돌아서서 공의와 정의를 행하여 전

---

55. 겔 18:23; 딤전 2:4 참조.

당물을 돌려주고 강탈한 것을 갚아 주고 생명의 법칙대로 살고 불의를 행하지 않으면, 그는 죽지 않고 반드시 살 것이다. 나는 그가 지은 모든 죄를 기억하지 않겠다. 그가 공의와 정의를 행하면 반드시 살 것이다.[56]

그런데도 네 민족의 자손은 '주님의 길은 바르지 못하다!'[57]고 하는데, 바르지 못한 것은 오히려 그들의 길이다. 의인이 자신의 의를 버리고 불의를 행하면, 그는 그것 때문에 죽을 것이다. 그러나 악인이 자신의 악에서 떠나 돌아서서 공의와 정의를 행하면, 그는 그것 때문에 살 것이다. 그런데도 너희는 '주님의 길은 바르지 못하다'고 하는구나. 이스라엘 족속아, 나는 너희 각 사람의 행위대로 너희를 심판하겠다.[58] (33:12-20)

다니엘의 세 친구가 우상숭배 시험을 이기다

바빌로니아 왕 느부갓네살의 유다 침공 때(BC 605) 유다 왕 여호야김이 항복하자, 느부갓네살은 많은 전리품과 함께 다니엘을 비롯한 유다 청소년들을 인질로 잡아갔다. 그러나 하나님은 그들을 바빌로니아로 옮겨 유다 조상들의 불의한 전통에 물들지 않게 보호하고 믿음 충만하게 육성하셨다. 그들은 25년 후 40세쯤의 중년이 되었을 때 믿음으로 세상을 이긴다.

---

56. 겔 18:21-22.
57. 말 2:17; 3:14-15 참조.
58. 마 7:21; 눅 6:46; 약 2:26.

느부갓네살 왕은 BC 603년 하나님이 세상을 다스리신다는 계시(단 2:1, 47)를 꿈으로 받고 다니엘의 증언을 들은 적 있었다. 그러나 23년이 지나면서 그 일을 잊어버리고 금 신상을 만들어 백성이 금 신상을 숭배하게 하는 죄를 범한다. BC 582년 이집트를 정복하고 세계를 제패하자 교만해졌기 때문이다. 그러자 믿음 충만한 사드락, 메삭, 아벳느고가 죽음을 각오하고 우상숭배를 거부하며 풀무불 시험에서 구원받는다. 그 결과 세계 최강국의 왕 느부갓네살이 그들을 통해 하나님의 거룩하심을 목격하고, 하나님만이 참된 신이심을 고백하며 하나님을 찬양하고 제국의 모든 백성에게 하나님의 통치를 천명한다. 이것은 하나님이 이방 나라로 잡혀간 유대인들을 통해 하나님의 거룩하심을 이방 나라에 나타낼 때, 그때 비로소 그 이방인들도 하나님만이 참된 신이심을 알게 될 것이라는 말씀(겔 36:23)을 이루신 것이다. (BC 580, 단 3:1-4:3)

느부갓네살 왕이 금으로 신상을 만들어 바빌로니아 지방의 두라 평지에 세웠다. 그 신상은 높이가 27미터, 너비가 2.7미터였다. 느부갓네살 왕이 지방 장관과 대신, 총독, 고문관, 재무관, 재판관, 행정관, 그리고 지방 모든 관리들을 자기가 세운 신상의 제막식에 참석하게 했다. 지방 장관과 대신, 총독, 고문관, 재무관, 재판관, 행정관 그리고 지방 모든 관리들이 느부갓네살 왕이 세운 신상 제막식에 참석해 그 신상 앞에 섰다. 그때 사회자가 큰소리로 선포했다.

"백성들아, 언어가 서로 다른 민족들아, 너희에게 명령한다. 나팔과 피리, 거문고, 삼각금, 하프, 풍수 등 온갖 악기 소리가 나면, 느부갓네살 왕이 세운 금 신상 앞에 엎드려 절하라. 누구든지 엎드려 절하지 않는 사람은 불타는 화덕 속에 즉시 던져 넣을 것이다."

나팔과 피리, 거문고, 삼각금, 하프, 풍수 등 온갖 악기 소리가 울려 퍼지자 모든 백성들과 언어가 서로 다른 민족들이 느부갓네살 왕이 세운 금 신상 앞에 엎드려 절했다. 그때 어떤 갈대아 사람들이 나와서 느부갓네살 왕에게 유대인들을 고발하며 말했다.

"왕이시여, 만수무강하소서. 왕이시여, 왕이 명령을 내리셔서, 나팔과 피리, 거문고, 삼각금, 하프, 풍수 등 온갖 악기 소리가 나면, 모두 금 신상 앞에 엎드려 절하라고 하셨고, 누구든 엎드려 절하지 않는 사람은 불타는 화덕 속에 던져 넣겠다고 하셨습니다. 왕께서는 유대인 사드락과 메삭과 아벳느고를 임명해, 바빌로니아 지방의 행정을 관리하게 하셨는데, 그들은 왕을 존경하지 않고 왕의 신들을 섬기지도 않으며 왕이 세우신 신상에 절하지도 않습니다."

느부갓네살 왕은 분노해 사드락, 메삭, 아벳느고를 잡아오라 명령했다. 그들은 왕 앞에 붙들려 왔다. 느부갓네살 왕이 그들에게 물었다.

"사드락, 메삭, 아벳느고야, 너희가 내 신을 섬기지 않고, 내가 세운 금 신상에게 절하지 않은 것이 사실이냐? 지금이라도 너희가 나팔과 피리, 거문고, 삼각금, 하프, 풍수 등 온갖 악기 소리가 날 때, 내가 만든 신상에게 엎드려 절하면 아무 일 없던 것으로 해주겠다. 그러나 그렇게 하지 않으면, 너희는 즉시 맹렬히 타는 불 속에 던져질 것이다. 어느 신이 너희를 내 손에서 구해 낼 수 있겠느냐?"

사드락, 메삭, 아벳느고가 왕에게 대답했다.

"느부갓네살 왕이시여. 우리가 이 일에 대해서는 왕께 드릴 말씀이 없습니다. 우리가 섬기는 하나님은 살아 계셔서, 우리를 불타는 화덕 속에서 구하실 수 있고 또 우리를 왕의 손에서도 구해 주실 것입니다. 그러나 그리 아니하실지라도, 왕이시여, 우리는 왕의 신들을 섬기지 않겠고, 왕이 세우신 금 신상에 절하지도 않겠습니다." _(3:1-18)

느부갓네살 왕은 사드락, 메삭, 아벳느고 때문에 화가 잔뜩 나 얼굴빛이 변했다. 그는 화덕을 보통 때보다 7배 더 뜨겁게 하라고 명령했다. 그리고 그의 군대에서 힘센 군인 몇 사람에게 사드락, 메삭, 아벳느고를 묶어 불타는 화덕 속에 던져 넣으라고 명령했다. 그러자 사람들은 그들을 겉옷과 속옷과 모자를 쓴 채로 묶어, 불타는 화덕 속에 던져 넣었다. 왕의 명령이 그만큼 엄했다. 화덕이 너무 뜨거워 사드락, 메삭, 아벳느고를 붙든 사람들이 그 불꽃에 타 죽었다. 사드락, 메삭, 아벳느고 세 사람은 묶인 채로, 맹렬히 타는 화덕 속으로 떨어졌다. 그때 느부갓네살 왕이 놀라서 급히 일어나 참모들에게 물었다.

"우리가 묶어서 불 속에 던진 사람은 세 명이 아니었느냐?"

"그렇습니다, 왕이시여."

"보라, 내가 보니 네 사람이 결박이 풀린 채로 불 속에서 걷고 있다. 그들은 타지도 않았다! 넷째 사람의 모습[59]은 하나님의 아들[60]과 같구나!"

느부갓네살이 불타는 화덕 입구로 가까이 가서 소리쳤다.

"지극히 높으신 하나님의 종 사드락, 메삭, 아벳느고야, 이리로 나오너라!"

사드락, 메삭, 아벳느고가 불 가운데서 나왔다. 지방 장관과 대신

59. 빌 2:7.
60. LXX. 그리스도.

과 총독과 왕의 측근들이 모여 그들을 보니, 몸이 불에 상하지 않았다. 머리털도 그을리지 않았고, 겉옷도 변하지 않았으며, 불에 탄 냄새도 나지 않았다. 느부갓네살이 말했다.

"사드락, 메삭, 아벳느고의 하나님을 찬양하라.[61] 그분은 천사를 보내 그분의 종들을 구원하셨다. 그들은 저희 하나님 외에는 다른 신을 섬기거나 절하지 않으려고 왕의 명령을 거역하면서까지 저희 하나님을 신뢰해 몸을 바쳤다. 그러므로 내가 이제 조서를 내린다. 사드락, 메삭, 아벳느고의 하나님을 모독하는 말을 하는 민족과 백성은 모두 그 몸이 산산조각 날 것이고, 그의 집은 폐허가 될 것이다. 사람을 이렇게 구원할 수 있는 신은 달리 없다."

느부갓네살 왕은 사드락, 메삭, 아벳느고를 바빌로니아 지방에서 더욱 높이고, 다음과 같은 조서를 내렸다.

"느부갓네살 왕은 전국 모든 백성과 언어가 다른 민족들에게 평안이 넘치길 기원한다. 나는 지극히 높으신 하나님이 내게 보여 주신 이적과 놀라운 일을 백성들에게 즐거이 알린다. 위대하구나, 그분의 이적이여! 강력하구나, 그분의 놀라운 일이여! 그분의 나라가 영원하고, 그분의 통치는 대대에 이를 것이다." (3:19-4:3)

---

61. 겔 36:23; 합 2:14의 예언이 이루어졌다.

'느부갓네살 왕은 전국 모든 백성과 언어가 다른 민족들에게 평안이 넘치길 기원한다. 나는 지극히 높으신 하나님이 내게 보여 주신 이적과 놀라운 일을 백성들에게 즐거이 알린다. 위대하구나, 그분의 이적이여! 강력하구나, 그분의 놀라운 일이여! 그분의 나라가 영원하고, 그분의 통치는 대대에 이를 것이다.' (단 4:1-3)

사드락, 메삭, 아벳느고는 고난받으면서도 하나님을 신뢰함으로 세상 사람들에게 하나님의 영광을 나타냈다. 한편 다니엘은 23년 전(BC 603) 청소년 시절에 느부갓네살 왕에게 왕의 꿈을 해몽해 주면서 하나님 나라의 신적 기원과 만국 통치성을 다음과 같이 말한 적 있다.
"이 여러 왕들의 시대에 하늘의 하나님이 한 나라를 세우시리니, 영원히 망하지도 아니할 것이요, 그 국권이 다른 백성에게로 돌아가지도 아니할 것이요, 도리어 그 모든 나라를 쳐서 멸망시키고 영원히 설 것입니다"(단 2:44).
느부갓네살은 이 말을 듣고 다니엘에게 엎드려 절하고 예물과 향품을 주면서 "너희 하나님은 참으로 모든 신들의 신이시요, 왕들의 주재시로다. 네가 능히 이 은밀한 것을 나타냈으니, 네 하나님은 또 은밀한 것을 나타내시는 이시로다"(단 2:47)라고 다니엘의 하나님을 찬양했다.
그러나 23년이 지난 지금(BC 580), 그는 다니엘의 말을 잊어버리고 자신을 신격화시키려다 사드락, 메삭, 아벳느고의 믿음 행위와 불 속에 나타난 하나님의 기적을 목격하고서 하나님 나라의 영원성과 하나님의 영원한 통치를 찬양했다. 그리고 하나님 나라를 대항하는 나라는 모두 멸망할 것임을 선포했다. 하나님이 에스겔을 통해 "내가 이방인들이 보는 앞에서 너희를 통해 내 거룩함을 나타낼 때, 그때 비로소 그 이방인들도 내가 주님인 줄 알게 될 것이다"(겔 36:23)라는 말씀이 이루어진 것이다.

다니엘서 기록에 사용된 언어

다니엘서 1장과 8-12장은 히브리어로 기록되었고, 2-7장은 아람어로 기록되었다. 아람어는 BC 6세기부터 그리스도 예수 시대까지 고대 근동에서 사용된 국제 공용어였다. 다니엘서에서 아람어로 기록된 부분은 모든 나라 사람들이 읽고 이해할 수 있도록 쓰여진 듯하다. 아람어로 기록된 부분의 형식도 처음 환상을 제외하면 누구나 이해할 수 있는 이야기 형식이다.

에스겔의 새 성전과 새 땅 환상

느부갓네살 왕이 제국 전체에 하나님을 섬길 것을 선포한 후 7년이 지났다. 하나님은 에스겔을 통해 말씀하신 대로 유대인들을 귀환시키려 하셨다. 하지만 그전에 정신적 준비를 하게 하셨는데, 유대인들이 유다 땅으로 귀환할 때 회복될 신정국가 공동체에 대한 환상을 예언하게 하시고, 포로생활을 하고 있는 유대인들에게 소망과 꿈을 갖도록 격려하셨다.

에스겔 40–48장에는 하나님이 재건될 성전 안에서 다시 자기 백성 가운데 함께하시는 모습이 나온다. 에스겔 40장 1절에서 42장 20절에 있는 성전 도면 환상은 솔로몬 성전(제1성전)이나 스룹바벨 성전(제2성전)이나 예수님 시대의 헤롯 성전과 일치하지 않는데, 그 이유는 이 성전이 역사적 성전이 아니라 미래의 새 하늘과 새 땅에서 이뤄질 성전이기 때문이다(고전 3:16; 6:19; 계 21:22 참조).

에스겔의 새 성전 환상 (BC 573, 겔 40:1-49)

우리가 포로로 잡혀 온 지 25년째 되는 해(BC 573), 곧 예루살렘 성이 함락된 지 14년째 되는 해의 1월 10일 바로 그날, 주님의 능력이 나를 사로잡아, 이스라엘 땅으로 데리고 가셨다. 하나님이 보여 주신 환상 속에서 그분이 나를 이스라엘 땅으로 데려가 아주 높은 산 위에 내려놓으셨다. 그 산의 남쪽에는 도시 같은 것이 있었는데, 그분이 나를 그곳으로 데리고 가셨다. 그곳에는 놋쇠같이 빛나는 모습을 한 어떤 사람[62]이 있었다. 그의 손에는 삼으로 꼰 줄과 측량하는 갈대가 있었다. 그가 대문에 서 있다가 내게 말했다.

"사람의 아들아, 내가 네게 보여 주는 것을 모두 네 눈으로 보고, 네 귀로 듣고, 네 마음에 새겨 둬라. 나는 이것을 네게 보여 주려고 너를 이곳으로 데려왔다. 네가 보는 것을 모두 이스라엘 족속에게 알려 주어라." (40:1-4)

성전 외부 모습 (겔 40:5-27)

내가 보니 성전 바깥 사방에 담이 있고, 그 사람은 손에 측량하는 갈대를 쥐고 있었다. 그 갈대의 길이는 6암마에 손바닥 길이를 더한 것[3.2미터]이었다. 그가 담을 측량하니, 두께가 1갈대[3.2미터]요 높이가 1갈대였다.

그가 동쪽으로 향한 문으로 들어가, 일곱[63] 계단을 올라가서 문의 문지방 길이를 재니 1갈대였다. 문간에는 문지기 방들이 있었는데, 각각 길이가 1갈대요 너비가 1갈대였다. 방과 방 사이 벽은 5암마[2.3미터]였다. 성전으로 들어가는 현관 다음에 있는 안 문의 문지방 길이는 1갈대였다. (40:5-7)

또 그가 문 통로의 안쪽 현관을 재니, 길이가 3.6미터이었다. 현관 옆에는 벽기둥이 있었는데 너비가 1미터였다. 현관은 안쪽을 향해 있었다. 동문에 있는 문지기 방들은 오른쪽에 셋, 왼쪽에 셋 있었다. 세 방의 크기는 모두 같았고, 양쪽에 있는 벽기둥들 크기도 같았다.

그가 문 입구의 너비를 재니 5미터였고, 문의 길이는 6.5미터였다. 문지기 방들 앞에는 양쪽으로 공간이 하나씩 있었는데, 방들은

---

62. 겔 43:6-7 참조.
63. LXX. 메시지 성경.

길이와 너비가 저마다 3미터였다. 또 그가 이쪽 문지기 방의 지붕에서 저쪽 문지기 방의 지붕까지 재니 너비가 12.5미터였다. (40:8-13)

또 그가 성전 뜰을 향한 현관을 재니 너비가 30미터이고, 바깥 뜰의 벽기둥이 있는 곳에서는 사방으로 문과 통했다. 바깥 문지방에서부터 안 문의 현관 앞까지는 25미터였다. 또 문지기 방에는 모두 네 면으로 창이 나 있고, 방의 벽기둥과 현관의 네 면에도 창이 있었다. 창들은 모두 바깥에서 보면 좁고 안에서 보면 안쪽으로 들어오면서 점점 좌우로 넓게 넓어지는, 틀만 있는 창이었다. 양쪽의 벽기둥에는 각각 종려나무가 새겨져 있었다. (40:14-16)

그 후에 그가 나를 데리고 바깥 뜰로 들어갔다. 그 뜰 사방에는 방들과 돌이 깔린 복도[64]가 있었는데, 복도를 따라 30개의 방이 있었다. 복도는 대문들의 옆에까지 이르고, 길이는 문들의 길이와 같았다. 그것은 아래쪽의 길이었다. 또 그가 아랫문의 안쪽 정면에서부터 안뜰의 바깥 정면에 이르기까지의 너비를 재니 50미터가 되었다. 그 길이는 동쪽과 북쪽이 같았다. (40:17-19)

또 그가 나를 바깥 뜰에 붙은 북쪽으로 난 문으로 데리고 가서, 문의 길이와 너비를 쟀다. 문지기 방들이 이쪽에도 셋, 저쪽에도 셋이 있는데, 벽기둥이나 현관이 모두 앞에서 말한, 동쪽으로 향한 문의 크기와 똑같이 대문의 전체 길이가 25미터요, 너비가 12.5미터였다. 현관의 창과 벽기둥의 종려나무도 동쪽으로 향한 문에 있는 것들과 크기가 같았다. 일곱 계단을 올라가서, 문간 안으로 들어가게

---

64. peristyle. 회랑. 기둥과 지붕만 있고 벽이 없는 복도.

되어 있으며, 현관은 안쪽에 있었다. 이 문도 동쪽으로 향한 문과 마찬가지로 안뜰에 붙은 중문을 마주 보고 있었다. 그가 중문에서 북쪽으로 향한 문까지의 거리를 재니 50미터였다. (40:20-23)

또 그가 나를 데리고 남쪽으로 갔다. 거기에도 남쪽으로 향한 문이 있었다. 그가 그 문의 벽기둥과 현관을 재니, 크기가 위에서 본 다른 두 문과 같았다. 문과 현관에도 양쪽으로 창이 있었는데, 위에서 본 다른 두 문에 있는 창과 같았다. 문간의 길이는 25미터요, 너비는 12.5미터였다. 일곱 계단을 올라가서 문으로 들어가게 되어 있고, 현관은 안쪽에 있었다. 양쪽의 벽기둥 위에는 종려나무가 한 그루씩 새겨져 있었다. 안뜰의 남쪽에도 중문이 하나 있었다. 그가 두 문 사이의 거리를 재니 50미터였다. (40:24-27)

성전 내부 모습 (겔 40:28-46)

또 그가 나를 데리고 남쪽 문을 지나 안뜰로 들어갔다. 그가 남쪽 문을 재니, 크기가 다른 문들과 같았다. 문지기 방과 벽기둥과 현관이 모두 다른 문의 것과 크기가 같았다. 문과 현관에도 양쪽으로 창문이 있었다. 문간도 길이는 25미터요, 너비는 12.5미터였다. 사방으로 현관이 있는데 길이는 12.5미터요 너비는 2.5미터였다. 대문의 현관은 바깥 뜰로 향해 있고, 벽기둥 위에는 종려나무가 새겨져 있고, 중문으로 들어가는 입구에는 여덟 계단이 있었다. (40:28-31)

그가 나를 데리고 동쪽으로 향한 안뜰로 들어가서 거기에 있는 중문을 재니, 그 크기가 다른 문과 같았다. 문지기 방과 벽기둥과 현관이 모두 다른 문의 것들과 크기가 같았다. 중문과 현관에도 양쪽으로 창문이 있었다. 그 문의 문간은 길이가 25미터요 너비가 12.5미터였다. 중문의 현관은 바깥 뜰로 향해 있으며, 문 양편의 벽기둥들 위에는 종려나무가 새겨져 있었다. 중문으로 들어가는 입구에는 여덟 계단이 있었다. (40:32-34)

또 그가 나를 데리고 북쪽으로 들어가서 재니, 그 크기가 다른 문과 같았다. 문지기 방과 벽기둥과 현관들이 모두 다른 문의 것과 크기가 같았다. 중문에도 사방으로 창문이 있었다. 이 문간의 길이는 25미터요 너비도 12.5미터였다. 중문의 현관도 바깥 뜰을 향해 있으며, 중문 양쪽의 벽기둥들 위에는 종려나무가 새겨져 있었다. 그 중문으로 들어가는 입구에는 여덟 계단이 있었다. (40:35-37)

안뜰 북쪽 중문 곁에는 문이 달린 방이 하나 있었는데, 그 방은 번제물을 씻는 곳이었다. 그리고 중문의 현관 입구에는 양쪽에 각각 상이 두 개씩 있었는데, 그 위에서 번제와 속죄제와 속건제에 쓸 짐승을 잡았다. 북쪽 문의 입구, 현관의 바깥쪽으로 올라가는 양쪽에도 상이 각각 두 개씩 있었다. 이렇게 북쪽 중문의 안쪽에 상이 네 개, 바깥쪽에 네 개가 있어, 제물로 바치는 짐승을 잡는 상이 모두 여덟 개였다. 또 돌을 깎아 만든 것으로 번제물을 바칠 때 쓰는 상이 네 개 있는데, 각 상의 길이는 80센티미터가량이요, 너비도 80센티미터가량이며, 높이는 50센티미터였다. 그 위에 번제와 희생제물을 잡는 기구가 놓여 있었다. 그 방 안의 사면에는 손바닥만 한 갈고리가 부착돼 있고, 상 위에는 제물로 바치는 고기가 놓여 있었다. (40:38-43)

또 안뜰의 바깥쪽에는 방 두 개가 있는데, 하나는 북쪽 중문의 한쪽 모퉁이 벽 곁에 있어서 남쪽을 향해 있고, 다른 하나는 남쪽 중문의 한쪽 모퉁이 벽 곁에 있어서 북쪽을 향해 있었다. 그가 내게 일러 주었다. "남쪽을 향한 이 방은 성전 일을 맡은 제사장들의 방이고, 북쪽을 향한 저 방은 제단 일을 맡은 제사장들의 방이다. 그들은 레위 자손 가운데서도, 주께 가까이 나아가 섬기는 사독의 자손이다." (40:44-46)

그가 또 안뜰을 재니, 길이가 50미터요 너비도 50미터였다. 정사각형이었다. 제단은 성전 본당 앞에 있었다. (40:47)

내부 성소 (겔 40:48-41:4)

그가 나를 데리고 성전 현관으로 들어가서 현관 벽기둥을 재니, 너비가 좌우 각각 2.5미터였다. 문의 너비는 7미터이고 문 옆 벽의 두께는 각각 1.5미터였다. 현관의 길이는 10미터이고, 너비는 6미터였다. 현관으로 올라가는 입구에는 열 계단이 있고 문짝 양쪽 벽기둥 외에 기둥이 양쪽에 하나씩 있었다. (40:48-49)

그가 나를 데리고 성소로 들어가서 현관 벽을 재니, 벽 두께가 양쪽 각각 3미터이고, 문의 너비는 5미터이고, 문 옆 벽 너비는 양쪽 각각 2.5미터였다. 그가 성소를 재니, 길이가 20미터이고, 너비는 10미터였다. 또 그가 지성소로 들어가서 문 벽기둥을 재니, 두께가 1미터였다. 문의 너비가 3미터이고, 문 옆 벽의 너비는 양쪽이 각각 3.5미터였다. 그가 지성소의 길이를 재니 10미터[65]이고, 너비는 10미터였

---

65. LXX에는 20미터.

다. 그가 내게 "이곳이 지성소다!" 하고 일러 주었다. (41:1-4)

또 그가 성전의 벽을 재니, 두께가 3미터였다. 성전 주위에는 방들이 있는데, 너비가 각각 2미터였다. 곁방들은 방 위에 방이 3층을 이루고 있으며, 층마다 방이 서른 개씩 있었다. 곁방들은 성전을 돌아가면서 성전 벽에 부착되어 있어서, 성전 벽 자체를 파고 들어가지는 않았다. 둘러 있는 곁방들은 층이 위로 올라갈수록 넓어졌다. 곁방의 건물이 성전 주위로 올라가며 위층까지 건축되었다. 이 건물은 아래층에서 중간층을 거쳐 맨 위층으로 올라가게 되어 있었다. 내가 또 보니, 성전 주위의 지대가 높이 솟아 있었는데, 곁방들의 기초였고 높이는 3미터였다. 곁방 외부에도 담이 있었는데, 두께가 2.5미터였다. 또 성전 곁방 밖에는 빈터가 있었고 너비는 10미터이며, 성전을 빙 돌아가는 뜰이었다.

곁방 입구는 비어 있었는데, 하나는 북쪽으로 났고 또 하나는 남쪽으로 났다. 비어 있는 주위의 공간 너비는 2.5미터였다. (41:5-11)

또 성전의 서쪽 뜰 뒤로 건물이 있는데, 너비가 35미터였다. 그 건물의 사방 벽 두께가 2.5미터였다.

건물 자체의 길이는 45미터였다. 그가 성전을 재니 길이가 50미터이고, 서쪽 뜰과 건물과 양쪽 벽까지 합해서 또 길이가 50미터였다. 성전의 정면 너비와 동쪽 뜰의 너비도 각각 50미터였다. 그가 이어서 성전 뒤뜰 너머 있는 건물을 그 양편의 다락까지 함께 재니, 길이가 50미터였다.

성전 지성소와 성전 뜰 현관, 그리고 문기둥과 창문과 둘러 있는 다락에는, 바닥에서 창문에 이르기까지, 돌아가며 나무판자를 대놓았다. 그러나 창문은 틀만 있었다. 문 위와 성전 내부와 외부 벽까지 재어 본 곳에는 모두 판자를 대놓았다. 그 판자에는 그룹과 종려나무들이 새겨져 있었다. 두 그룹 사이에 종려나무가 하나씩 있고, 그룹마다 두 얼굴이 있었다. 사람의 얼굴은 이쪽에 있는 종려나무를 바라보고, 사자의 얼굴은 저쪽에 있는 종려나무를 바라보고 있었다. 성전 벽 전체가 이와 같았다. 성전 바닥에서 문 윗부분에 이르기까지, 모든 벽에 그룹과 종려나무들이 새겨 있었다.

성전 본당의 문설주는 네모졌고 지성소 앞에도 이와 비슷한 모습을 한 것이 있었다. 나무로 만든 제단이 있는데, 높이가 1.5미터요, 길이는 1미터였다. 그 모퉁이와 받침대와 옆 부분도 나무로 만든 것이었다. 그가 내게 "이것이 주님 앞에 차려 놓는 상이다"라고 일러 줬다.

성소와 지성소 사이에는 문을 두 번 열고 들어가야 하는 겹문이 있었다. 문마다 좌우로 문짝이 둘 있고, 각 문짝에는 아래위로 두 개의 돌쩌귀가 붙어 있었다. 네 개의 문짝에는 모두 그룹들과 종려나무들이 새겨져 있어서, 성전의 모든 벽에 새겨진 모습과 같았다. 성전 바깥의 정면에는 나무 디딤판이 있었다. 또 현관 양쪽 벽에는

곳곳에 틀만 있는 창과 종려나무 그림이 있고, 성전의 곁방과 디딤
판도 모두 같은 장식으로 되어 있었다. (41:15b-26)

제사장의 두 방 (겔 42:1-14)

그가 나를 데리고 북쪽으로 길이 난 바깥 뜰로 나가서 두 방으
로 들어갔다. 방 하나는 성전 뜰을 보고 있고, 또 하나는 북쪽 건
물을 보고 있었다. 북쪽을 향한 방을 재니, 길이가 50미터이고, 너
비가 25미터였다. 10미터 되는 안뜰의 맞은쪽과 돌이 깔린 바깥 뜰
의 맞은쪽에는, 3층으로 된 다락이 있었다. 그 방들 앞에는 내부와
연결된 통로가 있었는데, 너비가 5미터요, 길이가 50미터였다. 문들
은 북쪽으로 향해 있었다. 3층의 방들은 가장 좁았는데, 1층과 2층
에 비해, 3층에는 다락들이 자리를 더 차지했기 때문이다. 이 방들
은 3층이어서 바깥마당의 현관에 있는 기둥과 같은 기둥이 없었으
므로, 3층은 1, 2층에 비해 더 좁게 물려서 지었다. 이 방들 가운데
한 방의 바깥 담, 곧 바깥 뜰 쪽으로 이 방들과 나란히 길이 25미터
되는 바깥 담이 있었다. 바깥 뜰을 보고 있는 방들의 길이는 25미
터였고, 성전을 보고 있는 방들의 길이는 50미터였다. 이 방들 아래
층에는 동쪽에서 들어오는 문이 있었다. 바깥 뜰에서 그리로 들어
오게 되어 있었다. 뜰을 둘러싼 벽이 바깥 뜰에서 시작되었다. (42:1-9)

건물 앞 공터 남쪽으로도 방들이 있었다. 이 방들 앞에도 통로가
있었다. 그 모양이 북쪽에 있는 방들과 같은 식으로 되어 있고, 길
이와 너비도 같고, 출입구 모양과 구조도 같고, 문들도 모두 마찬가
지였다. 남쪽에 있는 방들 아래, 안뜰 담이 시작하는 곳에 출입구가

있었다. 동쪽에서 들어오면, 빈터와 건물 앞에 출입구가 있었다. 그가 내게 일러 주었다.

"빈터 맞은쪽에 있는 북쪽 방들과 남쪽 방들은 거룩한 방이며, 주님께 가까이 나아가는 제사장이 가장 거룩한 제물을 먹는 곳이다. 그 방들은 거룩하니, 제사장은 가장 거룩한 제물과 제물로 바친 모든 음식과 속죄제물, 속건제물을 모두 그곳에 두어야 한다. 제사장이 그 거룩한 곳으로 들어가면 그 거룩한 곳에서 직접 바깥 뜰로 나가서는 안 된다. 그들이 주님을 섬길 때 입은 옷이 거룩하므로, 그곳에서 자기들의 예복을 벗어 놓고 다른 옷을 입은 다음, 백성이 모여 있는 바깥 뜰로 나가야 한다." (42:1-14)

성전 전체 치수 (겔 42:15-20)

그가 성전의 내부 측량을 마친 다음, 나를 데리고 바깥 동쪽 문으로 나와 사방의 담을 측량했다. 그가 동쪽 담을 갈대로 재니 250미터였고, 북쪽 담을 재니 250미터였다. 남쪽 담을 갈대로 재니 250미터였고, 서쪽으로 와서 서쪽 담을 그 갈대로 재니 250미터였다. 그가 이렇게 성전 사방을 재니, 사방으로 담이 있어서 길이가 각각 250미터였다. 그 담은 거룩한 곳과 속된 곳을 갈라놓았다.

출애굽 후(BC 1445) 하나님의 지시에 따라 언약궤가 모세에 의해 만들어졌다. 그리고 이스라엘 백성 한가운데 성소가 세워지자 하나님의 영광이 성소 안에 있는 언약궤에 임재했고 하나님의 통치가 이루어졌다. 그 후 다윗에 의해 예루살렘 성벽이 굳건하게 세워지고 솔로몬에 의해 예루살렘 성전이 웅장하게 세워졌지만, 400년 후 이스라엘 백성의 우상숭배와 지도자들의 폭력과 살인(겔 43:7-9) 때문에 하나님의 이름이 더럽혀져(겔 43:7) 유다 왕국은 심판받게 되었다. 예루살렘 성이 함락되고 예루살렘 성전이 파괴될 때(BC 587) 하나님의 영광은 성전을 떠나 버렸다. 그 영광이 언약궤의 그룹에서 떠올라 성전 문지방에 이르고(겔 9:3; 10:4), 문지방을 떠나 동문에 머물다가(겔 10:18-19), 예루살렘 동편 올리브산에 머물렀다(겔 11:23). 그러나 하나님이 이스라엘 백성을 회개시키고 죄를 제거한 뒤 다시 성전에 임재하셔서 자기 백성을 통치하시는데, 에스겔서 43-48장이 이 내용을 담고 있다. 에스겔서 43장 1-11절은 하나님의 영광이 성전에 다시 들어와 가득하게 회복된다는 환상으로, 이는 하나님 나라 회복의 절정이다. 여기서 하나님의 영광이 다시 임재하는 성전은 사람이 만든 건물이 아니라, 새 하늘과 새 땅에서 이뤄질 성전이다.

하나님의 영광이 성전으로 돌아오심 (겔 43:1-11)

그 뒤 그가 나를 데리고 동쪽으로 난 문으로 갔다. 그런데 이스라엘 하나님의 영광이 동쪽에서부터 비추어 왔다. 그의 음성은 많은 물이 흐르는 소리와 같았다. 땅은 그의 영광의 광채로 환해졌다. 내가 보니 그 모습은 그가 예루살렘 성을 멸망시키러 왔을 때[66] 내가 본 모습과 같았고, 그발 강가에서 본 모습과 같았다. 나는 얼굴을 땅에 대고 엎드렸다. 그러자 주님의 영광이 동쪽으로 향한 문을 통해 성전 안으로 들어갔다. 그때 주의 영이 나를 들어 올려 안뜰로 데리고 갔다. 그리고 주의 영광이 성전을 가득 채웠다! 나는 성전에

66. 겔 10:19; 11:1, 23.

서 들려오는 소리를 들었다. 그때 그 사람이 내 곁에 서 있었다. 그가 내게 말씀하셨다.

"사람의 아들아, 이곳은 내 보좌가 있는 곳, 내 발을 두는 곳, 내 이름[67]이 이스라엘 자손 가운데 영원히 있을 곳이다. 이스라엘 백성이 그들의 음행우상숭배과 통치자들의 살인[68]으로 내 거룩한 이름을 더럽히는 일이 다시는 없을 것이다. 그들이 내 성전의 문지방 옆에 자기들의 문지방을 만들고, 내 성소의 문설주 옆에 자기들의 문설주를 세워 놓아, 나와 그들 사이에 벽만 있었다. 그때 그들이 역겨운 행위로 내 거룩한 이름을 더럽혀 놓아, 나는 내 분노로 그들을 멸망시켜 버렸다. 그러나 이제 그들이 음행과 통치자들의 살인을 내 앞에서 없애 버린다면, 내가 그들 가운데 영원히 있겠다.

너 사람의 아들아, 너는 이스라엘 족속에게 이 성전을 설명해 주어라. 그들이 자신들의 죄악을 부끄러워하고, 그 성전의 모양을 측량해 보게 해라. 그들이 자신들이 행한 모든 것을 부끄러워하거든, 너는 이 성전의 모양과 배치도의 출입구와 이 성전의 모든 건축 양식의 규례와 사용법을 그들에게 알려 주어라. 그리고 그들이 보는 앞에서 글로 써주어라. 그래서 그들이 그 모든 사용법과 모든 규례를 지켜 행하게 해라." (43:1-11)

새로운 번제단의 외형 (겔 43:12-17)

"성전의 법대로 성전이 있는 산꼭대기 성전 터 주변은 가장 거룩

---

67. LXX.
68. LXX.

한 곳이어야 한다. 이것이 성전의 법이다. (43:12)

자로 잰 제단의 크기는 다음과 같다. 제단 밑받침의 높이는 60센티미터이고, 그 사방 가장자리의 너비도 60센티미터다. 그 가에는 빙 돌아가며 높이가 20센티미터 되는 턱이 있는데, 이것이 제단의 밑받침이다. 땅바닥에 있는 밑받침의 표면에서 아래층의 높이는 1미터요, 너비는 50센티미터다. 이 아래층의 표면에서 이 층의 높이는 2미터요, 너비는 50센티미터다. 그 제단 화덕의 높이는 2미터요, 화덕의 네 모서리에는 네 개의 뿔이 솟아 있다.

제단 화덕은 길이가 6미터요 너비도 6미터로, 네모반듯한 정사각형이다. 그 화덕의 받침인 아래층의 길이와 너비는 7미터로, 사면으로 네모반듯하다. 그 받침을 빙 두른 턱의 너비는 25센티미터이고, 그 가장자리의 너비는 50센티미터다. 제단의 계단들은 동쪽으로 향해 있다." (43:13-17)

번제단 봉헌 규례 (겔 43:18-27)

그가 내게 또 말씀하셨다.

"사람의 아들아, 나 주 하나님이 말한다. 제단을 만든 날에 번제물을 바치고 피를 뿌리는 규례는 이렇다. 사독 자손 가운데 나를 섬기려고 내게 가까이 나오는 레위 지파 제사장들에게 너는 어린 수송아지 한 마리를 주어 속죄제물로 삼게 해라. 그리고 그 피를 가지고 제단의 네 뿔과 아래층 네 귀퉁이와 사방의 가장자리에 바르고 속죄하여 제단을 정결하게 해라. 또 속죄제물로 바친 수송아지를 성소 바깥, 성전의 지정된 곳[69]에 가지고 가서 태워라. 이튿날 너는 흠 없는 숫염소 한 마리를 속죄제물로 바쳐, 수송아지 제물로 제단을 정결하게 한 것처럼 그 제단을 정결하게 해라. 다 정결하게 한 다음, 흠 없는 수송아지 한 마리와 양 떼 가운데 흠 없는 숫양 한 마리를 바쳐라. 그것들을 주 앞에 바칠 때는 제사장들이 그 짐승들 위에 소금을 뿌려서[70] 주님께 번제물로 바치게 해라. 7일 동안 매일 염소 한 마리를 속죄제물로 드리고, 어린 수송아지 한 마리와 양 떼 가운데 흠 없는 숫양 한 마리를 번제물로 드려라. 7일 동안 제단의 부정을 벗기는 속죄제를 드리고 제단을 정결하게 하여 봉헌하도록 해라. 이 모든 날이 다 찬 뒤 8일 이후부터는 제사장들이 그 제단 위에 너희 번제와 감사제를 드리게 해라. 그러면 내가 너희를 기쁘게 받겠다. 나 주 하나님의 말씀이다."(43:18-27)

통치자와 제사장과 사독 자손의 의무 (겔 44:1-31)

그가 또 나를 데리고 동쪽으로 향한 성소의 바깥 문으로 가셨다. 그 문은 잠겨 있었다. 주께서 내게 말씀하셨다.

"이 문은 잠가 둬야 한다. 이 문은 열 수 없다. 아무도 이 문으로 들어가서는 안 된다. 이스라엘의 주 하나님이 이 문으로 들어오셨으니, 이 문은 잠가 둬야 한다. 그러나 통치자[71]는, 그가 통치자이므로, 주 앞에서 음식을 먹을 때 이 문 안에 앉을 수 있다. 통치자는 문 현관 쪽으로 들어왔다가 다시 그 길로 나가야 한다."(44:1-3)

---

69. 성소 밖 성전 경계 안쪽.
70. 하나님의 은혜와 속죄제사로 정결하게 되었고, 하나님의 용서가 번복되지 않을 것을 나타내는 상징적 행위.
71. 하나님을 섬기는 통치자.

그가 또 나를 데리고 북쪽 문으로 들어가 성전 앞에 이르렀다. 내가 보니, 주의 영광이 주의 성전에 가득했다. 그래서 내가 얼굴을 땅에 대고 엎드렸다. 주께서 내게 말씀하셨다.

"사람의 아들아, 내가 네게 주님의 성전에 대하여 일러 주는 모든 규례와 모든 율례를 너는 명심하고, 네 눈으로 확인하고, 귀담아들어라. 그리고 성전 입구와 성소의 모든 출구를 명심해라. 너는 저 반역하는 자들인 이스라엘 족속에게 전해라. '주 하나님이 말씀하셨다. 이스라엘 족속아, 너희는 역겨운 일을 너무도 많이 했다. 너희가 내 음식, 곧 기름진 것과 피를 제물로 바칠 때, 마음에 할례받지 않고 육체에도 할례받지 않은 이방인을 내 성소 안에 데리고 들어와 내 성전을 더럽혔으니, 너희는 너희 온갖 역겨운 일로 나와 세운 언약[72]을 파기해 버렸다.

또 너희가 내 성물 관리직무를 수행하지 않고 내 성소에 다른 사람들을 두어, 그들이 너희 직무를 수행하게 했다. 나 주 하나님이 말한다. 이스라엘 자손과 함께 사는 이방인이라 할지라도, 마음과 육체에 할례받지 않은 이방인은 아무도 내 성소에 들어올 수 없다.' (44:1-9)

이스라엘 족속이 나를 버리고 우상을 따라갔을 때 레위인들도 내게서 멀리 떠났다. 그러므로 레위인들은 자신들이 지은 죄의 벌을 받아야 할 것이다. 그들은 내 성소에서 성전 문지기가 되고 성전에서 시중드는 일을 하게 될 것이다. 그들은 백성을 위해 번제물과 희

---

72. 시내산 언약.

생제물을 잡으며, 백성 앞에 서서 백성을 섬기게 될 것이다.

주 하나님의 말씀이다. 레위인들이 자신들의 우상 앞에서 백성을 섬겨 이스라엘 족속이 죄를 범하게 했으므로, 내가 손을 들어 그들을 쳐서 자신들이 지은 죄의 벌을 받게 하겠다. 그들은 제사장의 직무를 수행하러 내 앞에 나오지 못하고, 내 모든 거룩한 물건, 곧 가장 거룩한 것에 가까이 나아가지도 못할 것이다. 자기들이 저지른 수치스러운 일과 자기들이 저지른 역겨운 일 때문에 벌을 받아야 한다. 그래도 나는 그들을 성전 안에서 할 모든 일을 하는 자로 삼고 성전을 섬기는 모든 일과 성전에서 행해지는 모든 일을 맡아 보게 하겠다. (44:10-14)

그러나 이스라엘 자손이 내게서 떠나 잘못된 길로 갔을 때, 레위 제사장 가운데 사독의 자손은 내 성소에서 맡은 직책을 지켰으니,[73] 그들은 내게 나아와 나를 섬기겠고 내 앞에 서서 기름과 피를 바칠 것이다. 주 하나님의 말씀이다. 그들은 내 성소에 들어올 수 있고 내 상에 나아와 나를 섬길 수 있으며, 내가 맡긴 직무를 수행할 수 있다.

그러나 그들이 안뜰 문으로 들어올 때나 안뜰 문과 성전 안에서 직무를 수행할 때는 모시옷[74]을 입어야 하고, 양털 옷을 입어서는 안 된다. 머리에 모시로 만든 터번을 써야 하고, 허리에 모시 바지를 입어야 한다. 땀이 나게 하는 것으로 허리띠를 동여서는 안 된다.[75]

---

73. 삼하 15:29; 왕상 1:8.
74. 모시옷은 제사장의 거룩한 직무와 직분을 강조하는 예복이다. 레 6:10 참조.
75. 베로 만든 허리띠를 착용해야 한다.

그들이 바깥 뜰에 있는 백성에게로 나갈 때는, 입은 옷을 내 앞에서 벗어서 거룩한 방에 두고 다른 옷을 갈아입어야 한다. 백성이 제사장의 옷 때문에 거룩하게 되는 일이 없게 해야 한다.[76] 제사장들은 머리카락을 바싹 밀어서도 안 되고, 길게 자라게 해서도 안 되며, 머리를 잘 깎아야 한다.

어떤 제사장도 안뜰로 들어갈 때는 포도주를 마셔서는 안 된다. 그들은 과부나 이혼한 여자와는 결혼할 수 없고, 이스라엘 족속의 혈통에 속한 처녀나 제사장의 아내였다가 과부가 된 여자와 결혼할 수 있다. 제사장들은 내 백성에게 거룩한 것과 속된 것을 구별하도록 가르쳐야 한다. 부정한 것과 정결한 것을 분별하도록 깨우쳐 줘야 한다. 소송이 제기되면 그들이 내 법규대로 재판해야 하고, 내 모든 성회 때마다 내 율법과 명령을 지켜야 하며, 내 안식일을 거룩하게 해야 한다.

제사장은 죽은 사람에게 접근하여 스스로를 부정하게 하면 안 된다. 그러나 아버지나 어머니, 아들이나 딸, 형제나 시집가지 않은 누이가 죽었을 때는, 제사장도 자신을 부정하게 할 수 있다.

그때는 제사장이 정결의식을 행한 후 7일을 지내야 하며, 성소에서 직무를 수행하려고 안뜰에 들어갈 때는 자신의 몫으로 속죄제를 드려야 한다. 주 하나님의 말씀이다. (44:15-27)

제사장들에게도 유산이 있다. 내가 그들의 유산이다. 이스라엘 자손은 그들에게 아무 재산도 주지 마라. 내가 그들의 재산이다. 그

---

76. 겔 46:20 참조.

들은 곡식제물과 속죄제물과 속건제물을 먹고, 이스라엘 자손이 구별해 바친 모든 예물이 그들의 것이다. 온갖 종류의 첫 열매 가운데 가장 좋은 것과, 너희가 바친 온갖 제물은 다 제사장들의 몫이다. 또 너희는 첫 밀가루를 제사장에게 주어 너희 복이 너희 집 안에 머물게 해라. 제사장들은 새나 짐승 가운데 저절로 죽거나 찢겨서 죽은 것을 먹어서는 안 된다." (44:28-31)

"너희가 제비 뽑아 땅을 나누어 유산을 삼을 때, 한 구역을 거룩한 땅으로 삼아 주께 예물로 드려야 한다. 그 땅의 길이는 12.5킬로미터이고 너비는 10킬로미터다. 이 경계 안은 사방 모두 거룩하다. 그 가운데 성소로 배정된 땅은 길이가 250미터이고 너비도 250미터로, 사방으로 네모반듯해야 하고, 그 둘레에는 사방으로 너비가 25미터인 빈터를 두어야 한다. 측량한 구역 가운데 길이가 12.5킬로미터이고 너비가 5킬로미터 되는 땅을 측량해 놓고, 그 한가운데는 성소, 곧 가장 거룩한 곳으로 두어라. 이곳은 성소에서 직무를 수행하는 제사장, 곧 주께 가까이 나아가는 제사장들의 몫이 될 거룩한 구역인데, 그들이 집을 지을 자리이고 성소를 앉힐 거룩한 구역이다. 나머지 땅, 곧 길이가 12.5킬로미터에 너비가 5킬로미터 되는 땅을 성전에서 시중드는 레위인들에게 재산으로 나누어 주어, 그들이 거주할 마을[77]을 세우게 해라.

77. LXX. 히브리어 성경에는 '방 20개'.

너희는 거룩하게 구별해 예물로 드린 구역 옆에 너비가 2.5킬로미터에 길이가 12.5킬로미터인 땅을 그 마을의 재산으로 지정해라. 그 땅은 이스라엘 사람 전체의 몫이 될 것이다.

거룩하게 구별한 땅과 그 마을의 소유지, 그 옆에 헌납한 거룩한 땅과 그 마을의 소유지 양쪽으로 펼쳐진 구역은 통치자의 몫인데, 서쪽으로 해안선까지이고 동쪽으로 국경선에 이르기까지다. 그 길이는 서쪽의 경계선에서 동쪽의 경계선에 이르기까지, 각 지파가 차지할 땅의 길이와 같아야 한다. 이 땅을 통치자가 이스라엘에서 차지할 땅이 되게 하면, 내 통치자들이 더 이상 내 백성을 억압하지 않을 것이고, 이스라엘 각 지파는 자신들의 땅을 차지하게 될 것이다. 나 주 하나님이 말한다. 이스라엘의 통치자들아, 너희가 너무 지나치니, 폭력과 탄압을 그치고 공의와 정의를 행해라. 내 백성을 착취하는 일을 멈춰라. 주 하나님의 말씀이다. (45:1-9)

너희는 공정한 저울과 공정한 에바[78]와 공정한 밧[79]을 써라. 에바와 밧은 용량이 같아야 한다. 1밧은 호멜[80]의 10분의 1을 담고, 1에바도 호멜의 10분의 1을 담게 해야 한다. 호멜을 표준으로 삼고 에바와 밧을 사용해야 한다. 너희는 1세겔이 20게라가 되게 하고, 20세겔짜리와 25세겔짜리와 15세겔짜리를 합해 1마네가 되게 해야 한다.

너희가 마땅히 거룩하게 구별해 바칠 제물은 다음과 같다. 밀은

---

78. 1에바는 22리터.
79. 1밧은 22리터.
80. 1호멜은 220리터.

1호멜 수확에 6분의 1에바를 바치고, 보리도 1호멜 수확에 6분의 1에바를 바쳐야 한다. 기름에 대한 규례를 말하면, 기름은 1고르 수확에 10분의 1밧을 바쳐야 한다. 1고르가 1호멜 또는 10밧과 같은 것은, 10밧이 1호멜이기 때문이다. (45:10-14)

이스라엘의 물이 넉넉한 초장에서 양 떼 200마리마다 어린 양 한 마리를 바쳐서, 그들을 속죄하는 곡식제물과 번제물과 화목제물로 삼게 해야 한다.

주 하나님의 말씀이다. 모든 백성은 이 제물을 이스라엘 통치자에게 넘겨 주어야 하고, 통치자는 절기와 월삭과 안식일과 이스라엘 족속의 모든 성회 때마다 번제물과 곡식제물과 부어 드리는 제물을 공급해야 한다. 통치자는 속죄제물과 곡식제물과 번제물과 화목제물을 공급해 이스라엘 족속이 속죄를 받게 해야 한다." (45:15-17)

월삭, 유월절, 안식일 절기 규례 (겔 45:18-46:14)

나 주 하나님이 말한다. 1월 1일에는 언제나 소 떼 가운데서 흠 없는 수송아지 한 마리를 골라 성소를 정결하게 해라. 제사장은 속죄제물의 피를 받아 성전의 문설주와 제단 아래층의 네 모서리와 안뜰 문의 문설주에 발라라. 그달 7일에도 고의가 아닌 죄를 범한 사람이나 알지 못해서 죄를 범한 사람을 위해 그렇게 해서, 이스라엘 족속을 속죄해라. (45:18-20)

1월 14일은 유월절이므로 너희는 7일 동안 누룩을 넣지 않은 빵을 먹어야 한다. 그날 통치자는 자기 자신과 그 땅의 모든 백성을 위해 송아지 한 마리를 속죄제물로 바쳐야 한다. 그는 이 절기 7일 동안 주님께 드릴 번제물을 마련해야 하는데, 7일 동안 날마다 흠 없는 수송아지 일곱 마리와 숫양 일곱 마리와 숫염소 한 마리를 속죄제물로 바쳐야 한다. 곡식제물로는 수송아지 한 마리에 밀가루 1에바이고, 숫양 한 마리에도 밀가루 1에바이며 또 밀가루 1에바마다 기름 1힌씩을 바쳐야 한다. 7월 15일에 시작되는 초막절에도 7일 동안 똑같이 하여 속죄제물과 번제물과 곡식제물과 기름을 바쳐야 한다. (45:21-25)

나 주 하나님이 말한다. 안뜰의 동쪽 중문은 일하는 6일 동안 잠가 두었다가 안식일에 열고 또 매달 1일에도 열어야 한다. 통치자는 바깥마당에서 이 문의 현관으로 들어와 문설주 곁에 서 있어야 하고,[81] 제사장들이 그의 번제물과 화목제물을 바치는 동안에는 그 문의 문지방 앞에서 경배하고 바깥으로 나가야 한다. 그 문은 저녁때까지 닫지 말아야 한다.

이 땅의 백성도 안식일과 매월 1일에는 이 문 입구에서 주 앞에 경배해야 한다. 통치자가 안식일에 주께 바쳐야 할 번제물은 흠 없는 어린 숫양 여섯 마리와 흠 없는 숫양 한 마리다. 곡식제물은 숫양 한 마리에 밀가루 1에바를 곁들여 바치고, 어린 숫양에는 밀가루를 원하는 만큼 곁들여 바쳐야 하며, 밀가루 1에바에는 기름 1힌을 곁들여 바쳐야 한다. (46:1-5)

매달 1일에 그는 흠 없는 수송아지 한 마리와, 어린 숫양 여섯 마리와 숫양 한 마리를 흠 없는 것으로 바쳐야 한다. 또 곡식제물로는

---

81. 대하 34:31 참조.

수송아지 한 마리에 밀가루 1에바를, 숫양 한 마리에도 밀가루 1에바를, 어린 양에는 그가 원하는 만큼 곁들여 바쳐야 하며, 밀가루 1에바에는 기름 1힌을 곁들여 바쳐야 한다. (46:6-7)

통치자가 성전에 들어올 때는 중문의 현관으로 들어왔다가 그쪽으로 나가야 한다. 그러나 이 땅의 백성이 성회 때 주님 앞에 나아올 경우에는, 북쪽 문으로 들어와 경배한 사람은 남쪽 문으로 나가고, 남쪽 문으로 들어온 사람은 북쪽 문으로 나가야 한다. 들어온 문으로 되돌아 나가지 말고 똑바로 앞쪽으로 나가야 한다. 백성이 들어올 때 통치자도 그들과 함께 들어왔다가 그들이 나갈 때 나가야 한다.[82] (46:8-10)

절기와 성회 때 바칠 곡식제물은 수송아지 한 마리에는 밀가루 1에바를 곁들이고, 숫양 한 마리에도 밀가루 1에바를 곁들이고, 어린 숫양에는 원하는 만큼 곁들여 바치고, 밀가루 1에바에는 기름 1힌을 곁들여 바쳐야 한다.

통치자가 번제물이나 화목제물을 주님께 자원해 바치려면, 그에게 동쪽으로 향한 문을 열어 주어야 한다. 그는 안식일에 자신의 번제물이나 화목제물을 바친 것과 똑같이 해야 하며, 그가 밖으로 나간 후에는 그 문을 닫아야 한다. (46:11-12)

또 너는 매일 아침마다 주님께 1년 된 흠 없는 어린 숫양 하나를 번제물로 바쳐야 한다. 아침마다 바치는 번제물에는 밀가루 6분의 1에바와 기름 3분의 1힌을 곁들여 바쳐야 한다. 이것이 주님께

82. 통치자는 백성과의 단합이 중요하다.

바치는 곡식제물로 영원히 지킬 규례다. 이렇게 제사장들은 아침마다 언제나 어린 숫양과 곡식제물과 기름을 번제제물로 바쳐야 한다. (46:13-14)

"주 하나님이 말씀하신다. 만일 통치자가 자기 아들 가운데 하나에게 자기 유산을 떼어 선물로 주면, 그것은 유산으로 그 아들의 소유가 된다. 그러나 만일 통치자가 자기 신하 가운데 하나에게 자기 유산을 떼어 선물로 주면, 그것은 희년까지만 그 신하의 소유가 되고, 희년이 지나면 통치자에게로 되돌아간다. 통치자의 유산은 통치자 아들만 물려받을 수 있다. 통치자가 백성의 유산을 차지해 그들을 그들의 소유지로부터 내쫓아서는 안 된다. 통치자가 자기 유산을 자기 아들들에게 줄 때는 자기 재산을 떼어서 줘야 한다. 통치자는 내 백성 가운데 아무도 자기 소유지를 잃고 흩어지는 일이 없게 해야 한다." (46:15-18)

그 후 그가 나를 데리고 중문 곁에 있는 통로로, 북쪽에 있는 제사장들의 거룩한 방으로 갔다. 내가 보니 그 방들의 뒤편 서쪽에 빈터가 하나 있었다. 그가 내게 말씀하셨다.

"이곳은 제사장들이 속건제물과 속죄제물을 삶고 곡식제물을 굽는 장소다. 그들이 그 제물로 백성을 거룩하게 하는 일이 없게 하려고 그 제물을 바깥 뜰로 가지고 나가지 않은 것이다."[83]

또 그가 나를 바깥 뜰로 데리고 나가 그 뜰의 네 모퉁이로 데리고 다녔는데, 내가 보니 모퉁이마다 또 뜰이 있었다. 그 뜰의 네 모퉁이에는 길이가 20미터요 너비는 15미터인 작은 뜰이 있었는데, 네 뜰의 크기가 같았다. 그 작은 네 뜰에는 사방으로 돌아가며 부엌이 있었고, 그 사방 부엌에는 솥이 있었다. 그가 내게 말씀하셨다.

"이곳은 성전에서 섬기는 사람들이 백성의 희생제물을 삶는 부엌이다." (46:19-24)

에스겔 47-48장은 미래에 하나님의 성전에서 생명수가 흘러나와 온 세상에 생명을 주고 하나님의 백성은 새로운 유업을 분배받게 된다는 환상을 담고 있다. 예수께서 "나를 믿는 자는 성경에 이름과 같이 그 배에서 생수의 강이 흘러나오리라"(요 7:38)고 말씀하셨듯이, 신약시대에는 하나님의 성전인 그리스도인의 몸이 성령의 인도함을 받는 소금과 빛의 삶으로 온 세상에 생명을 준다. (겔 47:1-12)

그가 나를 데리고 다시 성전 문으로 갔다. 내가 보니 성전 앞은 동쪽을 향해 있고, 문지방 밑에서 물[84]이 나와 동쪽으로 흐르다 성전 오른쪽 밑으로 내려가 제단 남쪽으로 흘러갔다. 또 그가 나를 데리고 북쪽 문을 지나 바깥으로 나와서, 담을 돌아 동쪽으로 난 문에 이르렀다. 내가 보니 그 물이 오른쪽에서 솟아나고 있었다. 그 사람이 줄자를 가지고 동쪽으로 재면서 가다가 500미터가 되는 곳에 이르러 나더러 물을 건너 보라고 하기에 건너니 물이 발목까지 올라왔다. 그가 또 재면서 가다가 500미터 되는 곳에 이르러 나더러

83. 겔 44:19 난하주 참조.
84. 요 7:38 참조.

물을 건너 보라고 하기에 건너니 물이 무릎까지 올라왔다. 그가 또 재면서 가다가 500미터 되는 곳에 이르러 나더러 물을 건너 보라고 하기에 건너니 물이 허리까지 올라왔다.

그가 또 재면서 가다가 500미터 되는 곳에 이르렀는데, 거기서는 내가 건널 수 없는 강물이었다. 물이 불어 헤엄을 처서나 건널까, 걸어서는 건널 수 없는 강물이었다. 그가 내게 말했다.

"사람의 아들아, 네가 이것을 봤느냐?"

그러고는 나를 강가로 다시 올라오게 했다. 내가 돌아와서 보니 강 양쪽 언덕에 매우 많은 나무가 있었다. 그가 내게 말했다.

"이 물이 동쪽 지역으로 흘러 아라바[85]로 내려갔다가 사해 바다로 흘러 들어가면, 그 물이 살아날 것이다. 이 강물이 흘러가는 곳마다 모든 생물이 번성하며 살고, 물고기가 매우 많을 것이며, 이 물이 사해로 흘러 들어가면 그 물도 되살아날 것이다. 이 물이 흘러가는 곳이면 어디에서나 모든 것이 살아날 것이다. 이 강가의 엔게디에서부터 엔글라임까지 어부들이 서서 그물을 칠 것인데, 물고기 종류가 지중해에 사는 물고기 종류같이 아주 많아질 것이다. 그러나 사해의 늪과 습지는 고쳐지지 않고 계속 소금에 절어 있을 것이다. 강 양쪽 언덕에 온갖 종류의 먹을 과일나무가 자랄 것인데, 그 잎이 시들지 않고 그 열매도 끊어지지 않을 것이다. 그 나무는 달마다 새로운 열매를 맺을 것이다. 그 물이 성소에서부터 흘러나오기 때문이다. 그 열매는 음식이 되고, 그 잎은 약이 될 것이다." (47:1-12)

---

85. 요단 계곡.

주 하나님이 말씀하셨다. 너희가 이스라엘 열두 지파에게 유산으로 나눠 줄 땅의 경계선은 다음과 같다. 요셉 지파에게는 두 몫을 주고, 나머지 지파들은 그 땅을 유산으로 서로 똑같이 나눠 가져야 한다. 그 땅은 내가 너희 조상에게 주기로 내 손을 들어 맹세했으니, 그 땅은 너희 유산이 될 것이다.

그 땅의 경계선은 다음과 같다. 북쪽은 지중해에서 헤들론을 거쳐 르모하맛과 스닷, 하맛, 브로다, 시브라임에 이른다. (시브라임은 다마스쿠스 지역과 하맛 지역의 중간에 있다.) 거기서 하우란 경계에 있는 하셀핫디곤에까지 이르고, 지중해에서 다마스쿠스 북쪽 경계에 있는 하살에논과 하맛까지다. 이것이 북쪽 경계선이다.

동쪽은 하우란과 다마스쿠스 사이에서부터, 길르앗과 이스라엘 땅 사이의 경계인 요단강을 따라, 사해의 다말까지다. 이것이 동쪽 경계선이다.

남쪽은 다말에서부터 므리봇가데스의 샘을 지나 이집트 강을 거쳐 지중해에 이른다. 이것이 남쪽 경계선이다.

서쪽 경계선은 지중해다. 이 바다가 경계가 되어 르보하맛 건너편까지다. 이것이 서쪽 경계선이다.

너희는 이 땅을 이스라엘 지파대로 나누어 가져라. 너희뿐만 아니라 너희 가운데 거류하는 외국인들, 곧 너희와 함께 살면서 자녀를 낳은 이방인들과 함께 그 땅을 제비 뽑아 유산으로 나누어 가져라. 너희는 그들을 본토에서 태어난 이스라엘 족속과 똑같이 여겨라. 그들도 이스라엘 지파 가운데 끼어 너희와 함께 제비 뽑아 유산을 나

뭐 받아야 한다. 그 이방인과 함께 살고 있는 지파가 그의 땅을 유산으로 주어야 한다. 주 하나님의 말씀이다. (47:13-23)

지파들의 이름은 다음과 같다. 단 지파의 몫은 북쪽 끝에서부터 시작해, 헤들론 길을 따라 르보하맛을 지나 다마스쿠스와 하맛에 접경한 경계선을 타고 하살에논까지, 곧 북쪽으로 하맛 경계선에 이르는 땅의 동쪽에서 서쪽까지다.

단 지파의 경계선 다음에 동쪽에서 서쪽까지는 아셀 지파의 몫이다.

아셀 지파의 경계선 다음에 동쪽에서 서쪽까지는 납달리 지파의 몫이다.

납달리 지파의 경계선 다음에 동쪽에서 서쪽까지는 므낫세 지파의 몫이다.

므낫세 지파의 경계선 다음에 동쪽에서 서쪽까지는 에브라임 지파의 몫이다.

에브라임 지파의 경계선 다음에 동쪽에서 서쪽까지는 르우벤 지파의 몫이다.

르우벤 지파의 경계선 다음에 동쪽에서 서쪽까지는 유다 지파의 몫이다.

유다 지파의 경계선 다음에 동쪽에서 서쪽까지는 너희가 거룩하게 바쳐야 할 땅이다. 그 너비는 12.5킬로미터이고, 그 길이는 다른 지파들의 몫과 같이 동쪽에서 서쪽까지고, 그 한가운데 성소를 세워야 한다. 너희가 주님께 거룩하게 바쳐야 할 땅은 길이가 12.5킬로미터요 너비가 5킬로미터다. 거룩하게 바친 땅은 제사장들에게 주어야 하고, 북쪽으로 길이가 12.5킬로미터, 서쪽으로 너비가 5킬로미터, 동쪽으로 너비가 5킬로미터, 남쪽으로 길이가 12.5킬로미터다. 그 한가운데 주님의 성소가 있어야 한다. 이 땅은 거룩히 구별된 제사장들, 곧 사독의 자손에게 주어야 한다. 그들은 이스라엘 자손이 잘못된 길로 갔을 때 레위인들이 잘못된 길로 간 것처럼 하지 않고 맡은 직책[86]을 지켰다. 그러므로 그들은 거룩하게 바친 땅 가운데서도 가장 거룩한 땅을 받아야 하고, 레위인의 경계선 옆에 있어야 한다.

레위인들이 차지할 땅은 제사장들의 경계선 옆에 길이가 12.5킬로미터이고 너비가 5킬로미터다. 그 전체의 길이는 12.5킬로미터요, 너비는 5킬로미터다. 그들은 이 땅을 팔거나 다른 땅과 바꿀 수 없고, 그 땅의 가장 좋은 부분을 다른 사람의 손에 넘겨주어서도 안 된다. 그것은 주님의 거룩한 땅이기 때문이다. 너비가 2.5킬로미터요, 길이가 12.5킬로미터인 나머지 땅은 도시를 세울 세속적인 땅이다. 그 한가운데 있는 땅은 도시를 세워 거주지로 사용하고 나머지는 목초지로 사용해라.

그 도시의 크기는 다음과 같다. 북쪽의 길이는 2.25킬로미터, 남쪽의 길이도 2.25킬로미터, 동쪽의 길이도 2.25킬로미터, 서쪽의 길이도 2.25킬로미터다. 도시의 목초지의 크기는 북쪽이 12.5킬로미터, 남쪽이 12.5킬로미터, 동쪽이 12.5킬로미터, 서쪽이 12.5킬로미터다.

---

86. 삼하 15:29: 왕상 1:7-8.

거룩하게 바친 땅 옆에 있는 나머지 땅의 길이는 동쪽으로 5킬로미터가 되고, 서쪽으로도 5킬로미터. 그 땅은 거룩하게 바친 땅 옆에 있어야 하며, 그 땅의 농산물은 그 도시에서 일하는 사람들의 먹거리가 되어야 한다. 이스라엘 모든 지파에서 뽑혀 와 그 도시에서 일하는 사람들만 그 땅을 경작할 수 있다.

거룩하게 바친 땅 전체는 길이 12.5킬로미터, 너비 12.5킬로미터다. 너희는 거룩하게 바친 땅을 그 도시의 소유지와 함께 구별해 놓아야 한다. 거룩하게 바친 땅 양옆과 도시에 딸린 소유지 양옆에 있는 나머지 땅은 왕에게 돌아갈 몫이다. 거룩하게 바친 땅의 동쪽 경계까지 12.5킬로미터와 서쪽 경계까지 12.5킬로미터가 왕의 몫이다. 거룩하게 바친 땅과 성전의 성소가 그 땅의 한가운데 있어야 한다. 레위인들의 유산과 그 도시에 딸린 소유지는 왕의 소유지 한가운데 있게 된다. 왕의 소유지는 유다 지파의 경계선과 베냐민 지파의 경계선 사이에 있다.

나머지 지파들이 차지할 땅은 다음과 같다. 동쪽에서 서쪽까지는 베냐민 지파의 몫이다.

베냐민 지파의 경계선 다음에 동쪽에서 서쪽까지는 시므온 지파의 몫이다.

시므온 지파의 경계선 다음에 동쪽에서 서쪽까지는 잇사갈 지파의 몫이다.

잇사갈 지파의 경계선 다음에 동쪽에서 서쪽까지는 스불론 지파의 몫이다.

스불론 지파의 경계선 다음에 동쪽에서 서쪽까지는 갓 지파의 몫이다.

갓 지파의 경계선은, 남쪽의 국경선이 다말에서부터 시작해 므리바가데스 샘을 거쳐 이집트 강을 따라 지중해까지다.

이것이 너희가 제비 뽑아 이스라엘의 지파들에게 유산으로 나눠주어야 할 땅이다. 이 땅들이 바로 그 지파들의 몫이다. 주 하나님의 말씀이다.

그 도시의 문들은 다음과 같다. 북쪽 성벽은 너비가 2.5킬로미터다. 이 도시의 문들은 이스라엘 지파의 이름을 따라 부른 것이다. 북쪽에 세 문이 있는데, 하나는 르우벤 문, 하나는 유다 문, 하나는 레위 문이다. 동쪽 성벽도 너비가 2.5킬로미터이고, 세 문이 있는데 하나는 요셉 문, 하나는 베냐민 문, 하나는 단 문이다. 남쪽 성벽도 너비가 2.5킬로미터이고, 세 문이 있는데 하나는 시므온 문, 하나는 잇사갈 문, 하나는 스불론 문이다. 서쪽 성벽도 너비가 2.5킬로미터이고, 세 문이 있는데 하나는 갓 문, 하나는 아셀 문, 하나는 납달리 문이다. 이렇게 그 둘레가 9킬로미터다. 그 도시의 이름이 그때부터 '야훼 삼마'[87]라고 불릴 것이다.

87. '주님이 그곳에 계신다'라는 뜻.

"이스라엘 백성이 그들의 통치자들의 음행과 통치자들의 살인으로 내 거룩한 이름을 더럽히는 일이 다시는 없을 것이다." (겔 43:7)

유다 지도자들의 우상숭배와 폭력적 살인으로 거룩하신 하나님의 이름이 더럽혀졌기에, 마침내 하나님은 유다 왕국을 멸망시키고 유다 백성이 포로로 잡혀가게 하셨다. 그러나 하나님은 자신의 거룩하신 이름을 위해 열심을 내시는 분이시므로 자기 이름으로 일컬어지는 백성을 버려두지 않고 포로 상태에서 돌아오게 하신다. "그러므로 나 주 하나님이 말한다. 이제는 내가 포로 된 야곱의 자손을 돌아오게 하고, 이스라엘 온 족속을 불쌍히 여기며, 내 거룩한 이름을 열심을 내어 지키겠다"(겔 39:25, 새번역).
"그러므로 너는 이스라엘 족속에게 이르기를 주 여호와께서 이같이 말씀하시기를 이스라엘 족속아 내가 이렇게 행함은 너희를 위함이 아니요 너희가 들어간 그 여러 나라에서 더럽힌 나의 거룩한 이름을 위함이라"(겔 36:22).
"나는 나를 위하며 나를 위하여 이를 이룰 것이라. 어찌 내 이름을 욕되게 하리요. 내 영광을 다른 자에게 주지 아니하리라"(사 48:11).
하나님의 이름을 거룩하게 하는 방법은 하나님의 백성이 하나님과 이웃을 사랑함으로써 나타나는 하나님의 임재와 하나님의 은혜를 이방인들이 보고 하나님을 찬양하게 하는 것이다. 하나님은 포로로 잡혀간 유대인들을 통해 이방 민족이 보는 앞에서 하나님의 거룩하심을 나타내겠다고 말씀하셨다.
"이제는 그들이 그 음란과 그 왕들의 시체를[살인을] 내게서 멀리 제거하여 버려야 할 것이라. 그리하면 내가 그들 가운데에 영원히 살리라"(겔 43:9).
"내가 그들로 말미암아 나의 거룩함을 나타낼 때라"(겔 39:27).
"내가 이방인들이 보는 앞에서 너희를 통해 내 거룩함을 나타낼 때 그때 비로소 그 이방인들도 내가 주님인 줄 알게 될 것이다"(겔 36:23; 38:16b).
그래서 하나님은 다니엘과 사드락, 메삭, 아벳느고를 통해 하나님의 거룩하심을 나타내셨고, 이방인 느부갓네살 왕은 그들의 하나님을 찬양했다. 더욱이 포로생활을 하고 있는 유대인들이 이방인들에게 하나님의 거룩하심을 나타낼 때, 그때 비로소 하나님은 그들을 유다 땅으로 귀환시키겠다고 말씀하셨다.
"주 여호와께서 이같이 말씀하셨느니라. 내가 여러 민족 가운데 흩어져 있는 이스라엘 족속을 모으고 그들로 말미암아 여러 나라의 눈앞에서 내 거룩함을 나타낼 때에 그들이 고국 땅 곧 내 종 야곱에게 준 땅에 거주할지라"(겔 28:25).
마침내 하나님은 자신의 거룩하신 이름을 위해 포로로 잡혀간 유대인들을 귀환시키셨다.

그리스도 예수께서도 제자들에게 주기도문을 가르치시면서 "하늘에 계신 우리 아버지여, 이름이 거룩하게 여김을 받으시오며…"라고 말씀하셨다. 제자들이 하나님과 이웃을 사랑함으로써 하나님의 임재가 드러나는 것을 이방인들이 보고 하나님의 이름을 찬양함으로 하나님의 이름이 거룩하게 여김 받게 하라고 가르치신 것이다.

느부갓네살의 이집트 정복과 죽음

느부갓네살은 예루살렘을 함락시킨 후(BC 587) 1년 뒤 두로를 공격해 마침내 함락시켰다. 그러나 두로의 부자들은 자신들의 재산과 보물을 숨겼고 가족들을 카르타고로 피신시켰기에, 느부갓네살은 아무런 전리품을 얻지 못했다. 하나님은 느부갓네살이 이집트를 다시 정복해 보상받을 거라고 에스겔을 통해 말씀하셨다.

느부갓네살의 이집트 원정 2년 전 (BC 570, 겔 29:17-21)

제27년 1월 1일 주님의 말씀이 내게 들렸다.

"사람의 아들아, 바빌로니아 왕 느부갓네살이 자기 군대를 동원해 두로를 공격하려고 큰 전쟁을 일으켰다. 그와 그의 군인들이 모두 머리털이 빠지고[88] 어깨가 벗겨지기까지 했으나, 그 수고에 대한 보상을 두로에서 받지 못했다. 그러므로 주 하나님이 말씀하신다. 보라, 내가 바빌로니아 왕 느부갓네살에게 이집트 땅을 주겠다. 그가 그곳의 재물을 가져가고 그곳을 약탈할 것이니, 그것이 그의 군대에게 보수가 될 것이다. 그들은 나를 위해 수고했으니, 내가 그 보수로 이집트 땅을 그 왕에게 주었다. 주 하나님의 말씀이다. 그날이 오면, 내가 이스라엘 백성에게 뿔 한 개가 솟아나게 하고,[89] 네가 그들 가

---

88. 렘 47:5.
89. 뿔은 권세와 힘을 상징함. 미래에 이스라엘의 회복과 메시아 도래 예언(눅 1:69; 시 18:2; 132:17 참조).

운데서 입을 열게 하겠다. 그때 그들은 내가 주님인 줄 알 것이다."

느부갓네살이 이집트를 다시 정복하기(BC 568) 전, 에스겔이 이집트 멸망을 예언한다. 이때 에스겔은 53세였다. (BC 570년경, 겔 30:1-19)

주님의 말씀이 내게 들렸다.

"사람의 아들아, 예언하고 전해라. '나 주 하나님이 말한다. 너희는 아, 그날이여라고 슬퍼하고 통곡해라. 주님의 날, 곧 구름이 어둡게 낀 날, 여러 민족이 끝장나는 날이 가까이 왔기 때문이다. 이집트에 전쟁이 일어날 것이고, 에티오피아에는 큰 고통이 있을 것이다. 이집트에서 사람들이 칼에 쓰러지고 재산을 약탈당할 때, 이집트의 기초가 파괴될 것이다. 에티오피아와 리비아와 리디아와 아라비아와 굽 등 동맹국의 백성들이 이집트 사람들과 함께 칼에 쓰러질 것이다.

나 주가 이렇게 말한다. 이집트를 지지하는 사람들이 쓰러질 것이므로, 거만하던 이집트의 권세가 꺾일 것이고, 믹돌에서부터 수에네까지 사람들이 이집트 때문에 칼에 쓰러질 것이다. 주 하나님의 말씀이다. 그 나라들은 황폐한 땅 가운데서 가장 황폐한 땅이 될 것이고, 성읍들도 황폐한 성 가운데서 가장 황폐한 성읍이 될 것이다. 내가 이집트에 불 지르고 이집트를 돕는 자들을 모두 멸절시키면, 그때 비로소 그들이 내가 주님인 줄 알 것이다.

그날이 오면, 내가 보낸 사자들이 배를 타고 가서 안심하고 있는 에티오피아 사람들을 놀라게 할 것이다. 이집트가 재난받는 날, 에티오피아 사람들이 큰 고통을 당할 것이다. 이것이 정말 닥쳐오고

있다. (30:1-9)

나 주 하나님이 말한다. 내가 바빌로니아 왕 느부갓네살의 손으로 이집트 무리를 없애 버리겠다. 그가 그 땅을 멸망시키려고 자기 백성 가운데서도 가장 잔인한 군대를 이끌고 갈 것이다. 그들이 칼을 뽑아 이집트를 쳐서 그 땅을 칼에 죽은 사람들로 가득 채울 것이다. 내가 나일강을 마르게 하고 그 땅을 악한 사람들의 손에 팔아넘길 것이다. 그 땅과 그 안에 풍부한 것을 다른 나라 사람의 손으로 황폐하게 하겠다. 주님의 말씀이다.

나 주 하나님이 말한다. 내가 멤피스에서 지위 높은 사람을 멸절시키고, 이집트 땅에서 통치자들을 없애 버릴 것이다. 그러니 그들은 더 이상 존재하지 않을 것이다. 내가 이집트 땅을 공포에 사로잡히게 하겠고, 파트로스 땅을 황무지로 만들어 버리겠다. 또한 소안에 불을 지르고 테베를 심판하겠다. 내가 이집트의 요새인 펠루시움에 내 분노를 쏟고, 테베 무리들을 멸절시키겠다. 내가 이집트에 불을 지르면 펠루시움 요새가 몸부림칠 것이고 테베는 분열될 것이며, 멤피스에는 대낮에 적들이 쳐들어 갈 것이다. 헬리오폴리스와 부바스티스의 젊은이들은 칼에 쓰러질 것이고 주민은 포로로 끌려갈 것이다. 내가 이집트의 멍에를 꺾어 버릴 때, 곧 이집트의 권세가 끝장날 때, 드합느헤스는 대낮에 캄캄해질 것이고, 이집트 땅은 구름에 뒤덮일 것이며, 이집트 딸들은 포로로 끌려갈 것이다. 내가 이렇게 이집트를 심판할 때 비로소 그들은 내가 주님인 줄 알게 될 것이다.'" (30:10-19)

이것으로 BC 593년 시작된 에스겔의 23년 동안의 예언 사역이 끝난다.

느부갓네살 왕은 BC 568년 이집트를 다시 정복해 땅끝까지 통치하게 되자 교만한 마음이 들어 공의와 자비를 버렸다(단 4:27; 5:20). 교만한 통치자는 반드시 불의하게 통치하게 된다. 억압, 착취, 죄 없는 자에 대한 처형을 서슴지 않아 백성은 폭력에 시달리며 고통당하게 된다. 하나님은 그를 겸손하게 낮추어 공의롭고 자비로운 통치를 하게 하고자 꿈을 통해 경고하셨지만, 그는 회개하지 않았다. 더욱이 그는 자신의 꿈과 경고를 자기 부하들에게 말하고 또 다니엘에게 말하면서도 회개하지 않았다. 다니엘의 꿈 해몽과 조언까지 듣고도 1년이 지나도록 회개하지 않고 교만했다. 그래서 하나님은 경고하신 대로 그를 징계해 7년 동안 인간 사회에서 버림받고 들짐승들과 함께 살게 하셨다. 결국 그는 제정신을 되찾고 왕위에 회복되어 하나님을 찬양한다.

느부갓네살이 폐인이 되는 꿈을 다니엘이 해몽하다 (BC 568, 단 4:4-33)

나 느부갓네살이 내 집에서 편히 쉬며 내 왕궁에서 평안을 누리고 있을 때[90] 꿈을 꾸었다. 그런데 그 꿈이 나를 두렵게 했다. 내가 침대에 누워 있을 때 생각난 것과 내 머릿속에 받은 환상 때문에 나는 번민하게 되었다. 그래서 꿈 해몽을 들어보려 바벨론의 모든 지혜자를 내 앞으로 불러오게 했다. 마법사들과 마술사들, 점성가들 그리고 점쟁이들이 내게로 왔을 때, 나는 그들에게 꿈 이야기를 했다. 그러나 그들은 그 꿈을 해몽해 주지 못했다. 마침내 다니엘이 내 앞에 왔다. 그는 내 신의 이름을 따라서 벨드사살이라는 이름으로 불렸다. 그의 안에는 거룩한 신들의 영이 있었다. 나는 그에

90. 단 4:27; 겔 36:31-32; 39:26 참조.

게 꿈을 말해 주었다.

"최고 마법사 벨드사살아, 네 안에는 거룩한 신들의 영이 있어 어떤 비밀도 네게는 어렵지 않을 줄 나는 안다. 내가 꿈에 본 환상을 말해 줄 테니 해몽해 봐라. 내가 침대에 누워 있을 때, 내 머릿속에 나타난 환상은 이러하다.

내가 보니 땅 한가운데 아주 높고 큰 나무 하나가 있었다. 그 나무가 자라서 크게 되고 그 꼭대기가 하늘에 닿으니, 땅끝에서도 그 나무를 볼 수 있었다. 그 나무는 잎이 무성해 아름답고, 그 열매는 온 세상이 먹고 남을 만큼 풍성했다. 그 그늘 아래에는 들짐승이 쉬고, 그 가지에는 하늘의 새들이 깃들고, 모든 생물이 그 나무에서 먹을 것을 얻었다. 내가 또 침대 위에서 머릿속에 나타난 환상을 보니, 거룩한 천사[91]가 하늘에서 내려와 큰소리로 외치며 말했다.

'이 나무를 찍어 버리고 가지를 꺾고 잎사귀를 떨어 버리고 열매를 흩어라. 나무 밑에 있는 짐승들을 떠나게 하고, 가지에 깃든 새들을 떠나게 해라. 다만 그 뿌리의 그루터기만 땅에 남겨 두고 쇠줄과 놋줄로 묶어 들풀 속에 버려둬, 하늘의 이슬에 젖게 하고 땅의 풀 속에서 들짐승과 함께 어울리게 해라. 또 그의 마음이 사람의 마음에서 짐승의 마음으로 변하게 하여 7년을 지내게 해라. 이것은 거룩한 천사들의 명령이다. 이것은 살아 있는 자들에게 지극히 높으신 분이 인간의 나라를 통치하신다는 것을 알게 하려는 것이다. 또한 그분이 기뻐하시는 사람이 누구든지 그에게 그 나라를 주신다

91. 또는 파수꾼.

는 것과 가장 낮은 사람이라도 그 위에 세우실 수 있다는 것을 알 게 하려는 것이다.'

나 느부갓네살 왕이 이런 꿈을 꾸었으니, 너 벨드사살아, 이 꿈을 해몽해 봐라. 내 나라의 모든 지혜자들이 이 꿈을 해몽해 주지 못했다. 그러나 네 안에는 거룩한 신들의 영이 있으니, 너는 할 수 있을 것이다." (4:4-18)

그때 벨드사살이라고도 하는 다니엘은 잠시 동안 몹시 놀랐다. 여러 가지 생각 때문에 어찌할 바를 몰라 당황했던 것이다. 왕이 말했다.

"벨드사살아, 그 꿈과 해몽이 어떠하든지 고민하지 마라."

"내 주여, 그 꿈은 왕의 원수들이나 꾸었으면 좋겠습니다. 해몽도 왕의 원수들에게나 해줄 수 있으면 좋겠습니다. 왕이 보신 그 나무는 자라서 튼튼해지고, 그 꼭대기가 하늘에까지 닿아서 땅끝 어디에서나 보였고, 그 잎이 무성해 아름답고, 그 열매가 많아서 모든 피조물의 먹거리가 되었으며, 그 나무 아래에서 들짐승이 살고, 그 가지에는 하늘의 새들이 깃들었다고 하셨습니다. 왕이시여, 그 나무는 바로 왕이십니다. 왕은 자라서 강해지셨고, 왕의 위대함이 커져서 하늘에 닿았으며, 왕의 통치가 땅끝까지 이르렀습니다. 왕이 보셨던 거룩한 천사가 하늘에서 내려와 말하기를 '이 나무를 찍어 버리라. 그러나 뿌리의 그루터기는 땅에 남겨 두고 쇠줄과 놋줄로 묶어서 들풀 속에 버려둬 하늘의 이슬에 젖게 하고, 들짐승과 함께 어울리게 해라. 이렇게 7년을 지내게 해라'고 했습니다. 왕이시여, 그 해몽은 이러합니다. 지극히 높으신 분의 명령이 왕께 이른 것입니다.

왕은 인간 사회에서 쫓겨나 들짐승과 함께 살며 소처럼 풀을 먹고, 하늘의 이슬에 젖으실 것입니다. 이렇게 7년이 지난 뒤, 왕은 비로소 지극히 높으신 분이 인간의 나라를 통치하신다는 것과 누구든지 그 분이 기뻐하시는 사람에게 그 나라를 주신다는 것을 알게 될 것입니다. 또 나무뿌리의 그루터기를 남겨 두라고 명령하신 것은, 하늘[92]이 인간의 나라를 통치하신다는 것을 왕이 깨달으신 다음에야 왕의 나라가 왕의 것이 된다는 뜻입니다.

왕이시여, 내 조언을 받아 주시기 바랍니다. 공의를 행하여 왕의 죄를 속량받고, 가난한 사람들에게 자비를 베풀어 왕의 죄악을 속량받으면, 왕께서 계속 평안을 누리실 수 있을 것입니다."

이 모든 것이 느부갓네살 왕에게 그대로 일어났다. 12개월이 지난후, 왕이 바벨론 왕궁 옥상을 거닐면서 혼자 말했다.

"이 거대한 바벨론[93]은 내가 내 영광과 위엄을 나타내고 내 권세와 능력으로 왕의 집으로 만들려고 건설한 것이 아닌가!"[94]

이 말이 왕의 입에서 채 떨어지기도 전에 하늘로부터 내려오는 소리가 들렸다.

"느부갓네살 왕아, 내가 네게 말한다. 왕권이 네게서 떠났다. 너는 인간 사회에서 쫓겨나 들짐승과 함께 살며 소처럼 풀을 먹을 것이다. 7년이 지난 다음에야 너는 지극히 높으신 분이 인간의 나라를 통치한다는 것과 누구든지 그분이 기뻐하는 사람에게 그 나라를 준

---

92. 히브리 성경과 70인역, 단 5:23 참조. 아람어 본문은 '하나님'.
93. 바벨론 성의 넓이는 15.56제곱킬로미터.
94. 신 8:17; 삿 7:2.

다는 것을 알게 될 것이다."

바로 그 순간 이 말이 느부갓네살에게 이루어져, 그가 인간 사회에서 쫓겨나 소처럼 풀을 먹고 몸은 하늘의 이슬에 젖었으며 머리카락은 독수리 깃털처럼 자랐고 손톱은 새의 발톱처럼 자랐다. (4:19-33)

느부갓네살의 회복과 죽음 (BC 562, 단 4:34-37)

기한이 되었을 때, 나 느부갓네살은 하늘을 우러러보고 정신을 되찾았으므로, 지극히 높으신 분을 찬송하고 영원히 살아 계신 분을 찬양하며 그분께 영광을 돌렸다.[95]

"그분의 통치는 영원하고 그분의 나라는 대대로 있을 것이다. 그분은 땅의 모든 사람을 아무것도 아닌 것으로 여기고, 하늘의 군대와 땅의 사람들에게 자기 뜻대로 행하신다. 아무도 그분이 하시는 일을 막지 못하고, '무슨 일을 이렇게 하느냐?'고 말할 사람이 없다."

그때 나는 정신을 되찾았고 내 나라의 영광을 위한 내 위엄과 내 영화가 회복되었다. 내 참모들과 장관들이 나를 찾아왔던 것이다. 나는 내 나라에서 다시 왕위를 회복했고 대단히 위대해졌다. 이제 나 느부갓네살은 하늘의 왕을 찬양하고 높이며 그분께 영광을 돌린다. 과연 그분이 하시는 일은 모두 옳고, 그분의 길은 바르다. 그분은 교만하게 행하는 자를 낮추신다.

느부갓네살 왕은 BC 605년부터 43년 동안 바빌로니아 제국을 통치한 후

95. 겔 36:23; 합 2:14의 예언이 이루어짐.

BC 562년에 죽었다. 그의 아들 에윌므로닥(BC 562-560)이 왕위를 계승했다.

여호야긴이 석방되다 (BC 561, 왕하 25:27-30; 렘 52:31-34)

유다 왕 여호야긴이 포로로 잡혀간 지 37년 되던 해(BC 561), 곧 바빌로니아의 에윌므로닥이 왕이 된 그해 12월 27일, 에윌므로닥 왕은 유다 왕 여호야긴을 특별 사면시켜 감옥에서 석방했다. 그는 여호야긴에게 친절하게 말하면서 그의 지위를 바빌로니아에서 그와 함께 있던 다른 왕들의 지위보다 높여 주었다. 여호야긴은 죄수복을 벗고, 남은 생애 동안 늘 왕 앞에서 함께 식사했다. 왕은 그에게 평생 동안 날마다 계속 일정하게 생계비를 주었다.[96]

96. 열왕기서 저자는 여호야긴의 신분 회복을 유다 백성을 회복시키려는 하나님의 뜻으로 보았다.

"마침내 다니엘이 내 앞에 왔다. 그는 내 신의 이름을 따라서 벨드사살 이라는 이름으로 불렸다." (단 4:8)

다니엘은 15세쯤 된 청소년 때 조상의 죗값으로 바빌로니아에 잡혀 와, 그 이후 평생 동안 성전 예배를 드리지 못하고, 그 이름이 히브리어 다니엘('하나님은 나의 심판자'라는 뜻)에서 벨드사살('바빌로니아의 신 벨이여, 그의 생명을 보존하소서'라는 뜻)로 바뀌게 되었다. 강제로 창씨개명 되어 거룩하신 하나님을 뜻하는 '엘' 대신, 우상 '벨' 자가 들어가 불리게 되었다. 사람들이 '너는 다니엘이 아니다. 너는 하나님의 사람이 아니다. 너는 벨드사살이고, 바빌로니아의 신 벨의 사람이다'라고 말했을 때, 다니엘은 속으로 분노했을 것이다. '왜 조국은 멸망하여 내 이름조차 지켜 주지 못했나!' 하고 한탄했을 것이다. 그러다 조국의 멸망 원인이 조상들의 우상숭배와 폭력으로 인해 하나님의 버림을 받았기 때문이라는 것을 깨달았고(단 9:4-7, 11), 유다 백성이 하나님과 이웃을 사랑해 공의롭고 정의로운 나라를 회복하는 것이 하나님의 뜻임을 깨달았다(단 9:16-19). 그래서 남들이 자신을 '벨 신의 사람'이라 불러도, 다니엘은 마음속으로 자기 정체성인 '엘의 사람'임을 잊지 않고 '하나님의 심판'을 두려워하며 하나님의 인정을 받으려 일편단심 믿음을 지켰다. 하나님은 때가 되었을 때 이런 다니엘을 들어 쓰셨고, 일평생 형통한 길로 인도하셨다.

"왕이시여, 내 조언을 받아 주시기 바랍니다. 공의를 행하여 왕의 죄를 속량받고, 가난한 사람들에게 자비를 베풀어 왕의 죄악을 속량받으면, 왕께서 계속 평안을 누리실 수 있을 것입니다." (단 4:27)

다니엘은 청소년 때 바빌로니아로 잡혀 왔기에 조상들의 우상숭배나 예루살렘 성전 건물 숭배사상에 빠지지 않았다. 그가 참된 믿음으로 37년 동안 바빌로니아에서 성장해 이제 50세가 넘었을 때, 경쟁국을 모두 정복하여 세계를 통치하면서 오만해진 느부갓네살 왕에게 공의와 자비로운 삶이 죄를 용서받는 방법이라고 조언했다. 예레미야도 멸망할 예루살렘이 죄를 용서받는 방법에 대해 다음과 같이 예언했다. "너희는 예루살렘 거리로 빨리 왕래하며 그 넓은 거리에서 찾아보고 알라. 너희가 만일 공의를 행하며 진리를 구하는 자를 한 사람이라도 찾으면, 내가 이 성을 용서 하리라"(렘 5:1).
에스겔도 예언했다.

"악인이 자신의 악에서 떠나 돌아서서 공의와 정의를 행하면, 그는 그것 때문에 살 것이다"(겔 33:19).

이것은 사도 바울이 몸을 거룩한 산 '제물로 드리는 삶이 영적 예배'(롬 12:1)라고 가르친 것과 같다. 이것은 속죄제물, 희생제사 의식이라는 형식적인 종교생활이 아니라, 불의와 이기적인 탐욕을 버리고 공의와 정의와 자비의 일상생활로 죄를 용서받고 평안을 누리게 된다는 진리의 말씀이다.

하나님이 느부갓네살 왕에게 공의와 자비를 외면하면 7년 동안 고통을 받는다는 환상을 보여 주셨지만, 교만한 느부갓네살은 그 환상의 의미를 깨닫지 못했다. 다니엘은 다시 느부갓네살 왕에게 꿈을 해몽하며, 공의와 자비를 행하여 참회의 열매를 맺는 삶을 살면 죄를 용서받고 평안을 누릴 수 있다고 조언했다. 우상숭배하며 교만하던 느부갓네살은 다니엘의 조언을 듣고도 1년이 지나도록 실천하지 않다가 결국 폐인이 되어 7년 동안 들짐승처럼 들판에서 이슬에 젖으며 고통을 받은 후, 하늘을 우러러보고서야 제정신을 찾았다. 느부갓네살은 영원히 살아 계신 하나님의 통치를 찬양하며 하나님은 자기처럼 교만한 자를 낮추신다고 고백했다.

느부갓네살이 늙어서 죽자(BC 562) 그의 아들 에윌므로닥이 왕위를 계승했다. 그는 재위 2년 만에 군대 사령관 네르갈사레셀(렘 39:3, 13)에게 왕위를 탈취당했고, 네르갈사레셀이 재위 4년 만에 죽자 그의 아들 라바시 마르둑이 왕위를 계승했다. 하지만 곧 하란 출신 귀족 나보니두스에 의해 제거되었다. 그래서 바빌로니아는 느부갓네살이 죽은 후 7년 동안 왕이 네 번이나 바뀌는 정치적 혼란기를 겪었다.

나보니두스(BC 556-539)는 정치 경제적, 종교적 지배 권력을 누리고 있던 마르둑제사장들에게 분개하고 있던 사람들의 지원을 받아 통치 초기 반란을 진압했다. 그는 파괴된 신(Sin)의 신전을 재건하고 폐지된 지 오래된 신(Sin) 숭배의식을 부활시켰으며 지방에 있는 신(Sin) 신전들의 유적지를 발굴하고 옛 명문들을 해독하게 했다. 그러다가 몇 년 후 마르둑 신을 배척하는 그의 종교 편향 정책에 반대하는 소동이 일어나자 제국 통치를 아들 벨사살에게 맡기고 바벨론의 서남쪽 아라비아 사막의 오아시스 테마로 거처를 옮겨 10년 동안 유적지 발굴에 전념했다. 그 결과 바빌로니아의 왕권은 약화되고 지방 제후들이 득세했다.

이즈음 BC 550년에 페르시아 왕 고레스는 종주국 메대를 정복하고 BC 546년에는 서쪽의 리디아까지 정복하여 바빌로니아의 동쪽과 북쪽 국경 밖의 광대한 영토를 지배하면서 바빌로니아를 압박했다.

다니엘의 네 제국 환상과 종말 환상

하나님은 미래의 일을 예언자에게 알려 주지 않고는 그 일을 이루지 않으신다(암 3:7). 하나님은 미래에 일어날 네 제국(바빌로니아, 페르시아, 헬라, 로마)의 일을 예언자 다니엘에게 알려 주셨다. 네 제국 환상은 53년 전 BC 603년에 하나님이 느부갓네살 왕을 통해 다니엘에게 보여 주셨고(단 2장), 이제 다시 다니엘에게 보여 주신다. 하나님이 두 번 보여 주시는 목적은 그 환상이 반드시 이뤄진다는 것을 강조하시려는 것과 바빌로니아의 종말이 다가오고 있다는 것을 상기시키려는 것이다. 유대인은 네 제국의 지배를 받으며 세계문화와 교류하면서 하나님의 거룩하신 이름을 세계에 전파했다.

다니엘의 1차(네 짐승) 환상 (BC 550, 단 7:1-28)

벨사살이 바빌로니아 왕이 된 첫해(BC 550), 다니엘은 자기 침대에서 꿈을 꾸다 머릿속으로 환상을 보고 그것을 기록해 그 사실을 간략히 말했다. 다니엘이 말했다.

"내가 밤에 환상을 보았는데, 하늘로부터 바람이 동서남북 사방에서 큰 바다로 불어닥쳤다. 그러자 바다에서 큰 짐승 네 마리가 올라왔다. 모양은 서로 달랐다.

첫째는 사자[97] 같아 보였으나 독수리 날개를 가지고 있었다. 내가 보고 있는 동안 그것은 날개가 뽑혔고 땅에서 세워지더니 사람처럼

---

97. 바빌로니아.

두 발로 섰고, 사람의 마음을 받아 가지고 있었다.

또 보니, 다른 짐승, 곧 둘째 짐승은 곰[98] 같았다. 뒷발로 서 있는데 입안의 이빨 사이에 갈비뼈 세 개를 물고 있었다.[99] 누군가가 그것에게 '일어나 고기를 많이 먹어라'고 말했다. (7:1-5)

그 후 내가 보니 또 다른 짐승이 나왔다. 그 짐승은 표범[100] 같았다. 등에는 새의 날개가 네 개 있고, 머리도 네 개였으며,[101] 통치권을 받아 가지고 있었다.

그 뒤 내가 밤의 환상을 보니, 넷째 짐승[102]이 나왔다. 그것은 무섭게 생겨서 소름 끼쳤다. 힘이 아주 세고 큰 쇠로 된 이빨을 가지고 있어서, 먹고 부수고 먹다 남은 것은 발로 짓밟아 버렸다. 이것은 앞에 있던 다른 모든 짐승과는 달리 열 뿔[103]을 달고 있었다. 내가 그 뿔을 살펴보고 있는데, 다른 작은 뿔 하나가 그 뿔들 사이에서 돋아났다. 새로 돋아난 그 뿔 앞에서 먼저 나온 뿔 가운데 세 개가 뽑혀 버렸다. 새로 돋아난 뿔에는 사람 눈 같은 눈이 있고 큰 소리로 말하는 입이 있었다.

내가 보니, 왕의 의자들이 놓이고, 옛날부터 항상 계신 분이 앉아 계셨다. 옷은 눈같이 희고, 머리카락은 양털같이 깨끗했다. 그의 의자는 불꽃이고, 의자의 바퀴는 타오르는 불이었다. 불길은 강물처럼 그 앞에서 흘러나왔다. 수천 명의 사람들이 그를 시중들었고, 수

---

98. 페르시아.
99. 리디아(BC 547), 바빌로니아(BC 539), 이집트(BC 525) 정복.
100. 헬라.
101. 헬라의 알렉산더 대왕 사후의 네 후계자(톨레미, 셀류코스, 뤼시마쿠스, 카산더).
102. 로마.
103. 로마제국 멸망 후의 10개국.

만 명이 그를 모시고 서 있었다.

재판정이 마련되고 책들이 펴져 있었다. 그때 작은 뿔이 내는 큰 말소리 때문에 내가 보니, 넷째 짐승이 죽임 당하고,[104] 그 시체가 망가져 타는 불 속으로 던져졌다. 나머지 짐승들[105]은 자신들의 권세를 빼앗겼으나 생명은 정한 때까지 연장되었다. (7:6-12)

내가 밤에 이런 환상을 보고 있을 때 사람의 아들 같은 이[106]가 하늘 구름을 타고 와,[107] 옛날부터 항상 계신 분에게로 나아가 그 앞에 세워졌다. 옛날부터 항상 계신 분이 그에게 통치권과 영광과 나라[108]를 주셨다. 언어가 서로 다른 모든 민족과 나라들이 그를 경배하니, 그 권세는 영원한 권세여서 빼앗기지 않을 것이고, 그의 나라는 멸망하지 않을 것이다." (7:13-14)

나 다니엘은 거기에 서 있던 천사들 가운데 하나[109]에게 가까이 가서 이 모든 일의 참뜻을 물었다. 내 영이 내 속에서 괴로워하고 내 머릿속 환상이 나를 번민하게 하였기 때문이다. 그가 내게 설명하면서 그 일을 해석해 알려 주었다.

"이 큰 네 마리 짐승은 땅에서 일어날 네 왕이다. 그러나 지극히 높으신 분의 성도들이 그 나라를 받을 것이고, 그 나라를 영원히 영원히 영원히 소유할 것이다."

그때 나는 넷째 짐승에 관해 참뜻을 알고 싶었다. 이 짐승은 다

104. 로마제국의 멸망.
105. 로마제국 멸망 후의 10개국.
106. 그리스도. 단 2:34 참조.
107. 행 1:11 참조.
108. 단 2:44 참조.
109. 가브리엘 천사.

른 모든 짐승과 달리 대단히 무서웠고, 쇠 이빨과 놋쇠 발톱으로 먹고 부수고 그 나머지를 발로 짓밟아 버렸기 때문이다. 그 짐승의 머리에는 열 뿔이 있었는데, 또 다른 뿔 하나가 나왔다. 그 뿔에는 눈들이 있고 크게 말하는 입이 있으며, 그 모습이 다른 뿔들보다 강해 보였다. 그 뿔 앞에서 세 뿔이 빠져 버렸다. (7:15-20)

내가 보고 있을 때, 새로 돋은 그 뿔이 성도들과 전쟁해 성도들을 이겼다. 그러나 옛날부터 항상 계신 분이 오셔서, 지극히 높으신 분의 성도들을 위해 그 뿔을 심판하셨다. 때가 되어[110] 성도들은 나라를 차지했다. 그 천사가 이렇게 말했다.

"넷째 짐승은 땅 위에 일어날 넷째 나라로서, 다른 모든 나라와 다르고, 온 땅을 삼키며 짓밟고 부술 것이다. 열 뿔은 그 나라에서 일어날 열 왕이다. 그들 후에 또 다른 왕이 일어날 것인데, 그는 먼저 있던 왕들과 다르고, 세 왕을 굴복시킬 것이다. 그가 지극히 높으신 분께 대항해 말하며, 지극히 높으신 분의 성도들을 괴롭히고, 정해진 때와 법을 바꾸려 할 것이다. 성도들은 한 때와 두 때와 반 때 동안 그의 권세 아래 놓일 것이다. 그러나 재판정이 마련되어 그는 권세를 빼앗기고 멸망해 없어질 것이다. 나라와 권세와 하늘 아래 모든 나라의 위력이 지극히 높으신 분의 거룩한 백성에게 돌아갈 것이다. 그의 나라는 영원한 나라가 될 것이며, 모든 통치자가 그를 섬기고 그에게 복종할 것이다."

여기까지가 환상의 끝이다. 나 다니엘은 이 생각 때문에 무척 번

---

110. 3년 반 후에. 단 7:25 참조.

민하여 얼굴색이 변했지만, 이 일을 내 마음에 간직했다. (7:21-28)

벨사살 왕의 통치 제3년(BC 548)에, 나 다니엘은 또 환상을 보았다. 처음 본 것[111]에 이어 두 번째였다. 아침에[112] 환상을 보았는데, 내가 엘람 지방의 수도 수산에 있었다.[113] 내가 환상을 본 곳은 을래 강가였다. 눈을 들어 보니, 두 뿔을 가진 숫양 한 마리가 강가에 서 있었다. 두 뿔이 다 길었고, 한 뿔[114]은 다른 뿔[115]보다 더 길었다.[116] 긴 것이 나중에 나온 것이다. 내가 보니 그 숫양이 서쪽과 북쪽과 남쪽으로 들이받았으나,[117] 어떤 짐승도 그것에게 대항하지 못했고, 그 손에서 구해 낼 수 있는 자가 아무도 없었다. 숫양은 자기 마음대로 다녔고 강해졌다. (8:1-4)

내가 그 뜻을 생각하고 있을 때, 숫염소[118] 한 마리가 서쪽으로부터 와서 온 땅 위를 두루 다녔다. 그런데 너무 빨라서 발이 땅에 닿지 않았다. 그 숫염소의 두 눈 사이에는 뚜렷한 뿔[119]이 있었다. 숫염소가 두 뿔을 가진 숫양, 곧 내가 강가에 서 있는 것을 본 숫양에게 다가가 맹렬한 힘으로 달려들었다. 내가 보니, 숫염소가 숫양에

111. 2년 전(BC 550)에 본 네 제국 환상(단 7장).
112. 단 8:26.
113. 다니엘이 환상을 본 BC 548년, 수산은 페르시아 왕 고레스(BC 559-530)의 통치 지역이다. 고레스는 BC 550년 메대를 정복했다.
114. 페르시아.
115. 메대.
116. 페르시아가 메대를 정복했다.
117. 리디아(BC 547), 바빌로니아(BC 539), 이집트(BC 525) 침공.
118. 헬라.
119. 알렉산더 대왕.

게 가까이 가서 성을 내며 숫양을 쳐서 두 뿔을 부숴 버렸다.[120] 숫양은 숫염소와 맞서 싸울 힘이 없었다. 숫염소가 숫양을 땅에 던지고 짓밟았으나, 그 손에서 숫양을 구해 낼 사람이 없었다. 숫염소가 매우 강해지고 힘이 세어졌을 때, 큰 뿔이 부러지고[121] 그 자리에 뚜렷하게 보이는 뿔 네 개가 하늘 사방으로 돋아났다.[122] 그 가운데 하나[123]에서 힘센 뿔[124] 하나가 나와서 남쪽과 동쪽과 영화로운 땅[125] 쪽으로 크게 뻗어 나갔다. 그것이 하늘 군대[126]에 미칠 만큼 커지더니, 하늘 군대와 별 가운데 몇 개를 땅에 떨어뜨리고 짓밟았다.[127] 그것이 스스로를 높여 하늘 군대 사령관을 대적하고, 그분께 매일 드리는 제사를 없앴다. 또 그분의 성소를 파괴하고 매일 드리는 제사로 죄를 짓고, 정의가 땅에 떨어졌으며,[128] 마음대로 행하고도 형통했다.[129] (8:5-12)

그때 나는 거룩한 천사가 말하는 것을 듣고 있었다. 또 다른 거룩한 천사가 먼저 말한 천사에게 물었다.

"그 환상, 곧 매일 드리는 제사가 폐지되고 파멸을 불러올 죄를 짓

---

120. 헬라가 메대-페르시아를 정복했다.
121. 알렉산더 대왕의 죽음.
122. 알렉산더 대왕의 네 장군(톨레미, 셀류쿠스, 뤼시마쿠스, 카산더)이 헬라제국을 분할 통치했다.
123. 셀류쿠스.
124. 안티오쿠스 에피파네스(BC 175-163).
125. 예루살렘.
126. 이스라엘 백성.
127. 성전에 제우스 신상을 세우고 이스라엘 백성에게 우상숭배를 강요했다.
128. 안티오쿠스 에피파네스가 BC 169년부터 유대인에게 헬라화 정책을 강요했으며, 예루살렘 성전에 제우스 신상을 세우고 유대인이 혐오하는 돼지를 잡아 제단에 바쳤다.
129. 시 73:3; 잠 21:4; 24:1; 24:19 참조.

고 성소가 짓밟혀 황폐해지는 일이 언제까지 계속됩니까?"[130]

그가 내게 말했다.

"밤낮 2,300일[131]이 지날 때까지다. 그때 가서야 성소가 깨끗하게 될 것이다." (8:13-14)

나 다니엘이 그 환상을 보고 그 뜻을 알고 싶어 했을 때, 내 앞에 사람 모습을 한 이[132]가 서 있었다. 그때 내가 을래 강 사이에서 사람의 음성을 들었다.

"가브리엘아, 이 사람에게 그 환상을 알게 해줘라."

그러자 그는 내가 서 있는 곳으로 가까이 왔다. 그가 올 때 나는 무서워 엎드렸다. 그가 내게 말했다.

"사람의 아들아, 그 환상은 끝날[133]에 관한 것임을 알아라."

그가 내게 말할 때, 나는 얼굴을 땅에 대고 깊이 잠들었다. 그가 나를 어루만지면서 일으켜 세우고 말했다.

"보라, 내가 하나님에 의한 진노의 마지막 때에 있을 일을 네게 알려 주겠다. 이것은 정해진 끝날에 관한 것이다. 네가 본 숫양의 두 뿔은 메대와 페르시아의 왕들이고, 털이 많은 그 숫염소는 헬라 왕이며, 눈 사이에 있던 큰 뿔은 첫째 왕[134]이다. 그 뿔이 꺾이고 그 자리

---

130. LXX.
131. 1,150일. BC 169-166까지 3년. 제사장 맛다디아가 주도해 유대인이 무장봉기했고, BC 166년 맛다디아의 장남 마카비의 승리로 3년(1,150일=밤낮 2,300일) 후 이스라엘은 독립국가가 된다. 이 승전일을 기념해 BC 166년 12월(기슬러월) 25일을 수전절로 지킨다. 요 10:22 참조.
132. 가브리엘 천사. 단 9:21 참조.
133. 구약시대 말기. 단 8:23.
134. 알렉산더 대왕(BC 336-323 통치).

에 생긴 네 뿔은 그 나라가 분열돼 일어날 네 나라[135]다. 네 나라의 힘은 첫 번째 나라와 같지는 않을 것이다. 네 나라 마지막 때, 곧 죄악이 극도에 이를 때, 얼굴이 뻔뻔스럽고 흉계에 능숙한 왕[136]이 일어날 것이다. 그의 권세는 막강하게 될 것인데, 자기 힘으로 되는 것은 아니다. 그가 놀라운 힘으로 파괴하고 하는 일마다 형통해, 강한 사람과 거룩한 백성을 파멸시킬 것이다. 그 자신이 꾀를 내어 속이는 데 능숙하고, 마음이 교만해질 것이며, 평화로운 때에 많은 사람을 죽이고 만왕의 왕을 대적할 것이다. 하지만 사람이 손대지 않아도 그는 망할 것이다. 네가 본 저녁[137]과 아침 환상은 반드시 이뤄진다. 그러나 많은 날이 지나야 이뤄지니, 너는 그 환상을 비밀로 해둬라."

그때 나 다니엘은 몹시 지쳤다. 여러 날 동안 앓다가[138] 일어나 왕이 맡긴 일을 했다. 나는 그 환상 때문에 놀랐지만 아무도 그 뜻을 깨닫는 사람이 없었다. (8:15-27)

벨사살 왕의 죽음

메대의 마지막 왕 아스티아게스(BC 585-550 재위)는 아들 다리우스(키악사레스 2세)와 딸 만다네를 낳았고, 만다네를 메대의 속국이었던 페르시아 왕 캄

---

135. 톨레미, 셀류코스, 뤼시마쿠스, 카산더.
136. 안티오코스 에피파네스.
137. 단 7:2.
138. 이때 다니엘은 72세쯤 되었다. 다니엘은 숫양과 숫염소 환상의 의미를 깨닫지 못해 지치고 앓게 되었다. 깨달음을 하나님께 간구하고서 9년 뒤(BC 539) 하나님은 가브리엘 천사를 보내 깨닫게 해주셨다(단 9:23 참조).

비세스(BC 600–559)와 결혼시켰다. 만다네는 고레스를 낳았다. 고레스(BC 559–529 재위)는 BC 559년 페르시아의 왕위를 계승하고 BC 550년 종주국 메대를 정복했다. 메대 왕을 비롯한 지도자들의 사치와 향락에 반하여 백성들의 비참한 생활과 지방 영주들의 득세에 의한 정치적 혼란기에 많은 군대 장군들이 고레스 편으로 돌아섰던 것이다. 고레스가 메대 왕의 외손자이고 정의로웠으므로, 메대 백성은 고레스를 거부감 없이 왕으로 인정했다. 고레스(키루스 2세)는 자신의 메대 정복에 반대한 소아시아의 리디아를 정복(BC 546)한 후, 막강해진 국력으로 허약해진 바빌로니아를 압박했다.

바빌로니아 왕 벨사살은 페르시아의 침략에 대비해 국력을 집결시키려 했다. 난공불락의 바벨론 성벽을 믿고 지도자 1천 명을 바벨론 왕궁으로 초청해 잔치를 베풀며 국력을 과시했다. 이때 그는 마음을 낮추지 않고 하나님을 조롱하며 여러 우상들을 찬양했다. 그래서 하나님이 손가락을 보내어 경고하셨으나 회개하지 않은 그는 그날 밤 하나님의 심판을 받아 신하들에 의해 암살되었다. 그리고 페르시아 왕 고레스가 바빌로니아 군대 장군들의 환영을 받으며 바벨론 성에 무혈 입성함으로, 바빌로니아 제국은 종말을 맞았다.

벨사살 왕의 죽음 (BC 539, 단 5:1-31)

벨사살 왕이 귀한 손님 1천 명을 위해 큰 잔치를 베풀고, 그 1천 명 앞에서 술을 마셨다. 벨사살은 술을 마시면서 명령을 내려 자기 아버지[139] 느부갓네살이 예루살렘 성전에서 가져온 금그릇과 은그릇을 가져오게 했다. 왕과 손님들, 왕비들과 후궁들이 그것으로 술을

---

139. 벨사살(BC 550-539 재위)의 아버지는 나보니두스 왕(BC 556-539 재위)이지만, 느부갓네살의 권위를 힘입으려고 자신의 아버지라고 부른 것(단 5:11, 13, 18 참조).

마실 참이었다. 신하들이 예루살렘에 있는 하나님의 성전에서 가져온 금그릇을 꺼내 놓자, 왕과 귀한 손님들과 왕비들과 후궁들이 그것으로 술을 마셨다. 그들은 술을 마시고 금과 은, 동, 쇠, 나무 그리고 돌로 만든 신들을 찬양했다.

그때 갑자기 사람의 손가락이 나타나, 촛대 앞에 있는 왕궁 석고벽에 글을 썼다. 왕은 글을 쓰는 손가락을 보고 있다가 얼굴빛이 창백해지더니 공포에 사로잡혀, 넓적다리의 힘이 빠지고 무릎이 서로 떨려 부딪쳤다. 왕이 큰소리로 외치며 마법사들과 마술사들과 점성가들을 불러오게 했다. 그리고 바빌로니아의 지혜자들에게 말했다.

"누구든지 이 글을 읽고 그 뜻을 내게 알려 주는 사람은 자주색 옷을 입히고, 금목걸이를 목에 걸어 주며, 이 나라에서 셋째[140] 가는 통치자로 삼겠다." (5:1-7)

이에 왕궁 지혜자들이 모두 왔으나 아무도 그 글을 읽는 사람이 없었고, 그 뜻을 왕에게 알려 주는 사람도 없었다. 벨사살 왕은 크게 낙심해 얼굴빛이 변하고 손님들도 당황했다. 왕비가 왕과 귀족들의 떠드는 소리를 듣고 연회장으로 들어와 왕에게 말했다.

"왕이시여, 만수무강하소서. 번민하지 마시고 얼굴빛이 변하지 않게 하소서. 왕의 나라에 거룩한 신들의 영이 있는 사람이 한 명 있습니다. 그는 명철과 총명과 신들의 지혜 같은 지혜를 가진 사람이어서, 왕의 아버지 때에도 왕의 아버지 느부갓네살 왕께서는 그 사람을 마법사들과 마술사들과 점성가들과 점쟁이들의 우두머리로 세

---

140. 첫째 통치자는 아버지 나보니두스, 둘째는 벨사살 자신이다. 나보니두스는 북아라비아 테마에 머물렀고 장남 벨사살이 섭정으로 통치했다.

우셨습니다. 그에게는 탁월한 영과 지식과 총명이 있어 꿈을 해몽하고 수수께끼도 풀고 어려운 문제도 해결했습니다. 그는 느부갓네살 왕이 벨드사살이라 이름 지어 준 다니엘입니다. 이제 다니엘을 부르소서. 그가 그 글자를 해석해 드릴 것입니다." (5:8-12)

다니엘이 왕 앞에 나아오자 왕이 다니엘에게 물었다.

"네가 내 아버지께서 유다에서 데려온 유대인 포로 다니엘이냐? 나는 네 안에 하나님[141]의 영이 있고 명철과 총명과 탁월한 지혜가 있다고 들었다. 내가 지혜자들과 주술가들을 이리로 불러와 이 글을 읽고 그 뜻을 내게 말하라 했으나, 그들이 풀이해 주지 못했다. 그러나 너는 해석할 수 있고 어려운 문제도 잘 푼다고 들었다. 네가 지금 이 글을 읽고 그 뜻을 풀이해 주면, 네게 자주색 옷을 입히고 금 목걸이를 목에 걸어 주고, 이 나라에서 셋째 가는 통치자로 삼겠다."

다니엘이 왕에게 말했다.

"왕의 선물은 왕이 가지시고, 왕이 주실 상은 다른 사람에게 주소서. 그럴지라도 나는 왕을 위해 이 글을 읽고 그 뜻을 풀이해 드리겠습니다.

왕이시여, 지극히 높으신 하나님이 왕의 아버지 느부갓네살에게 나라와 큰 권세와 영광과 위엄을 주셨습니다. 큰 권세를 주셨으므로 이 백성과 여러 민족과 언어가 다른 모든 사람들이 그 앞에서 떨며 두려워했습니다. 그는 사람을 마음대로 죽이기도 하고 마음대로 살리기도 하고 마음대로 높이기도 하고 마음대로 낮추기도 하셨습

141. LXX.

니다. 그러나 그가 마음이 높아지고 생각이 거만해져 교만하게 행동하다가, 왕위에서 쫓겨나 영광을 빼앗기고 인간 사회에서 쫓겨나시더니, 그의 마음이 들짐승의 마음처럼 되어 들나귀와 함께 살며 소처럼 풀을 먹고, 몸은 하늘의 이슬로 젖으셨습니다. 그때야 비로소 그는 지극히 높으신 하나님이 인간의 나라를 다스리고 하나님의 마음에 맞는 사람에게 그 나라를 주신다는 것을 깨닫게 되셨습니다.

그의 아들이신 벨사살 왕께서는 이 모든 것을 아시면서도 마음을 낮추지 않고, 하늘의 주님보다 스스로를 더 높이며, 하나님의 성전에 있던 그릇을 왕 앞으로 가져오게 하고 그것으로 왕의 손님들과 왕비들과 후궁들과 함께 술을 마셨습니다. 그리고 보거나 듣지도 못하고 지각도 없는, 금과 은과 동과 쇠와 나무와 돌로 만든 신들을 찬양하면서도, 왕의 호흡과 왕의 모든 길을 주관하시는 하나님께는 영광을 돌리지 않으셨습니다. 그래서 하나님이 손가락을 보내셔서 이 글을 쓰게 하신 것입니다. 기록된 글은 '메네 메네[142] 데겔[143] 우바르신[144]'입니다. 그 글을 해석하면, '메네'는 하나님이 이미 왕의 나라의 연대를 계산해서 끝내셨다는 뜻이고, '데겔'은 왕을 저울에 달아 보니 부족함이 드러났다는 뜻이고, '베레스'는 왕의 나라가 나뉘어 메대와 페르시아 사람에게 넘어갔다는 뜻입니다."[145]

벨사살이 명령을 내려 다니엘에게 자주색 옷을 입히고 금목걸이를 그의 목에 걸어 주며, 그를 나라에서 셋째 가는 통치자로 삼았다.

---

142. '계산하다'라는 뜻. 두 번 반복한 것은 정확하게 계산해서 확실하다는 뜻.
143. '저울에 달다'라는 뜻.
144. '우'는 '그리고', '바르신'은 '나라'를 뜻하는 '베레스'의 복수형으로서 '나라들로 나뉜다'는 뜻.
145. 암 3:7 참조.

그날 밤 바빌로니아 왕 벨사살은 암살되었고, 메대 사람 다리우스가 그 나라를 넘겨받았다. 그때 다리우스는 62세였다. (5:13-31)

"그날 밤 바빌로니아 왕 벨사살은 암살되었고, 메대 사람 다리우스가 그 나라를 넘겨받았다." (단 4:31)

바빌로니아 왕 벨사살은 난공불락의 바벨론 성벽을 믿고 귀족 1천 명을 초청해 잔치를 벌였으나 그날 밤 암살되었다. 페르시아 왕 고레스는 군대를 이끌고 바빌로니아 군대 장군들의 환영을 받으며 바벨론 성에 무혈 입성했다. '왕의 나라가 나뉘어 메대와 페르시아 사람에게 넘어갔다'(단 5:28)는 다니엘의 예언이 이루어진 것이다. 고레스는 관용과 포용 정책을 추구했으므로 자기 군대에게 "각 지역 주민들의 종교적 감정을 존중하고 그들에게 공포감을 주지 말라"고 명령했다. 그리고 나보니두스의 말썽 많던 개혁 조치들을 폐지했고, 나보니두스가 바빌론으로 옮겨왔던 신(Sin) 신상을 본 고장의 산당으로 되돌려놓았으며, 억압한 마르둑 신 숭배를 회복시켰다. 그 결과 고레스는 메대와 페르시아뿐만 아니라 바빌로니아 전 지역과 서 아시아 지역에서까지 지지를 받으며 통치하는 세계 최대 제국의 왕이 되었다.

고레스는 바빌로니아를 여러 지역으로 나누어 통치했는데, 갈대아 지역은 메대 출신의 외삼촌 다리우스를 분봉왕으로 임명해 맡겼다.

역사상 여러 식민지를 통치하던 제국이 멸망하기 직전에는 말기 증상으로서 통치력 누수에 의한 권력 공백기가 나타나고, 그 틈을 타서 각 식민지가 독립하는 현상이 나타난다. 그러나 바빌로니아 제국이 페르시아에게 정복되었을 때 바빌로니아의 모든 식민지가 고스란히 페르시아에 병합된 것을 보면, 이 사건이 오직 하나님의 뜻에 의해 갑자기 발생한 것임을 증거한다. 하나님은 예레미야를 통해 예언하게 하신바, 유대인이 바빌로니아 포로생활 70년이 지나면 해방되어 유다 땅으로 귀환할 거라고 하셨다(렘 25:11-12; 29:10). 또 이사야를 통해 예언하게 하신바, 고레스가 유대인 포로를 해방시킬 것이라 하셨는데, 이때는 70년이 다 차기 3년 전이었다. 고레스는 이사야 44장 28절, 45장 1-5절에 예언되었고, 고레스에 의한 유대인 귀환은 이사야 40장 1-2절, 41장 2, 4절, 52장 11-12절에 예언되었다.

다니엘의 일흔이레 환상

페르시아 왕 고레스는 바빌로니아 제국을 정복한 뒤 바벨론 성이 있는 갈대아 지역의 통치를 외삼촌 다리우스에게 맡기고 그의 딸 카산다네와 결혼했다. 고레스는 수도 수산에서 페르시아 제국 전체를 통치하고 분봉왕 다리우스는 바벨론에서 갈대아 지역을 통치했다. 이때 다니엘은 바벨론에서 갈대아의 총리가 된다. 다리우스가 갈대아를 2년 동안 통치하다가 죽자, 고레스가 갈대아를 직접 통치하며 유대인들의 귀환 칙령을 내린다.

다니엘이 다리우스가 통치하는 갈대아의 총리가 되다 (BC 539, 단 6:1-2)

다리우스는 자기 뜻대로 지방장관 120명을 세워 전국을 다스리게 했다. 그리고 그들 위에 세 총리를 세워 지방장관들이 총리에게 업무를 보고하게 함으로 왕을 성가시지 않게 했다. 다니엘도 그 세 총리 가운데 한 사람이었다.[146]

64년 전(BC 603) 다니엘은 느부갓네살의 꿈을 해몽하면서 "하늘의 하나님이 한 나라를 세우실 것인데, 그 나라는 영원히 멸망하지 않을 것이고, 다른 백성에게 넘어가지도 않을 것이며, 도리어 다른 모든 나라를 쳐 멸망시키고 영원히 설 것입니다"(단 2:44)라고, 하나님 나라의 도래와 영원성을 선포한 적이 있었다.

이제 다니엘은 예레미야서 25장 11-12절과 29장 10절을 읽고 하나님이 언

---

146. 이때 다니엘의 나이는 80세가 넘었다.

약하신 유배 기간 70년이 다 되었음을 깨닫고 회개하면서 예루살렘의 회복을 간구했다. 자비롭고 은혜로우신 하나님은 유대인의 예루살렘 귀환뿐 아니라 '하나님 나라의 회복'을 일흔 이레 환상으로 다니엘에게 보여 주셨다. 구하는 것보다 더 큰 것을, 크고 놀라운 비밀을 보여 주셨다. (엡 3:20; 렘 33:3 참조)

유다 회복을 위한 다니엘의 중보기도. 3차(일흔이레) 환상 (BC 539, 단 9:1-27)

메대 족속 아하수에로[147]의 아들 다리우스가 갈대아의 왕이 된 첫해, 곧 그가 통치한 첫해에 나 다니엘은 주께서 예레미야 예언자에게 말씀하신 것, 곧 예루살렘이 황폐하게 방치되는 기간이 70년이라는 것을 책을 통해 깨달았다. 나는 금식하며 베옷을 입고, 재를 덮어쓰고 주님께 기도하며 간구했다.[148] 나는 내 주 하나님께 기도하며 자백했다.

"오, 주님, 주님을 사랑하며 주님의 명령을 지키는 자에게 언약을 지키시고 자비를 베푸시는 크고 두려우신 하나님! 우리[149]가 죄를 짓고 잘못했으며, 악을 행하고 반역하여 주님의 명령과 규례를 어겼습니다. 주님의 종 예언자들이 주님의 이름으로 우리의 왕들과 지도자들과 조상들과 그 땅의 모든 백성에게 말하는 것을 우리가 듣지 않았습니다.

147. 다리우스의 아버지는 메대 왕 아스티아게스다. 다니엘서가 편집된 때의 페르시아 왕 아하수에로의 이름이 추가된 듯하다.
148. 다니엘은 70년 유배 기한이 3년밖에 남지 않았음을 깨닫고 예루살렘의 회복을 간구했다. 하나님은 자신의 언약을 성도의 기도를 통해 이루신다(겔 36:37 참조). 하나님은 다니엘의 기도에 응답하여 1년 후 고레스를 통해 유대인의 귀환을 선포하신다.
149. 다니엘은 유다 민족의 죄에 대한 하나님의 징계를 조상 탓으로만 돌리지 않고 민족의 죄를 자신의 죄로 끌어안고 참회하며 중보기도함으로, 유다 민족이 죄를 용서받도록 하고 예루살렘 귀환을 이루게 한다. 욜 2:12 참조.

주님, 주님은 의로우시지만, 우리는 오늘날처럼 낯 뜨거운 수치를 당하고 있습니다. 이는 유다 사람이나 예루살렘 주민이나 모든 이스라엘 백성, 곧 가까운 곳에 있는 자들이나 주님이 쫓아내신 모든 먼 곳에 있는 자들이 모두 주께 죄를 지었기 때문입니다.

주님, 우리와 우리의 왕들과 지도자들과 조상들이 낯 뜨거운 수치를 당한 이유는 우리가 주님께 죄를 지었기 때문입니다.

우리 주 하나님은 우리를 불쌍히 여기고 용서하셨으나, 우리는 주님께 반역하고 우리 주 하나님의 음성을 듣지 않았으며, 주님이 주님의 종 예언자들을 통해 우리에게 주신 주님의 율법을 따라 살지 않았습니다. 온 이스라엘이 주님의 율법을 어기고 주님의 음성을 듣지 않고 치우쳤으므로, 주께서 하나님의 종 모세의 율법에 기록된 저주와 맹세[150]를 우리에게 내리셨습니다. 이것은 우리가 주께 죄를 지었기 때문입니다.

주님은 우리에게 큰 재앙을 내려 우리와 우리를 다스린 우리의 통치자들에게 말씀하신 것을 이루셨습니다. 예루살렘에 내린 것과 같은 재앙은 하늘 아래 어느 곳에서도 없던 것입니다. 모세의 율법에 기록된 대로 이 모든 재앙이 우리에게 내렸음에도 우리는 죄악에서 돌아서지 않았습니다. 주님의 진리를 깨닫기 위해 우리 주 하나님의 얼굴을 구해야 하는데 그렇게 하지 않았으므로, 주께서 재앙을 간직해 두셨다가 우리에게 내리신 것입니다. 우리 주 하나님이 하시는 일은 모두 의로우십니다. 우리가 주님의 음성을 듣지 않았습

---

150. 레 26:14-39; 신 28:15-68.

니다. 우리 주 하나님이시여, 주께서는 주님의 백성을 강한 손으로 이집트 땅에서 인도해 내고 오늘날과 같이 명성을 떨치셨는데, 우리는 죄를 짓고 악을 행했습니다.

주님, 주님의 도시 예루살렘, 곧 주님의 거룩한 산에 내리신 주님의 분노와 진노를 주님의 모든 의로우심을 따라 거두소서. 우리의 죄와 우리 조상의 죄악 때문에 예루살렘과 주님의 백성이 우리 주위에 있는 모든 민족에게 멸시를 받고 있습니다.

우리 하나님, 이제 주님의 종의 기도와 간구를 들으시고, 주님을 위해 주님의 얼굴을 주님의 황폐한 성소예루살렘에 비추소서. 나의 하나님, 귀 기울여 들으시고, 눈을 떠 우리가 황폐해진 것과 주님의 이름으로 불리던 그 성을 보소서. 우리가 주께 간구하는 것은, 우리의 의 때문이 아니라 주님의 크신 자비 때문입니다. 주님, 들으소서. 주님, 용서하소서. 주님의 이름이 주님의 도시예루살렘와 주님의 백성과 함께 불리고 있으니, 나의 하나님이시여, 주께서 듣고 지체하지 말고 주님 자신을 위해 예루살렘의 회복을 이루소서." (9:1-19)

나는 아뢰어 기도하면서, 내 죄와 내 백성 이스라엘의 죄를 자백하고, 내 하나님의 거룩한 산[151]을 위해 내 주 하나님께 간구했다.[152] 내가 기도하면서 아뢰고 있는데, 지난번[153] 환상에서 본 가브리엘이 날아왔다. 저녁 제사 드릴 때 내게 와서 설명해 주었다.

"다니엘아, 내가 이제 네게 지혜와 총명을 주려고 왔다. 네가 큰

---

151. 예루살렘(단 9:16).
152. 렘 33:3 참조.
153. 단 8:16.

은혜를 받고 있으므로, 네가 간구를 시작할 때 명령이 내려 내가 그 명령을 네게 알려 주려[154] 왔다. 그러니 너는 그 환상을 깊이 생각하고 깨달아라. 네 백성과 거룩한 성에 일흔 이레(70×7=490년)가 정해졌으니, 허물이 그치고 죄가 끝나고 죄악을 속죄하고 영원한 의를 세우며, 계시와 예언을 봉해라.[155] 지극히 거룩하신 자가 기름 부음을 받을 때까지다.

그러므로 너는 다음과 같은 사실을 알고 이해해야 한다. 예루살렘을 다시 지으라는 명령이 내린 때[156]로부터 기름 부음을 받은 왕이 오시기까지는 49년 더하기 434년(일곱 이레+예순두 이레, 7×7+62×7)[157]이 지나갈 것이다. 그동안은 괴로운 기간이겠지만 예루살렘이 재건되어 거리와 성벽이 세워질 것이다. 434년(예순두 이레)이 지난 다음, 기름 부음 받은 자가 끊어져 없어질 것이다. 한 통치자[158]의 군대가 와서 성읍과 성전을 파괴할 것이고, 그 성이 홍수에 침몰되듯 황폐하게 되어서야 전쟁이 끝나고 그 성이 종말을 맞을 것이다. 그 통치자는 7년(한 이레, 1×7)[159] 동안 여러 백성과 더불어 언약을 맺을 것인데, 그 7년(한 이레)의 반이 지날 때 희생제사와 곡식제사를 금지할 것이다.[160] 또 성전 높은 곳에 멸망을 초래할 우상

---

154. 암 3:7 참조.
155. LXX, KJV, NIV. 400년 침묵.
156. 하나님이 느헤미야에게 예루살렘 성벽 재건 소명을 주신 BC 445년(느 2:12).
157. 예루살렘 재건 명령(BC 445) 이후 말라기 활동 시기(BC 396)까지의 49년과 400년 침묵기 + 예수의 예루살렘 입성 때까지. 칼빈은 '숫자는 상징이고 중요하지 않다'고 말했다.
158. 로마 황제 베스파시아누스. 그의 아들 티투스 장군이 AD 70년 예루살렘을 함락시켰다.
159. 대환난. 상징적 숫자.
160. LXX에는 '그 7년의 끝에 희생제사와 곡식제사가 금지될 것이며'.

을 세울 것인데, 그 우상이 정해진 종말을 맞을 때까지다.”¹⁶¹ (9:20-27)

161. 마 24:15; 막 13:14 참조.

"나 다니엘은 주께서 예레미야 예언자에게 말씀하신 것, 곧 예루살렘이 황폐하게 방치되는 기간이 70년임을 책을 통해 깨달았다. 나는 금식하며 베옷을 입고, 재를 덮어쓰고 주님께 기도하며 간구했다. 나는 내 주 하나님께 기도하며 자백했다." (단 9:2b-4a)

다니엘이 예레미야의 글(렘 25:11-12; 29:10)을 읽고 바벨론 유배 기간 70년의 의미를 깨달은 시기는 BC 539년이다. 유다 왕국은 BC 605년부터 바빌로니아의 지배를 받고 예루살렘 성전 물건이 바벨론 신전 보물 창고로 강탈당하여 황폐하게 되기 시작했으므로, 그때부터 70년이 되는 BC 536년까지는 3년밖에 남지 않았고, 이제 포로기 시대는 끝나고 새로운 회복기가 다가왔음을 다니엘은 깨달은 것이다. 다니엘은 금식하고 회개하며 기도했다. 자기 의가 아니라 하나님의 자비를 믿음으로 간구했다.

"우리가 주께 간구하는 것은 우리의 의 때문이 아니고 주님의 크신 자비 때문입니다." (단 9:18).

다니엘은 80이 넘은 나이에 금식하고, 자기 죄와 동족의 죄와 조상의 죄를 회개하며 베옷을 입고 재를 뒤집어쓰고서 기도했다.
"주님, 들으소서. 주님, 용서하소서. 주님의 이름이 주님의 그 도시와 주님의 이 백성과 함께 불리워지고 있으니, 나의 하나님이시여, 주께서 들으시고, 지체하지 마시고 주님 자신을 위해 예루살렘 귀환을 이루소서"(단 9:19).
금식은 힘의 원천이 음식이나 자신에게 있지 않고 주님께 있음을 고백하는 행위다. 베옷은 인간이 자기 죄 때문에 죽을 수밖에 없는 데 대한 슬픔을, 재는 죽어서 한 줌 흙이 될 수밖에 없는 인간의 비참한 상태를 상징한다. 하나님은 다니엘의 기도를 들으시고 1년 후 BC 538년, 자신이 언약하신 귀환을 이루시려 고레스 왕을 통해 유대인의 예루살렘 귀환 칙령을 선포하고 그 후 1년이 지나 BC 537년 42,360명을 1차로 귀환시키셨다.
다니엘은 15세쯤 된 청소년 때에 조상들의 죄악 때문에 바빌로니아에 인질로 잡혀가 70년 동안 온갖 고난을 당하면서도 올곧은 믿음으로 살았다. 마침내 하나님의 은혜로 동족 유다 백성의 예루살렘 귀환을 목격한 후 이 땅에서의 삶을 끝낸다. 다니엘서 끝장 끝절에 하나님은 다니엘에게 말씀하셨다.
"너는 평안히 쉬다가 끝날에는 일어나 네 보상을 받을 것이다"(단 12:13).

"우리 주 하나님이시여, 주께서 주님의 백성을 강한 손으로 이집트 땅에서 인도해 내시고 오늘날과 같이 명성을 떨치셨는데, 우리는 죄를 짓고 악을 행했습니다." (단 9:15)

하나님은 다니엘 시대에 세계 최강대국 바빌로니아에서 스스로 자신의 명성을 떨치셨다.

BC 603년 다니엘이 바빌로니아 왕 느부갓네살 앞에서 그의 꿈을 해몽하면서 "하늘의 하나님이 한 나라를 세우실 것인데, 그 나라는 영원히 멸망하지 않을 것이고, 다른 백성에게 넘어가지도 않을 것이며, 도리어 다른 모든 나라를 쳐서 멸망시키고 영원히 설 것입니다"라고 선포했다. 그때 느부갓네살은 "너희 하나님은 진실로 신 중의 신이고, 왕 중의 주이시다" 하고 하나님을 찬양하며 믿음의 청소년 다니엘에게 바빌로니아 전국 통치권을 맡겼다.

그 후 23년이 지나 BC 580년 느부갓네살은 자신을 신격화하는 우상숭배 의식을 제정했고, 그 숭배 의식을 거부한 사드락, 메삭, 아벳느고를 불타는 화덕에 던져 죽이려 했다. 하지만 그들이 하나님의 도우심으로 살아나오자 느부갓네살은 "사드락, 메삭, 아벳느고의 하나님을 찬양하여라. 그분은 천사를 보내 그분의 종들을 구원하셨다. … 사드락, 메삭, 아벳느고의 하나님을 모독하는 말을 하는 민족과 백성은 모두 그 몸이 산산조각날 것이고, 그의 집이 폐허가 될 것이다. 사람을 이렇게 구원할 수 있는 신은 달리 없다"라고 하나님을 찬양했다. 그리고 바빌로니아 제국 전체에 조서를 내리며 '느부갓네살 왕은 전국 모든 백성과 언어가 다른 민족들에게 평안이 넘치길 바란다. … 위대하구나, 그분의 이적이여! 강력하구나, 그분의 놀라운 일이여! 그분의 나라가 영원하고, 그분의 통치는 대대에 이를 것이다'라고 하나님을 찬양했다. 하나님은 믿음의 청년 사드락, 메삭, 아벳느고를 통해 자신의 명성을 떨치신 것이다.

그 후 18년이 지나 BC 562년 느부갓네살은 이집트까지 정복한 후 교만해져 '스스로를 높이면 7년 동안 들짐승처럼 된다'는 꿈의 경고를 듣고도, 또 다니엘의 꿈 해석과 조언을 듣고도 자신을 낮추지 않았다. 이에 그 꿈대로 징계를 받아 인간 세계에서 버림받고 들짐승처럼 살았다. 7년 후 그는 제정신을 차리고 "그분의 통치는 영원하고 그분의 나라는 대대로 있을 것이다. 그분은 땅에 살고 있는 모든 사람을 아무것도 아닌 것으로 여기고 하늘의 군대와 땅에 사는 사람들에게 자기 뜻대로 행하시며, 아무도 그분이 하시는 일을 막지 못하고, '무슨 일을 이렇게 하느냐?'고 그에게 말할 사람이 없다"고 하나님을 찬양했다. 그러자 그는 회복되어 "이제 나 느부갓네살은 하늘의 왕을 찬양하고 높이며, 그분에게 영광을 돌린다. 과연 그분이 하시는 일은 모두 옳고, 그분의 길은 바르며, 그분은 교만하게 행하는 자를 낮추신다"
고 고백하며 하나님을 찬양했다.

그 후 23년이 지나 BC 539년 벨사살 왕이 자신을 하나님보다 높이며 성전 그릇으로 술을 마시고 우상을 찬양하자, 하나님이 손가락을 보내어 '메네 메네 데겔 우바르신'이라는 글자를 써서 보여 주셨다. 다니엘이 그 뜻을 해석하며 회개를 촉구했다. "벨사살 왕께서는 이 모든 것을 아시면서도 마음을 낮추지 않으시고, 하늘의 주님보다 스스로를 높이며, 하나님의 성전에 있던 그릇을 왕 앞으로 가져오게 하시어왕의 손님들과 왕비들과 후궁들과 함께 그것으로 술을 마셨습니다. 그리고 왕께서는 보거나 듣지도 못하고 알지도 못하는, 금과 은과 동과 쇠와 나무와 돌로 만든 신들을 찬양하면서도, 왕의 호흡과 왕의 모든 길을 주관하시는 하나님께는 영광을 돌리지 않으셨습니다. 그래서 … 하나님이 이미 왕의 나라의 연대를 계산해 끝나게 하셨습니다. …왕을 저울에 달아 보니 부족함이 드러났습니다. …왕의 나라가 나뉘어메대와 페르시아 사람에게 넘어갔습니다."

그럼에도 벨사살 왕은 회개하지 않아 다니엘의 말대로 그날 밤 암살당했고, 바빌로니아 제국은 메대와 페르시아 사람 고레스에게 넘어갔다.

그 후 1년이 지나 BC 538년 다리우스 분봉왕이 통치할 때, 다니엘은 모함을 받아사자 굴에 던져졌지만 하나님이 천사를 보내 다니엘을 지켜 주셨다. 그때 다리우스는 전국에 조서를 내려 "내 나라에서 내 통치를 받는 백성은 모두 반드시 다니엘이섬기는 하나님을 경외하고 두려워해야 한다. 그분은 살아 계신 하나님이시고 영원히 다스리신다. 그분의 나라는 멸망하지 않으며 그분의 통치는 무궁할 것이다. 그분은 구원도 하시고 건져 내기도 하시며, 하늘과 땅에서 표적과 기적을 행하시는 분이시므로 다니엘을 사자의 입에서 구해 주셨다"라고 하나님을 찬양했다.

"네 백성과 거룩한 성에 일흔 이레(70×7=490년)가 정해졌으니, 허물이 그치고 죄가 끝나고 죄악을 속죄하고 영원한 의를 세우며, 계시와 예언을 봉해라. 지극히 거룩하신 자가 기름 부음을 받을 때까지다." (단 9:24)

메시아의 사명이 언급되어 있는 본문은 그리스도의 초림으로 임할 하나님 나라에서 성취될 사건을 설명한 것으로, 유대인들의 전통적인 정치적 메시아관과는 다르다. 본문의 여섯 항목 중 처음 세 가지, 곧 죄의 마침과 제거, 죄악으로부터의 구속은 예수 그리스도의 십자가 죽음으로 단번에 성취되었다(히 9:26). 나중의 세 항목, 즉 영원한 의가 드러나고 이상과 예언이 이루어지며 거룩하신 자가 기름 부음을 받는 것은 그리스도의 초림으로 성취되어 가다가 그리스도의 재림으로 완성될 하나님 나라의 비밀이 계시된 것이다.

메시아 사상의 전개는 다음과 같다. 메시아란 '기름 부음을 받은 자'라는 뜻으로 왕(삼상 12:3, 5; 24:5 이하; 왕상 1:39), 제사장(레 8:30), 선지자(요 6:14)에게도 적용될 수 있다. 그러나 이 말이 유일무이한 구세주 혹은 이상적인 왕을 가리키는 종말론적 의미로 강력하게 부각되기 시작한 때는 신구약 중간기다. 당시 대다수의 유대인들은 이스라엘을 억압, 착취하고 있던 열강 세력들을 타파하고 자유와 번영을 가져다줄 정치적 메시아를 대망하였다. 정치적 메시아 개념이 이스라엘 역사상으로는 다윗 시대에 배태되어 신구약 중간기 말엽에 강력하게 발흥했지만, 구약성경 전체에는 이미 메시아 사상이 풍부하게 계시되어 있다.

1. 다윗 이전 시대: 사단의 세력을 진멸할 여자의 후손(창 3:15), 세계 만민의 복의 근원이 될 아브라함의 씨(창 22:18; 갈 3:16), 이방 대적을 파할 야곱의 후손(민 24:17) 등을 통해 계시되었다.

2. 예루살렘 함락(BC 587) 이전 시대까지: 왕국시대가 되면서 사울 왕은 기름 부음을 받아 즉위했으나 신정왕국의 통치자로서 부적합했다. 이에 하나님은 다윗을 택하여 자신의 통치를 대행케 하셨고, 다윗 왕가와 더불어 영원한 언약을 맺으셨다. 여기서 다윗의 후손으로 나실 영원한 왕이신 메시아가 계시되었다(삼하 7:16). 한편 이런 왕적 메시아에 관한 사상은 여러 예언서들 속에서 더욱 심화되고 새로워진 모습으로 전개되었다. 이사야 7장 10-17절에는 임마누엘 예언이 수록되었고 이사야 9장 6절에는 기묘자, 모사, 전능하신 하나님, 평강의 왕으로서의 메시아가 소개되었다. 그리고 예레미야 23장 5-6절에는 의로운 가지로, 이사야 53장 1-9절에는 고난받는 메시아로 설명되어 있다.

3. 예수 당시까지: 유다 왕국 멸망 이후 에스겔 34장 2-24절, 37장 22절에서는 목자로, 다니엘 7장 13절에서는 사람의 아들로 각각 소개되었다. 이스라엘은 바빌로니아, 페르시아, 헬라, 로마로 이어지는 열강의 지배를 받았고, 이방의 압제에 시달리는 동안 이스라엘에는 두 가지 대조적인 메시아 사상이 출현했다. 그중 하나는 고통스럽고 조악한 현실 자체를 무시하고 오직 천상의 왕국, 복된 내세만을 도래케 할 초월적 메시아 사상이다. 또 하나는 이방의 학정을 물리치고 그 땅에 이상 왕국을 건설할 혁명적·정치적 메시아 사상이다. 이 두 사상은 내용상 상반되는 면이 많지만, 메시아를 신적 권능의 소유자 혹은 승리자로 기대하는 면에서는 동일했다. 이런 사상에 빠진 유대인들에게 십자가에 못박혀 죽는 메시아란 상상조차 할 수 없는 것이다.

4. 신약 속의 메시아: 예수의 삶과 가르침, 죽음과 부활을 통해 참다운 메시아관이 비로소 확립되었다. 메시아 예수가 신약성경에는 다음과 같이 다양하게 표현되었다. ① 사람의 아들(인자) ② 하나님의 아들: 독생자요 삼위 하나님 중 한 분으로서의 예수 그리스도(요 3:16; 10:36 등). ③ 주: 만물의 통치자요 교회의 머리 되신 예수(롬 8:34; 골 2:10 등). ④ 구주: 그리스도의 구속 사역과 직결되는 칭호(행 5:31; 요일 4:14 등). 예수는 구약의 선지자직과 제사장직과 왕직을 모두 성취한 분이시다(히 5:1-10).

다니엘의 사자 굴 시련

다니엘은 시기하는 사람들의 모함을 받아 사자 굴에 던져졌다. 그러나 고난 가운데서도 하나님을 믿음으로 구원받았고, 오히려 모함하던 사람들이 사자 밥이 되었다. 이방인 통치자 다리우스는 다니엘을 통해 나타난 이적을 보고 전능하신 하나님을 찬양했다. 에스겔이 예언한 대로 "내가 이방인들이 보는 앞에서 내 거룩함을 너희를 통해 나타낼 때, 그때 비로소 그 이방인들도 내가 주님인 줄 알게 될 것이다"(겔 36:23)라는 말씀이 이루어졌다. 더욱이 바빌로니아에서 포로 생활하고 있는 유대인들이 이방인들에게 하나님의 거룩하심을 나타낼 때, 그때 비로소 유대인들이 유다 땅으로 귀환되리라는 말씀대로(겔 28:25) 하나님은 고레스를 통해 유대인의 유다 귀환 칙령을 내리셨다.

다니엘의 사자 굴 시련 (BC 538, 단 6:3-28)

다니엘은 성령에 붙들림으로 인해[162] 다른 총리나 지방장관들보다 뛰어났다. 다리우스 왕은 그를 세워 나라 전체를 다스리게 하려 했다.[163] 그러자 다른 총리들과 지방장관들은 다니엘이 나랏일을 잘못 처리한 것을 찾아내려 했다. 하지만 아무런 실책이나 허물을 찾지 못했다. 충성된 다니엘은 아무런 실책이나 허물이 없었기 때문이다. 그들은 서로 말했다.

---

162. LXX에는 '자기 안에 성령이 있어서' 또는 '자기 안에 탁월한 영이 있어서'.
163. 갈대아의 분봉왕 다리우스는 BC 539년부터 1년 동안(단 6:2 참조) 다니엘의 탁월한 통치 능력을 보고 BC 538년 다니엘을 수석 총리로 세우려 했다.

"우리가 다니엘의 하나님의 율법과 관련된 잘못을 찾지 못하면 그에게서 어떤 잘못도 찾을 수 없다."

총리들과 장관들이 모여 왕에게 나아가 아뢰었다.

"다리우스 왕이시여, 만수무강하소서. 이 나라 모든 총리들과 대신들과 지방 장관들과 고문관들과 총독들이 의논했는데, 왕께서는 앞으로 30일 동안 왕 외의 다른 신이나 사람에게 기도하는 사람은 사자 굴에 던지기로 한다는 칙령을 내려 강하게 금지하소서. 왕께서 금지령을 확정하시고 그 문서에 왕의 도장을 찍으셔서, 메대와 페르시아의 개정 금지법[164]에 따라 그것을 고치지 못하게 하소서."

다리우스 왕은 그 금지령의 문서에 도장을 찍었다. 다니엘은 금지령 문서에 왕의 도장이 찍힌 것을 알고도 자기 집으로 돌아가 예루살렘을 향하여 2층 방문의 창문을 열고 전부터 늘 하던 대로 하루에 세 번씩 자기 하나님 앞에 무릎 꿇고 앉아 기도하며 감사드렸다. 그때 함께 모함한 자들은 다니엘이 자기 하나님 앞에 기도하며 간구하는 것을 목격하고 왕 앞에 나아가 금지령에 관해 말했다.

"왕이시여, 왕이 금지령에 도장을 찍고 30일 동안 왕 외에 다른 신이나 사람에게 기도하는 사람은 누구든지 사자 굴에 던지기로 하지 않으셨습니까?"

"그 명령은 메대와 페르시아의 법에 따라 확정된 것이고 무효로 할 수 없다."

"왕이시여, 유다에서 포로로 잡혀 온 사람 중 다니엘이 왕을 무

---

164. 속국 갈대아는 고레스 왕이 통치하는 메대와 페르시아의 법이 적용되었다.

시하고 또 왕께서 도장을 찍은 금지령을 어기고서 하루에 세 번씩 기도하고 있습니다."

왕은 그 말을 듣고 몹시 괴로웠지만, 다니엘을 구하기로 마음먹고 애썼다. 해 질 때가 되자 그들이 또 왕에게 와서 말했다.

"왕이시여, 왕께서 아시듯 메대와 페르시아의 법에 의하면 왕이 확정하신 금지령이나 법률은 고칠 수 없습니다."

왕은 어찌할 수 없어 명령을 내렸다. 사람들은 다니엘을 끌고 가서 사자 굴에 던졌다. 왕이 다니엘에게 말했다.

"네가 항상 섬기는 네 하나님이 너를 구해 주시길 빈다."

사람들이 돌 하나를 굴려 와 사자 굴 입구를 막았다. 왕은 자기의 도장과 귀족들의 도장을 그 위에 찍고 봉해 다니엘에게 내린 조치를 바꾸지 못하게 했다. 왕은 궁전으로 돌아가 금식하고 오락을 그치며 그날 밤을 지새웠다. 자기 앞에 아무것도 가져오지 못하게 했다. 그는 잠이 오지 않았다. 이튿날 새벽 왕은 일어나자마자 사자 굴로 갔다. 그 굴 가까이로 가서 슬픈 목소리로 다니엘에게 외쳤다.

"살아 계신 하나님의 종 다니엘아, 네가 항상 섬기는 네 하나님이 너를 사자들로부터 구해 주셨느냐?"

"왕이시여, 만수무강하소서. 나의 하나님이 천사를 보내어 사자들의 입을 막으셨으므로, 사자들이 나를 해치지 못했습니다. 내가 하나님 앞에서 죄가 없다는 사실이 밝혀졌습니다. 왕이시여, 내가 왕 앞에서도 잘못하지 않았기 때문입니다."

왕은 너무나 기뻤다. 그래서 다니엘을 굴에서 끌어올리라고 명령했다. 사람들이 다니엘을 굴 밖으로 끌어올렸는데, 그에게는 아무런 상처도 없었다. 그가 자기 하나님을 믿었기 때문이다. 왕이 명령을 내려 다니엘을 고발했던 사람들을 데려오게 하고, 그들과 그들의 자식들과 아내들을 사자 굴에 던져 넣게 했다. 그들이 굴 밑바닥에 닿기도 전에 사자들이 그들에게 달려들어 그들의 뼈를 모두 부서뜨렸다. 그때 다리우스 왕은 전국 모든 백성과 민족과 언어가 다른 여러 백성에게 조서를 내렸다.

"여러분에게 평안이 넘치기를 바란다. 내가 법령을 공포한다. 내 나라에서 내 통치를 받는 백성은 모두 다니엘이 섬기는 하나님을 반드시 경외하고 두려워해야 한다. 그분은 살아 계신 하나님이시고, 영원히 다스리시며, 그분의 나라는 멸망하지 않는다. 그분의 통치는 무궁할 것이다.[165] 그분은 구원도 하시고 건져 내기도 하시며, 하늘과 땅에서 표적과 기적을 행하시는 분이시기에 다니엘을 사자의 입에서 구해 주셨다."

바로 이 사람 다니엘은 다리우스가 통치하는 동안, 그리고 페르시아의 고레스가 통치하는 동안 형통하였다. (6:3-28)

다리우스는 그해 BC 538년 늙어서 죽고 페르시아 제국의 고레스 왕이 갈대아 지역을 자기 아들 캄비세스를 자신의 대리자로 임명해 통치한다.

---

165. 단 2:19; 3:26; 겔 36:23; 합 2:14 참조.

2

유다 민족의
예루살렘
귀환과
성전 및
성벽 재건축

유다 민족이 바빌로니아에서 귀환하다 (예루살렘 1차 귀환)

　다니엘은 BC 539년 바빌로니아가 멸망하고 신흥 제국 페르시아가 통치를 시작할 때 그의 나이 80세쯤에 유다 민족의 죄에 대한 하나님의 징계를 자신의 죄와 징계로 받아들이며 회개했다. 그리고 예루살렘 귀환을 간구했다. 결국 유다 민족은 바빌로니아에서 70년 동안 포로생활을 하면서 회개하고 하나님의 거룩하심을 나타내며 하나님이 언약하신 예루살렘 귀환을 간구했다. 하나님은 자신의 언약을 기억하시어 유다 민족의 죄를 용서하고 예루살렘으로 귀환시키셨다.

　에스라서는 유다 민족의 예루살렘 1차 귀환(BC 537)부터 예루살렘 성전 재건축(BC 516)까지의 역사 개관(1-6장)과 에스라 자신의 개혁 활동(7-10장)으로 구성되어 있다.

페르시아 왕 고레스 제1년[1]에 주님은 예레미야를 통해 말씀하신 것[2]을 이루시려 페르시아 왕 고레스의 영을 깨우치셨다. 이에 그가 온 나라에 명령하고 조서로 전했다.

"페르시아 왕 고레스는 다음과 같이 선포한다. 하늘의 주 하나님이 땅의 모든 나라를 내게 주셨고, 유다의 예루살렘에 자신의 성전을 건축하라고 명령하셨다. 여러분 가운데 그분의 백성인 사람은 모두 유다에 있는 예루살렘으로 올라가,[3] 이스라엘의 주 하나님의 성전을 건축하라. 그는 예루살렘에 계시는 하나님이시다. 여러분의 주 하나님이 함께하시길 바란다. 남아 있는 백성이 어느 곳에 거주하든지 그 이웃 사람들은 은과 금과 물건과 가축으로 그들을 도와주고, 예루살렘에 세울 하나님의 성전을 위한 예물도 자원해서 주도록 해라."

다니엘은 고레스 왕 제1년(BC 538)까지 관직에 있었다.[4]

그때 유다와 베냐민 가문의 우두머리들과 제사장들과 레위인들이 예루살렘에 있는 주님의 성전을 건축하려고 일어났다. 하나님이 그들 모두의 영을 각성시켰기 때문이다. 그들 주위에 있는 모든 사

---

1. BC 538년. 페르시아 왕 고레스(BC 559-530)가 속국 갈대아를 직접 통치하기 시작한 첫해.
2. 렘 23:3, 7-8; 24:6; 25:11-12; 29:10.
3. 겔 36:24.
4. 다니엘은 BC 538년까지 관직에 있었고 고레스 제3년까지 살아 있었다(단 10:1 참조). 이스라엘 백성에게 예루살렘 귀환 명령이 내려지는 것을 목격하고 함께 기뻐했지만 83세쯤 되어 너무 노쇠하여 함께 귀환하지는 못했다(단 10:4, 8 참조).

람은 성전예물 외에도 은그릇과 금, 물건, 가축 그리고 여러 가지 진귀한 보물을 주어 그들을 도왔다. 페르시아 왕 고레스는 재무관 미드르닷을 시켜, 느부갓네살이 예루살렘에서 가지고 와 자기 신전에 둔 주님의 성전기물을 꺼내 낱낱이 세게 하고, 유다 총독 세스바살[5]에게 넘겨주게 했다. 넘겨준 물품은 다음과 같다. 금접시가 30개, 은접시가 1천 개, 칼이 29자루, 금대접이 30개, 그보다 못한 은대접이 410개, 그 밖에 다른 그릇이 1천 개다. 금그릇과 은그릇은 모두 5,400개다. 세스바살은 포로로 잡혀 온 자들을 바빌로니아에서 예루살렘으로 데리고 올 때 이 그릇을 모두 가지고 왔다.[6]

1차 귀환자 명단 (스 2:1-70)

바빌로니아 왕 느부갓네살에게 사로잡혀 바빌로니아로 끌려온 사람 가운데, 포로에서 해방되어 각 지방을 떠나 예루살렘과 유다에 있는 고향 땅으로 돌아온 사람은, 스룹바벨[7]과 예수아, 느헤미야, 스라야, 르엘라야, 모르드개, 빌산, 미스발, 비그왜, 르훔 그리고 바아나와 함께 왔다. 그 명단과 수는 다음과 같다.

바로스 자손 2,172명, 스바댜 자손 372명, 아라 자손 775명, 바핫

---

5. 고레스가 임명한 유다 총독(스 5:14, 16 참조).
6. 귀환 노래, 〈성전에 올라가는 노래〉(시 126편)
    주께서 시온의 포로를 돌려보내실 때, 우리는 꿈꾸는 자 같았습니다.
    그때 우리 입에는 웃음이 가득하고, 우리 혀에는 찬양이 넘쳤습니다.
    그때 다른 나라 백성들도 말하기를 "주께서 그들을 위하여 큰일을 행하셨다"고 하였습니다.
    주께서 우리를 위하여 큰일을 행하셨으니, 우리는 기뻤습니다.
    주여, 우리의 포로를 남쪽 시내처럼 돌려보내소서.
    눈물을 흘리며 씨를 뿌리는 자는 기쁨으로 거두리로다.
    울며 씨를 뿌리러 나가는 자는 기쁨으로 곡식 단을 가지고 돌아오리로다.
7. 여호야긴 왕의 손자.

모압 자손 곧 예수아와 요압 자손 2,812명, 엘람 자손 1,254명, 삿두 자손 945명, 삭개 자손 760명, 바니 자손 642명, 브배 자손 623명, 아스갓 자손 1,222명, 아도니감 자손 666명, 비그왜 자손 2,056명, 아딘 자손 4,154명, 아델 자손 곧 히스기야 자손 98명, 베새 자손 323명, 요라 자손 112명, 하숨 자손 223명, 깁발 자손 95명이다.

베들레헴 사람 123명, 느도바 사람 56명, 아나돗 사람 128명, 아스마웻 사람 42명, 기랴다림과 그비라와 브에롯 사람 743명, 라마와 게바 사람 621명, 믹마스 사람 122명, 베델과 아이 사람 223명, 느보 사람 52명, 막비스 사람 156명, 다른 엘람 사람 1,254명, 하림 사람 320명, 로드와 하딧과 오노 사람 725명, 여리고 사람 345명, 스나아 사람 3,630명이다.

제사장은 예수아 집안 여다야 자손 973명, 임멜 자손 1,050명, 바스훌 자손 1,247명, 하림 자손 1,017명이다.

레위인은 호다위야의 자손들인 예수아와 갓미엘 자손 74명, 노래하는 사람은 아삽 자손 128명, 성전 문지기는 살룸 자손과 아델 자손과 달문 자손과 악굽 자손과 하디다 자손과 소배 자손인데, 모두 139명이다.

성전 막일꾼은 시하 자손, 하수바 자손, 답바옷 자손, 게로스 자손, 시아하 자손, 바돈 자손, 르바나 자손, 하가바 자손, 악굽 자손, 하갑 자손, 사믈래 자손, 하난 자손, 깃델 자손, 가할 자손, 르아야 자손, 르신 자손, 느고다 자손, 갓삼 자손, 웃사 자손, 바세아 자손, 베새 자손, 아스나 자손, 므우님 자손, 느부심 자손, 박북 자손, 하그바 자손, 할훌 자손, 바슬룻 자손, 므히다 자손, 하르사 자손, 바르고스 자손, 시스라 자손, 데마 자손, 느시야 자손, 하디바 자손이다.

솔로몬을 섬기던 종들의 자손은 소대 자손, 하소베렛 자손, 브루다 자손, 야알라 자손, 다르곤 자손, 깃델 자손, 스바댜 자손, 핫딜 자손, 보게렛하스바임 자손, 아미 자손이다.

이상 성전 막일꾼과 솔로몬을 섬기던 종의 자손은 모두 392명이다.

이 밖에 텔멜라와 델하르사와 그룹과 앗단과 임멜에서 올라온 사람들은 다음과 같다. 그들은 가문이 밝혀지지 않아 이스라엘 자손인지 아닌지 알 길이 없다. 그들은 들라야 자손, 도비야 자손, 느고다 자손인데 모두 652명이다.

제사장의 자손 가운데는 호바야 자손, 학고스 자손, 바르실래 자손도 있다. 이들 가운데 바르실래는 길르앗 지방 사람 바르실래[8] 집안으로 장가들어 장인의 이름을 이어받은 사람이다. 족보를 뒤져 보았지만 그들은 그 조상이 확인되지 않아 제사장 직분을 맡기에는 적합하지 않다고 생각해 그 직분을 맡지 못하게 했다. 유다 총독은 그들에게 우림과 둠밈[9]을 가지고 판결할 제사장이 나타날 때까지는 가장 거룩한 음식은 먹지 말라고 명령했다.

돌아온 회중의 수는 모두 4만 2,360명[10]이다. 그들이 부리던 남녀 종이 7,337명이고 그 밖에 노래하는 남녀가 200명이다.

또 말이 736마리, 노새가 245마리, 낙타가 435마리, 나귀가 6,720

---

8. 삼하 17:27; 19:31-39.
9. 예루살렘에서 하나님의 영광이 떠난 후(겔 8-11장) 우림과 둠밈(하나님의 뜻을 알아내는 도구, 출 28:30) 방법이 사라졌다.
10. 느 7:5-73 참조(총 인원수는 같지만 내용은 같지 않다).

마리다.

어떤 족장들은 예루살렘에 있는 주님의 성전 터에 와서 하나님의 성전을 그곳에 다시 세우려고 예물을 바쳤다. 저마다 힘닿는 대로 건축 기금을 냈다. 금이 6만 1천 다릭, 은이 5천 마네, 제사장의 예복이 100벌이나 되었다.

제사장들과 레위인들과 백성 가운데 몇 사람과 성가대원들과 문지기들과 성전 막일꾼들은 저마다 고향 마을에서 살았다. 모든 이스라엘 사람들은 자기 고향 마을에서 살았다.

제단을 쌓고 번제 드림과 초막절 준수 (스 3:1-7)

이스라엘 자손이 자기 마을에서 살다가 일곱째 달이 되었을 때, 일제히 예루살렘으로 모였다.[11] 예수아(요사닥의 아들)와 그의 동료 제사장들과 스룹바벨(스알디엘의 아들)과 그의 동료들이 모여 이스라엘의 하나님의 제단을 쌓았다. 하나님의 사람 모세의 율법에 규정된 대로 번제를 드릴 수 있게 한 것이다, 그들은 그 땅에 사는 백성들이 두렵기는 했지만, 제단이 있던 옛 터[12]에 제단을 세우고 아침저녁으로 주께 번제를 드렸다. 그들은 율법에 기록된 대로 초막절을 지켰고, 규례대로 매일 정해진 수대로 번제를 드렸다. 그 후에도 그들은 늘 드리는 번제뿐 아니라 초하루 제사와 거룩하게 구별된 주님의 모든 절기 제사와 주님께 자원해 예물을 바치는 제사를 드

---

11. 율법대로 나팔절(레 23:24)과 초막절(신 16:16)을 지키고자 학개와 스가랴 예언자의 메시지를 듣고 각성하여 모인 듯하다.
12. 창 22:2; 신 16:6; 대상 21:26; 대하 3:1.

렸다.

그들은 7월 1일부터 주님께 번제를 드리기 시작했지만, 주님의 성전 기초는 아직 놓이지 않았다. 그래서 그들은 석수와 목수에게 돈을 주고, 시돈 사람과 두로 사람에게는 먹을 것과 마실 것과 기름을 주어 페르시아 왕 고레스가 허락한 대로 백향목을 레바논에서 바닷길로 욥바까지 가져오게 했다.

예루살렘 성전 재건축공사

BC 966년경 솔로몬이 예루살렘 성전을 건축하고 있을 때, 하나님이 솔로몬에게 말씀하시기를 "네가 이제 이 성전을 건축하니 네가 만일 내 법도를 따르고 내 율례를 행하며 내 모든 계명을 지켜 그대로 행하면, 내가 네 아버지 다윗에게 한 말을 네게 확실히 이룰 것이요, 내가 또한 이스라엘 자손 가운데 거하며 내 백성 이스라엘을 버리지 아니하리라"(왕상 6:12-13) 하셨다. 성전 예배의 중요성 못지않게 율법적 삶의 예배의 중요성을 강조하신 것이다. 그리고 하나님의 백성이 성도의 자세를 망각하고 다른 신을 섬기며 하나님의 계명과 법도를 버리면 "내가 거룩하게 구별한 이 성전이라도 내 앞에서 던져 버리겠다"(왕상 9:7)고 솔로몬에게 경고하셨다.

그 후 380여 년이 지나 이스라엘 백성이 하나님을 버리고 우상숭배하며 이웃을 억압, 착취, 살인하자, 하나님은 경고하신 대로 바빌로니아를 통해 예루살렘 성전을 무너뜨리고 유다 왕국을 멸망시키셨다. 그러나 바빌로니아도 우상숭배하며 억압 착취하자 하나님은 고레스를 통해 바빌로니아를 멸망시키고 페르시아를 세워 중동 세계를 재편하시면서 유대인을 귀환시켜 성전을 재건축하게 하셨다. 성전은 하나님께 예배드리고 그분께 영광을 돌리며 그분의 통치를 드러내는 곳이라는 사실을 유대인들은 깨닫고 하나님께 돌아와(욜 2:12 참조) 솔로몬 성전이 무너진 자리에 새로운 성전 건축을 시작했다.

예루살렘 제2성전 건축공사 착공 (BC 536, 스 3:8-13)

백성이 하나님의 성전을 건축하기 위해 예루살렘으로 돌아온 지 2년째 되는 해 2월, 스룹바벨(스알디엘의 아들)과 예수아(요사닥의 아들)와 나머지 형제 제사장들과 레위인들과 포로로 잡혀갔다가 예루살렘으로 돌아온 사람들이 모두 공사를 시작했다. 그들은 20세가 넘는 레위인들을 세워 주님의 성전 건축을 감독하게 했다. 예수아와 그의 아들들과 그의 친족과 갓미엘과 그의 아들들과 유다 자손이 한마음 한뜻으로 하나님의 성전 건축공사를 감독했다. 레위인 헤나닷의 아들과 손자와 친족들도 그들과 함께했다.

건축자들이 주님의 성전에 기초를 놓을 때, 예복을 입은 제사장들은 나팔을 들고, 레위인 가운데 아삽 자손들은 심벌즈를 들고, 이스라엘 왕 다윗이 지시한 대로 서서 저마다 주님을 찬양했다. 그들은 서로 화답하면서 "주님은 진실로 선하시므로 이스라엘에게 영원히 인자하시다"라고 주님을 찬양하며 감사 찬송을 불렀다. 모든 백성은 주님의 성전 기초가 놓인 것을 보고 큰 소리로 주님을 찬양했다. 그러나 처음 성전[13]을 보았던 나이 많은 제사장들과 레위인들과

13. 솔로몬 성전.

가문의 우두머리들은 성전 기초가 놓인 것을 보고 크게 통곡했다.[14] 다른 쪽에서는 많은 사람들이 기뻐하며 크게 함성을 질렀다. 소리를 멀리서도 들을 수 있었는데 환호와 통곡이 뒤섞여 백성들은 그것이 어떤 소리인지 구별할 수 없었다.

예루살렘 제2성전 건축공사 중단 (스 4:1-5; 스 4:24)

포로로 잡혀갔던 자들의 자손들이 이스라엘의 주 하나님의 성전을 건축한다는 말을 유다와 베냐민의 적들[15]이 듣고서 스룹바벨과 각 가문의 우두머리들에게 와서 말했다.

"우리도 여러분과 함께 성전을 짓게 해주시오. 우리도 여러분과 마찬가지로 여러분의 하나님을 섬겼습니다. 앗시리아 왕 에살핫돈[16]이 우리를 여기로 데려왔을 때부터 이제까지 그 하나님께 줄곧 제사드려 왔습니다."

스룹바벨과 예수아를 비롯한 이스라엘 각 가문의 우두머리들이 그들에게 대답했다.

"우리가 우리 하나님의 성전을 건축하는 것은 여러분과는 상관없는 일이오. 페르시아 왕 고레스가 우리에게 명령한 대로 이스라엘의 주 하나님의 성전을 건축하는 것은 오직 우리가 할 일이오."

이 말을 들은 그 땅 백성은 성전 건축공사를 방해하며 유다 백성의 사기를 떨어뜨렸다. 그들은 고문관들에게 뇌물을 주면서까지 성

---

14. 성전 기초의 규모가 50년 전 보았던 솔로몬 성전과 비교하면 보잘것없어 통곡했다(학 2:3; 슥 4:10 참조).
15. 북이스라엘이 앗시리아 제국에게 멸망(BC 722)한 뒤 사마리아 지역에 이주된 이방인들.
16. BC 680-669년.

전 건축계획을 추진하지 못하게 했다. 페르시아 왕 고레스의 모든 통치 기간과 페르시아 왕 다리우스가 즉위할 때까지 그렇게 했다. 그래서 예루살렘에 있는 하나님의 성전 건축공사는 페르시아 왕 다리우스 2년(BC 520)까지 중단되었다.

예루살렘 성전 재건축공사는 페르시아 왕 고레스(BC 559-530 재위) 3년 (BC 536)부터, 캄비세스(BC 530-523 재위), 스멜디스(BC 523-522 재위)를 거쳐 다리우스(BC 522-486 재위) 2년(BC 520)까지 16년 동안 중단되었다. 성전 기초공사는 BC 520년 다시 시작된다(학 2:18).

다니엘의 미래 유다 역사 환상

하나님의 주권적 섭리에 의해 유다 백성이 고레스 칙령으로 포로생활에서 해방되어 예루살렘으로 귀환한 다음 해, 다니엘은 85세쯤 된 고령의 나이로 페르시아에 남아 유다와 그 주변 국가에서 일어날 환상을 보았다. 나이 많은 사도 요한이 미래의 세계 역사에 관한 계시록 환상을 본 것과 같다. 하나님은 예언자에게 그 일을 미리 보여 주지 않고서 그 일을 행하지 않으신다(암 3:7 참조). 다니엘이 환상을 통해 본 유다의 미래 역사는 북쪽 시리아의 셀류쿠스 왕조와 남쪽 이집트의 프톨레미 왕조가 다툰 패권쟁탈을 중심으로 하는 신구약 중간기의 유다 역사 이해와 메시아의 초림과 재림에 관한 하나님의 주권적 역사 섭리 이해에 중요하다.

페르시아 왕 고레스 제3년[17]에 벨드사살이라고 하는 다니엘이 말씀을 받았다. 그 말씀은 참되며, 큰 전쟁에 관한 것이었다. 그는 환상을 깨닫는 총명이 있어 그 뜻을 깨달았다.

그때 나 다니엘은 3주 동안 고행했는데,[18] 3주 동안 맛있는 빵을 먹지 않고 고기와 포도주도 입에 대지 않았다. 기름도 전혀 바르지 않았다.

1월 24일 나는 큰 강 힛데겔[19] 가에 있었다. 그때 내가 눈을 들어 보니, 한 사람이 모시옷을 입고 우바스의 금으로 만든 허리띠를 동이고 있었다. 그의 몸은 녹주석 같고 그의 얼굴은 번갯불 같았다. 눈은 횃불 같고 팔과 발은 빛나는 놋쇠 같았다. 그의 음성은 군중의 함성과 같았다.

나 다니엘만 그 환상을 보았다. 나와 함께 있던 사람들은 너무나 무서워 도망쳐 숨어 그 환상을 보지 못했다. 나 혼자만 남아서 그 큰 환상을 보았는데, 남은 힘이 없어서 얼굴은 창백하게 되었고 아무 힘도 쓸 수 없었다. 그때 나는 그의 음성을 들었다. 내가 그의 음성을 들었을 때, 얼굴을 땅에 대고 깊이 잠들어 버렸다.[20] 그런데 한 손이 나를 어루만지며 내 무릎과 손을 흔들어 일으켰다. 그[21]가 내게 말했다.

---

17. BC 536년. 다니엘은 고레스왕 1년(BC 538)까지 관직에 있었고(단 1:21) 은퇴 2년 후 지금은 85세쯤 되었다.
18. 단 10:12 참조.
19. 티그리스(창 2:14 참조).
20. 단 8:18 참조.
21. 가브리엘 천사.

"은혜 받은 사람아, 내가 네게 말하는 것을 이해하고 네 자리에서 일어서라. 하나님이 나를 지금 네게 보내셨다."

그가 내게 이 말을 할 때 나는 떨면서 일어섰다. 그가 내게 말했다.

"두려워하지 마라, 다니엘아. 네가 이 일을 깨달으려고 하나님 앞에서 스스로 겸손하기로 결심한 그 첫날부터 네 말이 응답받았다. 나는 네 말 때문에 왔다. 그러나 페르시아 왕국의 군주[22]가 21일 동안 내 앞을 막아 나는 페르시아 왕들과 함께 남아 있었다. 그런데 가장 높은 군주 가운데 하나인 미가엘이 와서 나를 도와주었다. 내가 온 목적은 마지막 때[23] 네 백성에게 일어날 일을 네가 깨닫게 해주려는 것이다.[24] 이 환상은 앞으로 일어날 일에 관한 것이다."

그가 내게 이 말을 할 때 나는 얼굴을 땅으로 향하고 침묵했다. 그때 사람의 아들처럼 생긴 분이 내 입술을 만져서, 내가 입을 열어 내 앞에 서 있는 이에게 말했다.

"주님, 내가 환상을 보고 충격을 받아 힘을 쓸 수 없습니다. 나는 지금 힘이 남아 있지 않고 숨도 남아 있지 않습니다. 그런데 주님의 종인 내가 어떻게 주님께 말씀을 나눌 수 있겠습니까?"

사람처럼 생긴 분이 나를 다시 어루만지고 나를 강하게 해주며 말했다.

"은혜 받은 사람아, 두려워하지 마라. 평안하여라. 강건하고 강건

---

22. 천사장.
23. 구약시대의 끝. 단 8:17, 19, 23; 행 3:24 참조.
24. 암 3:7 참조.

하여라."

그가 내게 말하자 나는 강해졌다.

"주님이 나를 강하게 해주셨으니, 내게 말씀하소서."

"내가 네게 왜 왔는지 아느냐? 나는 이제 돌아가 페르시아의 군주와 싸워야 한다. 내가 나가면 그리스의 군주가 올 것이다.[25] 나는 '진리의 책'에 기록된 것을 네게 알려 주려고 한다.[26] 너희 군주 미가엘 외에는 아무도 나를 도와 그들을 대적할 자가 없다.[27] 메대 사람 다리우스 1년에 내가 그를 도와서 강하게 해준 적이 있다.[28] (10:1-11:1)

이제 내가 네게 진실을 말해 주겠다. 보라, 페르시아에 세 왕[29]이 일어날 것이고, 그 후 넷째[30]는 다른 누구보다 큰 재물을 모을 것이다. 그가 재물로 강해지면, 모든 사람을 선동해 그리스 왕국을 침공할 것이다.[31] 그러나 그리스에는 힘 있는 왕[32]이 일어나 큰 권력을 쥐고 통치하면서 자기 마음대로 할 것이다. 그러나 그의 권세가 끝날 때[33]가 되면, 그의 나라가 분열해 천하 사방으로 나뉠 것이다.[34] 그의 자손은 그 나라를 물려받지 못하고, 그가 누리던 권세도 누리지 못

25. 그리스의 페르시아 정복.
26. 암 3:7 참조.
27. 미가엘 천사장만이 가브리엘 천사를 도와 대적할 수 있다.
28. BC 538년. 단 6:3-28 참조.
29. 캄비세스(BC 529-524), 스멜디스(BC 523-522), 다리우스 히스파스티스(BC 522-486).
30. 크세르크세스(아하수에로, BC 486-465).
31. BC 480년 9월 페르시아가 그리스를 재침략한다.
32. 알렉산더.
33. BC 323년 알렉산더의 죽음. 알렉산더 대왕은 죽으면서 '내 두 빈 손을 관 밖에 내놓으라'는 유언을 남겼다.
34. 118쪽 난하주 122 참조. 유다는 BC 323년부터 197년까지 125년 동안 이집트의 프톨레미 왕조의 지배를 받으며 헬라문화에 동화된다.

할 것이다. 그의 나라가 뽑혀 그의 자손이 아닌 다른 사람들에게 넘어갈 것이기 때문이다. 남쪽 왕[35]이 강해질 때 장군 가운데 하나[36]가 그보다 더 강해져 더 큰 나라를 다스릴 것이다. 그의 권세는 매우 클 것이다. 몇 년 뒤 그들은 동맹을 맺고, 남쪽 왕은 자기 딸을 북쪽 왕과 결혼시켜 서로 화친할 것이다.[37] 그러나 그 여인은 권세를 쥐지 못하고, 왕자를 낳아도 그 왕자는 세자가 되지 못할 것이다. 그 여인과 그 여인의 참모들과 그 여인을 낳은 자와 그 여인을 돕던 자들이 다 버림받을 것이다. 그러나 그 여인의 뿌리에서 난 자손 가운데 한 사람[38]이 왕위를 이어받을 것이다. 북쪽 왕의 군대를 공격할 것이고, 요새에 쳐들어가 그들을 이길 것이다.[39] 그가 그들의 신들과 부어 만든 신상들과 귀중한 은그릇과 금그릇들을 노획해 이집트로 가져갈 것이다. 몇 해 동안 평화가 계속된 후 북쪽 왕이 남쪽 왕의 나라를 치겠지만, 결국 자기 땅으로 퇴각할 것이다. 그 후 북쪽 왕의 아들들[40]이 전쟁하려고 많은 병력을 모을 것이다. 그들 가운데 하나[41]가 물밀듯이 쳐들어가 남쪽 왕의 요새를 쳐부술 것이다. 그때 남쪽 왕이 격분하며 나아가 북쪽 왕과 싸울 것이다. 이때 북쪽 왕이 많은 군대

---

35. 이집트의 프톨레미 1세(BC 323-283).
36. 셀류코스 니카토르(BC 311-287).
37. 프톨레미 2세는 BC 250년 그의 딸 베레네스를 안티오코스 2세인 데오스와 결혼시켰으나, 데오스의 전처 라오디스가 베레네스와 그녀의 아이와 남편 안티오코스 2세를 살해하고 자기 아들 셀류코스 칼리쿠스를 왕으로 즉위시켰다. 프톨레미 2세는 알렉산드리아 도서관을 건축하고 구약의 히브리어를 헬라어로 번역하게 하여 70인역(LXX)을 세상에 나오게 했다.
38. 프톨레미 3세(유엘게테스).
39. BC 246년 프톨레미 3세(유엘게테스)가 자기 누이 베레네스의 원수를 갚기 위해 셀류코스 칼라니쿠스를 공격하여 시리아를 정복하고 라오디스를 처형했다.
40. 셀류코스와 안티오코스 3세.
41. 안티오코스 3세.

를 일으키겠지만, 그 큰 군대는 남쪽 왕의 손에 넘어가 포로가 될 것이다.[42] 남쪽 왕이 그 큰 군대를 사로잡을 때 그의 마음이 교만해져, 수많은 사람을 쓰러뜨리고도 승리를 차지하지 못할 것이다. 북쪽 왕은 돌아가서 처음보다 더 많은 군대를 일으킬 것이다. 몇 해가 지난 후 큰 군대와 장비를 이끌고 올 것이며, 그때 많은 사람이 일어나서 남쪽 왕을 칠 것이다.[43]

너희 백성 가운데서도, 난폭한 사람들[44]이 나서 환상에서 본 대로 이루려고 하겠지만, 그들은 실패할 것이다. 그때 북쪽 왕이 와서 흙 언덕을 쌓고, 요새화된 성읍을 빼앗을 것이다. 남쪽 군대는 북쪽 군대를 당해 낼 수 없을 것이며, 남쪽의 정예부대도 북쪽 군대를 당해 낼 힘이 없을 것이다. 북쪽 침략자들은 남쪽 사람들을 자기들 뜻대로 억압하겠지만, 아무도 그들을 당해 내지 못할 것이다. 그들은 영광스러운 땅에 설 것이며, 그 땅을 완전히 장악할 것이다.[45] 북쪽 왕은 자기 나라의 군사력을 이용해 남쪽 왕과 화친할 것이고,[46] 남쪽 왕에게 딸[47]을 주어서 그 왕국을 멸망시키려 할 것이다. 그러나 그 일은 이루어지지 않고 그에게 도움도 되지 못할 것이다. 그 후 그는 해변 지역[48]으로 방향을 돌려 여러 지역을 점령할 것이다. 그러

---

42. BC 217년 안티오코스 3세의 군대는 프톨레미 4세 필로파토스에게 라피아 전투에서 격파된다. 그러나 이집트는 세력이 약해졌고, 유다는 BC 204년부터 북쪽 시리아의 안티오코스의 지배를 받는다.
43. BC 197년 안티오코스 3세가 프톨레미 5세의 이집트 군대를 격파했다.
44. 유대인 중에서 안티오코스 3세에게 협력한 사람들.
45. BC 197년 안티오코스 3세의 예루살렘 정복.
46. BC 197년 안티오코스 3세가 프톨레미 5세와 평화조약 체결.
47. 클레오파트라.
48. 소아시아의 해안 지역.

나 한 장군[49]이 나타나 그를 꺾어서 그가 더 이상 모욕을 주지 못하게 하고, 그 모욕이 그 자신에게로 되돌아가게 할 것이다. 그가 자기 땅에 있는 요새로 돌아가겠지만, 실패하고 쓰러져 나타나지 못하게 될 것이다.[50] (11:2-19)

그의 뒤를 이어서 세금 징수원이 왕이 될 것인데 몇 날 안 되어 살해될 것인즉, 분노하거나 싸움이 없이 아무도 모르게 살해될 것이다.[51]

그의 뒤를 이어 어떤 비열한 사람[52]이 왕이 될 것이다. 그는 왕이 될 자격이 없음에도 은밀하게 들어와 술책을 써서 왕권을 잡을 것이다. 홍수와 같은 힘을 가진 군대[53]의 세력도 그 앞에서는 패하고 깨질 것이고, 동맹을 맺은 통치자[54]도 그렇게 될 것이다. 그는 작은 나라를 다스리는 통치자이지만, 다른 나라들과 동맹을 맺고 속임수를 써서 점점 강해질 것이다. 그는 선전포고도 하지 않고 가장 부유한 지방으로 슬그머니 쳐들어가 그의 조상이나 그 조상의 조상도 하지 못한 일을 할 것이다. 추종자들에게 전리품과 노략물과 재물을 나누어 주고, 요새를 공격할 계획을 꾸밀 것이다. 그러나 그의 통치 기간은 얼마 되지 않을 것이다. 그는 남쪽 왕을 치려고 힘과 용기를 내

---

49. 로마의 루키우스 스키피오(BC 190).
50. 안티오코스 3세가 이집트 원정 계획을 바꾸어 BC 197년 서쪽 소아시아 해안 지역을 점령했지만, BC 190년 막네시아 전투에서 로마 군대의 루키우스 스키피오 장군에게 패배하고 귀국 후 죽는다. 이때 둘째 아들 안티오코스 에피파네스는 로마에 14년 동안 인질로 잡혀간다.
51. 셀류코스 4세 필라파트르(BC 185-175)는 직속 부하 헬리오도루스에게 암살됨.
52. 셀류코스 4세의 동생 안티오코스 에피파네스(BC 175-164).
53. 헬리오도루스의 군대 또는 프톨레미 6세 필로메토르의 군대.
54. 대제사장 오니아스 3세 또는 프톨레미 6세 필로메토르.

어 큰 군대를 일으킬 것인데, 북쪽 왕이 음모를 꾸며 남쪽 왕을 치려 하므로 남쪽 왕도 매우 크고 강한 군대로 전쟁 준비를 할 것이다. 하지만 그를 대항할 수 없을 것이다. 남쪽 왕과 함께 왕실 음식을 먹는 사람들이 남쪽 왕을 쳐부수어[55] 남쪽 왕의 군대는 패할 것이고 많은 군인이 칼에 찔려 쓰러질 것이다. 그때 그 두 왕이 한 식탁에 앉지만 그들의 마음이 악해 서로 거짓말을 주고받을 것이고,[56] 정해진 종말의 때[57]가 되지 않아서 원하는 바를 얻지 못할 것이다. 북쪽 왕은 많은 전리품을 가지고 자기 땅으로 돌아가겠지만, 그에게는 거룩한 언약을 거역하려는 마음이 있어 자기 마음대로 행하고서야 자기 땅으로 돌아갈 것이다.

정해진 때 그가 다시 남쪽으로 내려가 이집트를 칠 것이다. 그러나 그때는 처음과 같지 않을 것이다. 깃딤의 배[58]들이 그를 치러 올 것이므로 그는 낙심해 퇴각할 것인데, 거룩한 언약을 맺은 사람들에게 분풀이하고 자기 나라로 돌아갈 것이다. 그러고는 거룩한 언약을 저버린 사람들을 좋게 생각할 것이다.[59] 그는 군대를 일으켜 성전과 요새를 더럽히고, 날마다 드리는 제사를 없애고, 멸망하게 하는 혐오스러운 것을 성전에 세울 것이다.[60]

---

55. 프톨레미 6세의 참모들이 에피파네스에게 매수당해 프톨레미 6세를 배신하여 그를 포로로 잡는다.
56. 프톨레미 6세는 포로 상태에서 에피파네스와 협약해 이집트를 멤피스 중심의 프톨레미 6세 왕국과 알렉산드리아 중심의 프톨레미 7세 피스콘(BC 170-117) 왕국으로 분리한다.
57. 구약시대의 마지막 때. 단 8:17, 19, 23; 행 3:24 참조.
58. 키프로스에 주둔해 있던 로마 군함.
59. 메넬라우스를 대제사장으로 임명함.
60. 안티오코스 에피파네스는 BC 167년 예루살렘 성전에 제우스 신상을 세워 유대인을 강제로 헬레니즘에 동화시키고 유대 민족성 말살 정책을 추진했다. 이 사건이 계기가 되어 유대인들은 마카비우스 주도의 항쟁을 일으켜 승리하고 100년 동안 독립국가를 유지한다.

그는 속임수를 써서 언약을 거역하는 자들을 유혹하겠지만, 하나님을 아는 백성은 담대하게 버텨 나갈 것이다. 그 백성 가운데 지혜 있는 자들이 많은 사람을 깨우치겠지만, 그들은 오랫동안 칼에 쓰러지고 화형당하고 포로로 잡혀가고 약탈당할 것이다. 그들이 환난 받을 때 조금의 도움은 받겠지만 많은 사람들은 술책을 쓰며 적군과 연합할 것이다. 그러나 지혜 있는 자들 가운데 몇 사람은 환난을 통해 연단되고 순결하게 되어 끝까지 깨끗하게 남을 것이다.[61] 정해진 끝날이 올 때까지 이런 일이 계속될 것이다. (11:20-35)

그 북쪽 왕은 자기 마음대로 하고 스스로를 높이며 모든 신보다 자기를 크다고 할 것이다. 괴상한 말로 신 중의 신을 대적할 것이며, 형통은 하겠지만 마침내 하나님의 진노가 이루어질 것이다.[62] 하나님은 정하신 것을 반드시 이루시기 때문이다. 그는 자신을 모든 것보다 위대하다고 하므로, 자기 조상의 신들이나 여자들이 사모하는 신들을 섬기지 않을 것이다. 그 어떤 신도 섬기지 않을 것이다. 그 대신 요새의 신을 공경할 것이고, 그의 조상이 알지 못하던 신을 섬기며 금과 은과 보석과 진귀한 것들을 바칠 것이다. 그는 이방 신의 도움을 받아 요새를 강화하고, 자기를 알아주는 사람을 크게 예우해서 그들로 하여금 많은 사람을 다스리게 할 것이며, 돈을 받고 땅을 나눠 줄 것이다. 북쪽 왕의 마지막 때가 올 무렵에 남쪽 왕이 그를 공격하겠지만, 북쪽 왕은 전차와 기마병과 많은 배로 돌진해 여러 지역으로 쳐들어가 휩쓸고 지나갈 것이다. 그가 영광스러운 유다 땅까지 쳐들

---

61. 슥 13:9 참조.
62. 잠 21:4; 24:1, 19; 시 73:3.

어가서 많은 사람을 죽이겠지만, 에돔과 모압과 암몬 백성의 지도자들은 그의 손에서 도망할 것이다. 그가 자기 손을 뻗어 여러 나라를 치면, 이집트도 피하지 못할 것이다. 그는 이집트의 금과 은과 모든 보물을 탈취할 것이고, 리비아 사람과 에티오피아 사람도 그의 종이 될 것이다. 동쪽과 북쪽에서 온 소식이 그를 당황하게 하겠지만, 그가 크게 분노해 많은 사람을 죽이고 멸망시킬 것이다. 그리고 자기의 왕실 장막을 바다와 아름답고 거룩한 산 사이에 세울 것이다. 하지만 그의 끝이 올 것인즉,[63] 아무도 그를 돕지 않을 것이다." (11:36-45)

그때[64] 네 백성[65]을 지키는 위대한 천사장 미가엘이 나타날 것이다.[66] 나라가 생긴 뒤로 그때까지 없던 환난이 올 것이다. 그러나 그 책[67]에 기록된 네 백성은 모두 구원받게 될 것이고, 땅속 티끌 가운데서 잠자는 자들 중 많은 사람이 깨어날 것이다. 그런데 어떤 사람은 영원한 생명을 얻겠지만, 어떤 사람은 수치와 영원한 부끄러움을 받을 것이다. 지혜 있는 사람은 하늘의 빛처럼 빛날 것이요, 많은 사람을 옳은 길로 인도한 사람은 별처럼 영원히 빛날 것이다. 너 다니엘아, 끝날까지 이 말을 비밀로 하고 이 책을 봉해 둬라.[68] '많은 사람들이 제정신을 차리고, 땅은 악으로 가득할 때까지다.'[69] (12:1-4)

---

63. 안티오코스 에피파네스는 파르티아와 아르메니아의 반란 소식을 듣고 그들을 토벌하러 가다가 죽는다.
64. 7년 대환난은 3년 반씩 전기와 후기로 나누어지는데 후기 3년 반 때, 곧 그리스도 재림 직전의 환난 때.
65. 단 11:32 참조.
66. 계 12:7 참조.
67. 계 20:12 참조.
68. LXX. 계 22:10 참조.
69. LXX. 단 12:10 참조. 히브리 성경은 '많은 사람들이 왔다 갔다 하며 지식이 많아질 것이다'라고 번역('많은 사람들이 지식을 얻으려고 왔다 갔다 할 것이다'라는 뜻).

그때 나 다니엘이 보니 다른 두 사람이 서 있는데, 한 사람은 강 이쪽 언덕에 서 있고 다른 한 사람은 강 저쪽 언덕에 서 있었다. 한 사람이 강물 위쪽에 서 있는 모시옷 입은 사람에게 말했다.

"이런 놀라운 일의 종말이 언제입니까?"

내가 들으니, 강물 위쪽에 있던 모시옷 입은 사람이 자기 오른손과 왼손을 하늘로 쳐들고, 영원히 살아 계신 분에게 맹세하면서 말했다.

"한 때와 두 때와 반 때가 지나 거룩한 백성의 권세가 소진되어 끝날 때, 이 모든 일이 이뤄질 것이다."

나는 듣기는 했으나 이해할 수 없어서 물었다.

"주님, 이 일의 종말이 어떻게 됩니까?" [70]

"다니엘아, 네 길을 가거라. 이 말은 끝날까지 비밀이고 또한 봉해져 있기 때문이다. 많은 사람들이 연단을 받아 자신을 정결하게 하고 깨끗하게 하겠지만, 악인들은 악을 행할 것이다. 악인은 아무것도 깨닫지 못하지만, 지혜 있는 사람들은 깨달을 것이다. 날마다 드리는 제사가 없어지고, 멸망하게 하는 혐오스러운 것이 세워질 때부터 1,290일[71]이 지나갈 것이다. 1,335일이 되기까지[72] 기다리는 사람은 복이 있을 것이다. 종말이 이뤄지기까지는 아직 여러 날이 남았을 것이다.[73] 너는 평안히 쉬다가 끝날에는 일어나 네 보상을 받

---

70. 마 24:3; 막 13:4; 눅 21:7.
71. 적그리스도에 의한 대환난 때부터 그리스도의 재림까지. 다니엘서의 1,290일은 바빌로니아 력이고, 요한계시록 12장 6절의 1,260일은 요한계시록 13장 5절의 42개월과 동일한 3년 6개월이다.
72. 적그리스도에 의한 환난이 끝나고 새 하늘과 새 땅이 오기까지(마 24:13; 계 21:1 참조).
73. LXX (KJV에는 '너는 끝날까지 네 길을 가거라'.)

을 것이다." _(단 12:5-13)

예루살렘 성전 재건축공사 재개

포로생활에서 해방되어 유다 땅으로 귀환한 유다 공동체의 귀환 제일 목적은 예루살렘 성전 재건축이다. BC 587년 예루살렘이 바빌로니아 군대의 공격으로 함락되고 유다 왕국이 멸망할 때 예루살렘 성전이 붕괴되었던 것이다. 유대인들은 귀환 1년 후(BC 536) 성전 건축을 시작했지만, 사마리아인 등 그 땅에 살고 있던 민족들의 방해로 16년 동안 성전 건축공사가 중단되었다. 유다 백성이 성전 건축공사를 하지 못하게 되자 "성전이 지어질 때가 되지 않았다"고 제멋대로 상황을 해석하는 사회 분위기로 바뀌면서 각자 잘 먹고 잘 사는 일에 몰두해 버렸던 것이다. 이스라엘 백성이 출애굽 후 광야생활이 괴로워지자 가나안 정복의 꿈이 시들고 가나안으로 인도하던 지도자 모세를 원망하며 옛 이집트의 세속적인 삶을 동경한 것과 같다. 이제 유다 백성의 주된 관심사는 황폐해진 성전의 복구가 아니라, 페르시아에서 누렸던 잘 꾸민 자기 집과 풍요로운 삶의 추구가 되어 버렸다.

그들은 성전 건축이라는 시대적 소명을 저버리고 하나님의 나라와 하나님의 의를 먼저 구하지 않음으로 가뭄, 기근, 궁핍 등 하나님의 징계를 받으면서도 그 원인을 깨닫지 못한 채 16년 동안 가난에 찌들린 삶을 살았다_(학 1:9-11; 2:16-17; 슥 8:10). 하나님은 유대인들에게 귀환 소명을 각성시키려 흉년이 들게 했지만, 유대인들은 고난을 당하면서도 귀환 소명의 중요성을 깨닫지 못했던 것이다. 그러다 마침내 하나님이 보내신 예언자 학개와 스가랴를 통해 들려오는 '성전을 건축하라'는 말씀을 받아들이고 BC 520년 성전 재건축공사를 다시 시작했다.

그때[74] 학개 예언자와 스가랴(잇도의 손자) 예언자가 이스라엘의 하나님의 이름으로 유다와 예루살렘에 사는 유대인들에게 예언했다.

학개 예언자는 4개월 동안 네 차례 예언 사역을 했다. 첫 번째(학 1:1-15)는 '성전을 건축하라'고 했고, 50일이 지나 두 번째(학 2:1-9)는 '성전 건축 방해꾼들을 두려워하지 말라'고 했으며, 그 후 2개월이 지나 세 번째(학 2:10-19)는 '하나님이 성전 건축공사를 착공하는 날부터 복을 내리시겠다고 약속하셨다'고 예언했고, 네 번째(학 2:20-23)는 '하나님이 하늘과 땅을 진동시키고 열국의 보좌를 흔들어 그 세력을 소멸시키겠지만, 성전 건축을 시작한 스룹바벨을 하나님의 옥새 반지로 삼으시겠다고 약속하셨다'는 것이다.

다리우스 왕 2년 6월 1일, 주님의 말씀이 학개 예언자에게 들렸다. 스룹바벨(스알디엘의 아들) 유다 총독[75]과 여호수아(여호사닥의 아들) 대제사장에게 전하라는 말씀이었다.[76]

"만군의 주께서 이렇게 말씀하셨다. 이 백성이 말하기를 '주님의

---

74. 다리우스왕 2년(BC 520).
75. 스룹바벨은 유다 총독 세스바살(스 1:8; 5:14)의 후임으로 임명받은 듯하다.
76. 67년 전(BC 587) 유다 지도자들의 타락으로 유다 왕국이 멸망하고 예루살렘 성전이 파괴되었으므로, 유다 공동체가 회복되고 성전이 재건축되려면 지도자들부터 각성해야 한다.

성전이 지어질 때가 되지 않았다'고 한다."

주님의 말씀이 학개 예언자에게 들렸다.

"성전이 황폐해졌는데, 너희가 잘 꾸민 집에 살 때냐? 만군의 주께서 이렇게 말씀하셨다. 너희 삶을 돌아봐라. 너희가 씨앗을 많이 뿌렸어도 열매를 적게 거뒀고, 먹어도 배부르지 않았으며, 마셔도 취하지 않았고, 입어도 따뜻하지 않았다. 품꾼이 품삯을 받아도 구멍 난 주머니에 넣는 것같이 되었다. 만군의 주께서 말씀하셨다. 너희 삶을 돌아봐라.

너희는 산에 올라가 나무를 가져와 성전을 지어라. 그러면 내가 그 성전 때문에 기쁘겠고 영광을 받을 것이다. 주님의 말씀이다.

너희가 씨앗을 많이 뿌렸으나 수확은 적었고, 너희가 적은 수확을 집으로 가져갔으나 내가 그것도 불어 버렸다. 그 까닭이 무엇이냐? 만군의 주가 말한다. 내 집이 황폐해졌는데 너희는 저마다 제 집 짓기에만 바빴기 때문이다. 그래서 너희 때문에 하늘은 이슬을 그쳤고 땅은 식물 자라게 하기를 그쳤다. 내가 땅과 산과 곡식과 새 포도주와 기름과 땅에서 나는 모든 것과 사람과 짐승과 너희가 손으로 수고한 모든 것 위에 가뭄이 들게 했다."

스룹바벨(스알디엘의 아들)과 여호수아(여호사닥의 아들) 대제사장과 백성의 모든 남은 자들이 그들의 주 하나님이 보내신 학개 예언자의 말을 통해 그들의 주 하나님의 음성을 듣고[77] 주님을 두려워했다. 주님의 특사 학개는 주님의 명령을 백성에게 말했다.

---

77. 살전 2:13 참조.

"내가 너희와 함께한다. 주님의 말씀이다."

주께서 스룹바벨(스알디엘의 아들) 유다 총독의 영과 여호수아(여호사닥의 아들) 대제사장의 영과 백성의 모든 남은 자들의 영을 감동시켜 그들은 예루살렘에 있는 그들의 만군의 주 하나님의 성전을 다시 건축하기 시작했다. 때는 다리우스 왕 2년 6월 24일이었다. 하나님의 예언자들[78]도 그들과 함께하며 그들을 도왔다. (학 1:1-15; 스 1:2)

유다 백성이 최고 지도자들부터 각성하여 성전 건축을 다시 시작하자 이번에는 안으로부터의 방해꾼들이 나타났다. 70세가 넘은 나이 많은 장로들은 건축되고 있는 성전 건물이 자기들이 기억하고 있던 옛 성전보다 규모가 작고 초라하다고 비웃었다. 그들은 16년 전에도 새 성전 착공의 기초석을 놓는 기쁜 축제일에 그 규모가 옛 성전에 비해 초라하다고 비웃으며 초를 쳤던 사람들이다. 이에 하나님은 착공 4주쯤 지나 학개를 통해 말씀하셨다.

처음 성전보다 나중 성전의 영광이 더 크다 (BC 520, 학 2:1-9)

그해 7월 21일, 주님의 말씀이 학개 예언자에게 들렸다.

"너는 스룹바벨(스알디엘의 아들) 유다 총독과 여호수아(여호사닥의 아들) 대제사장과 백성의 모든 남은 자들에게 말해라. 너희 남은 자들 가운데 옛날 성전의 영광을 본 사람이 누구냐?

이제 이것이 너희에게 어떻게 보이느냐? 이것이 너희 눈에 하찮게 보이느냐? 하지만 스룹바벨아, 힘을 내라. 주님의 말씀이다. 여호

---

78. 학개와 스가랴.

수아(여호사닥의 아들) 대제사장아, 힘을 내라. 이 땅의 모든 백성들아, 힘을 내라. 주님의 말씀이다. 내가 너희와 함께하니, 너희는 성전 건축 일을 해라. 만군의 주님의 말씀이다. 너희가 이집트에서 나올 때 내가 너희와 맺은 언약[79]과 내 영이 너희 가운데 있으니,[80] 너희는 두려워하지 마라.

만군의 주님의 말씀이다. 머지않아[81] 내가 다시 하늘과 땅과 바다와 육지를 뒤흔들어 놓겠다. 내가 모든 민족을 뒤흔들어 모든 민족의 보물들을 이리로 오게 해 이 성전을 영광으로 채우겠다. 만군의 주님의 말씀이다. 은도 내 것이요 금도 내 것이다. 만군의 주님의 말씀이다. 이 성전의 영광은 처음[82]보다 나중[83]이 더 클 것이다. 만군의 주님의 말씀이다. 내가 이곳에 평화를 주겠다. 만군의 주님의 말씀이다."

하나님은 스가랴 예언자를 세워 귀환 유대인들이 악한 조상들을 본받지 말고 성전 건축공사를 계속하라고 격려하셨다. 스가랴서 1–6장은 여덟 가지 환상으로, 7–8장은 하나님 사랑과 이웃 사랑을 고취시킴으로, 9–14장은 메시아의 초림과 재림 예언으로 성전 재건축공사를 격려하고 하나님 나라의 백성이라는 정체성을 환기시켰다.

---

79. 출 6:4; 29:45; 신 29:1.
80. 겔 43:7, 9; 슥 2:10; 눅 17:21 참조.
81. 문자적으로 '그러나 조금, 조금만 있으면'이라는 의미. 그리스도의 초림 또는 재림을 예표한다. 히 12:26 참조.
82. 솔로몬 성전(제1성전).
83. 스룹바벨 성전(제2성전). 성전 건물의 크기가 아니라 역할이 하나님께 더 영광이 된다.

다리우스 왕 2년 8월, 주님의 말씀이 스가랴(잇도의 손자이며 베레 갸의 아들) 예언자에게 들렸다.

"나 주가 너희 조상들에게 크게 화를 냈다. 그러므로 너는 그들백 성에게 말해라. '만군의 주께서 이렇게 말씀하셨다. 너희는 내게로 돌아오라. 만군의 주님의 말씀이다. 그리하면 나도 너희에게로 돌 아가겠다. 만군의 주께서 말씀하셨다. 너희는 너희 조상들을 본받 지 마라. 일찍이 예언자들이 그들에게 만군의 주께서 이렇게 말씀 하신다고 하면서, 너희 악한 삶과 너희 악한 행위를 버리고 돌아오 라고 외쳤으나, 그들은 내 말을 듣지 않고 귀도 기울이지 않았다. 주 님의 말씀이다. 너희 조상들이 지금 어디에 있느냐? 그때의 예언자들 이 영원히 살아 있느냐? 내가 내 종 예언자들에게 명령한 내 말과 내 율법이 너희 조상들에게 들리지 않았느냐? 그러므로 그들이 회 개하고 돌아와 말하기를, 만군의 주님은 우리의 삶과 우리의 행위대 로 곧 우리에게 행하시려고 계획하신[84] 대로 우리에게 행하셨다[85]고 했다.'"

귀환 유대인들이 학개와 스가랴의 격려 예언을 듣고 성전 건축공사를 다시 추진하자, 이번에는 외부의 적이 나타나 공사를 방해했다. (스 5:3-17)

그때 유프라테스강 서쪽 건너편 지방의 총독 닷드내와 스달보스내와 동료 관리들이 그들에게 와서 말했다.

84. 신 30:19-20 참조.
85. 단 9:8, 10-12 참조.

"누가 여러분에게 이 성전을 짓고 이 벽을 복구하라고 명령했느냐?"

그들이 우리에게 또 물었다.

"이 건축공사를 하는 사람들의 이름이 무엇이냐?"

그러나 하나님이 유다 장로들을 돌봐주셔서 아무도 성전 건축공사를 막을 수 없었다. 유프라테스강 서쪽 건너편 지방의 총독 닷드내와 스달보스내와 그들의 동료 곧 유프라테스강 서쪽 건너편 지방의 관리들이 이 일을 다리우스 왕에게 문서로 보고했다. 그들은 회신이 올 때까지 기다렸다. 다리우스 왕에게 보낸 편지 사본의 내용은 다음과 같다.

"다리우스 왕께서 평안하시기를 빌며 왕께 아룁니다. 우리가 유다 지방에 가서 보니, 크신 하나님의 성전이 다듬은 돌로 건축되고 들보가 벽에 놓이고 있었습니다. 그 공사는 빈틈없이 잘 진행되고 있었습니다. 그래서 우리는 장로들에게 '누가 여러분에게 이 성전을 짓고 이 벽을 복구하라고 명령했느냐?'고 물었습니다. 또한 우리는 그들의 공사 책임자들의 명단을 만들어 왕께 알려 드리려 그들의 이름도 물었습니다. 그들은 우리에게 다음과 같이 대답했습니다.

'우리는 하늘과 땅의 하나님의 종들입니다. 우리는 옛날에 건축되었던 성전을 다시 짓고 있습니다. 이 성전은 이스라엘의 큰 왕이 건축하고 완공했던 것입니다. 그런데 우리 조상들이 하늘의 하나님을 분노하게 했으므로, 하나님이 우리 조상들을 갈대아 사람 바빌로니아 왕 느부갓네살의 손에 넘기셨습니다. 그래서 그가 이 성전을 허물고, 백성을 바빌로니아로 사로잡아 갔습니다.

그러나 고레스[86] 왕 첫해에 고레스 왕이 하나님의 성전을 지으라고 칙령을 내렸습니다. 그뿐만 아니라 그는 느부갓네살이 예루살렘 성전에서 꺼내어 바벨론 신전으로 가지고 간 성전의 금그릇과 은그릇을 신전에서 꺼내어 자신이 총독으로 임명한 세스바살에게 주었습니다. 그리고 이 그릇을 예루살렘으로 가지고 가서 성전에 두고, 하나님의 성전을 제자리에 다시 건축하라고 말했습니다. 그때 세스바살이 예루살렘으로 와서 하나님의 성전 기초를 놓았고, 그때부터 오늘까지 공사했으나 아직 끝내지 못했습니다.'

이제, 왕께서 좋게 여기신다면, 바빌로니아에 있는 왕의 보물 창고를 조사하여, 고레스 왕이 예루살렘에 하나님의 성전을 지으라고 칙령을 내린 적이 있는지 알아보시고, 이 문제에 관해 왕의 기쁜 뜻을 우리에게 알려 주시기 바랍니다."[87] (스 5:3-17)

다리우스 왕의 성전 건축 명령 (스 6:1-14a)

그래서 다리우스 왕은 명령을 내려 바벨론의 문서보관 창고를 조사하게 했다. 그곳에는 보물이 쌓여 있었다. 메대 지방 악메다 궁에서 두루마리 하나가 발견되었는데 거기에는 다음과 같이 적혀 있었다.

"고레스 왕 첫해에 고레스 왕이 예루살렘에 있는 하나님의 성전

---

86. LXX.
87. 유대인들이 고레스 왕의 성전 건축 명령을 17년이 지나도록 완수하지 못해, 설상가상으로 주변 민족으로부터 불필요한 오해와 훼방을 받게 되었다.

에 관해 칙령을 내리셨다. 희생제사를 드렸던 곳에 성전을 다시 세워라. 기초를 튼튼히 다지고, 성전의 높이와 너비는 각각 60규빗[27미터]이 되게 하고, 벽은 돌 세 겹에 나무들보 한 겹씩 쌓아라. 비용은 왕궁에서 내겠다. 느부갓네살이 예루살렘 성전에서 꺼내어 바벨론으로 가지고 온 하나님의 성전의 금그릇과 은그릇을 돌려보내 예루살렘 성전으로 옮기게 하고, 하나님의 성전 안에 본래 있던 자리에 두게 해라.”

그래서 다리우스 왕은 다음과 같은 답장을 보냈다.

“이제 나 다리우스가 유프라테스강 서쪽 건너편 지방의 총독 닷드내와 스달보스내와 너희 동료 관리들 곧 유프라테스강 서쪽 건너편 지방에 있는 관리들에게 알린다. 너희는 건축공사 지역에 가까이 가지 말고, 하나님의 성전공사를 막지 마라. 유다 총독과 장로들이 하나님의 성전을 옛터에 다시 짓게 하라.

하나님의 성전을 다시 짓는 유다 장로들을 위해 너희가 해야 할 일을 지시하겠다. 건축 비용은 왕궁에서 낼 테니, 유프라테스강 서쪽 건너편 지방에서 거둔 세금을 그 사람들에게 어김없이 주어 일이 중단되지 않게 해라. 예루살렘 제사장들이 하늘의 하나님께 번제드리는 데 필요하다고 요청하는 것은 무엇이든지 내줘라. 수송아지와 숫양, 어린 양, 밀, 소금, 포도주 그리고 기름을 그들의 요구대로 날마다 주어라. 그러면 그들이 하늘의 하나님이 기뻐하시는 희생제사를 드리며 왕과 왕자들의 생명을 위해 기도할 것이다.

나는 또 다음과 같이 지시한다. 이 칙령을 어기는 자는 그의 집에서 들보를 뽑아 내다 세우고 거기에 그를 매달 것이며 그 집을 폐허로 만들어라. 어떤 왕이나 어떤 민족이 손을 내밀어 예루살렘에 있는 하나님의 성전을 개조하거나 파괴하면, 그곳에 자신의 이름을 두신 하나님이 그들을 없애 버리실 것이다. 나 다리우스가 명령하니, 철저하게 시행하라."

그래서 유프라테스강 서쪽 건너편 지방의 총독 닷드내와 스달보스내와 그들의 관리들은 다리우스 왕이 보낸 조서대로 철저하게 시행했다. 유다 장로들은 예언자 학개와 스가랴(잇도의 아들)의 예언대로 순조롭게 공사했다.

귀환 유대인들은 다리우스 왕의 성전 건축 명령을 수령하고, 주변 민족의 지원을 받으며 건축공사를 순조롭게 진행했다. 이때 학개가 시대적 소명인 예루살렘 성전 건축공사를 다시 시작하는 이때부터 그들이 거룩해져 일상생활에서 복을 받으리라고 예언했다. (BC 520, 학 2:10-23)

다리우스 왕 2년 9월 24일, 주님의 말씀이 학개 예언자에게 들렸다. 학개가 제사장들에게 말했다.

"만군의 주께서 말씀하셨습니다. '너는 제사장들에게 물어봐라. 어떤 사람이 거룩한 고기를 자기 옷자락에 쌌는데, 그 옷자락이 빵이나 국이나 포도주나 기름이나 다른 어떤 음식물에 닿으면, 이러한 것들이 거룩해지겠는지 율법을 물어보라.'"

제사장들이 대답했다.

"그렇지 않습니다."

학개가 다시 물었다.

"시체를 만져 부정해진 사람이 이 모든 것을 만지면, 이러한 것들이 부정해지겠느냐?"

제사장들은 "부정해집니다"라고 대답했다. 학개가 말했다.

"이 백성이 내 앞에서 그렇고 부정하고, 이 나라가 그렇다. 주님의 말씀이다. 그들이 손으로 하는 일이 모두 그렇고, 그들이 그곳 제단에 서 바치는 것도 부정하다. (2:12-14)

이제 너희는 주님의 성전에 돌 위에 돌 하나도 놓지 않았을 때[88] 부터 오늘까지를 생각해 봐라. 곡식이 20더미 생산되는 밭에서 10 더미만 거뒀고, 포도주 50동이가 나오는 틀에서 20동이만 얻었다.

너희가 손으로 가꾼 것 농작물을 내가 깜부기병과 곰팡이와 우박 으로 모두 쳐버렸다. 그런데도 너희는 내게로 돌아오지 않았다. 주 님의 말씀이다. 너희는 오늘 9월 24일부터 주님의 성전이 기초공사 되던 날까지 지난날을 마음속으로 돌아보아라. 그러나 창고에 씨앗 이 아직도 남아 있느냐? 이제까지는 포도나무나 무화과나무나 석 류나무나 올리브나무에 열매가 맺히지 않았지만, 오늘부터는 내가 복을 내리겠다." (2:15-19)

그달 24일에 주님의 말씀이 다시 학개에게 들렸다.

"너는 유다 총독 스룹바벨에게 이렇게 말해라. '내가 하늘과 땅을 뒤흔들겠고, 왕국들의 보좌를 엎을 것이며, 여러 나라의 세력을 소 멸시킬 것이다. 전차들과 거기에 탄 자들을 뒤집을 것이고, 말과 말 을 탄 자들은 저희끼리 칼로 싸우다가 쓰러질 것이다. 만군의 주님 의 말씀이다. 내 종 스룹바벨, 스알디엘의 아들아, 그날이 오면 내가

88. 기초공사만 하고 공사가 중단된 때(BC 536). 스 3:10; 4:24.

너를 세우겠다. 주님의 말씀이다. 내가 너를 선택했으니 내가 너를 내 옥새 반지로 삼겠다.[89] 만군의 주님의 말씀이다.'" (2:20-23)

하나님은 성전을 건축하는 귀환 유대인들에게 용기와 소망을 주려고 스가랴를 통해 여덟 가지 환상을 보여 주셨다. 스가랴가 밤에 본 여덟 환상은 하나님의 말씀이며(슥 1:7), 서로 긴밀하게 연결되어 있다. 첫째 환상에서는 그리스도가 화석류나무(사 41:19; 55:13 참조) 사이에 서서 하나님께 예루살렘의 회복을 간구하고, 하나님이 예루살렘에 자비를 베풀어 성전을 재건하며 온갖 좋은 것들로 풍부하게 채우시겠다고 말씀하셨다.

첫째 환상, 그리스도가 화석류나무 사이에 서서 예루살렘을 위로하심 (BC 520, 슥 1:7-17)

다리우스 왕 2년 11월, 곧 스밧월 24일에 주님의 말씀이 스가랴 (잇도의 손자이며 베레갸의 아들) 예언자에게 들렸다.

내가 밤에 보니, 한 사람이 붉은 말을 타고 골짜기에 있는 화석류나무 사이에 서 있고, 그 사람 뒤에는 붉은 말들과 회색 말들과 밤색 말들과 흰 말들이 서 있었다. 내가 물었다.

"내 주님, 이것들은 무엇입니까?"

내게 말하던 천사가 내게 대답했다.

"이것들이 무엇인지 내가 네게 보여 주겠다."

그때 화석류나무 사이에 서 있던 사람이 말했다.

---

89. 하나님은 스룹바벨의 할아버지 여호야긴에게서 신적 영광과 탁월성 및 통치의 대표성을 상징하는 옥새 반지를 박탈했다(렘 22:24). 하지만 그가 회개하자 그를 회복시켰고(왕하 25:27-30; 렘 52:31-34), 그의 손자 스룹바벨에게 옥새 반지를 주셨다. 스룹바벨은 그리스도의 예표가 된다.

"이것들은 주하나님께서 땅을 두루 다니라고 보낸 자들이다."

그 말들이 화석류나무 사이에 서 있던 주 하나님의 사자에게 보고했다.

"우리가 이 땅을 두루 다녀 보니, 온 땅이 조용하고 평안했습니다."

주님의 사자가 하나님께 아뢰었다.[90]

"만군의 주님, 언제까지 예루살렘과 유다 성읍을 불쌍히 여기지 않으시렵니까? 그들은 주께서 70년 동안 무시하신 자들입니다."[91]

주께서 내게 말하던 천사를 좋은 말로 위로하셨다. 내게 말하던 천사가 내게 말했다.

"너는 외쳐라. 만군의 주께서 말씀하신다. '나는 예루살렘과 시온을 너무나 질투해[92] 내 백성에게 화를 조금 냈을 뿐인데, 그 이방 나라들은 내 백성에게 힘껏 악을 행하고 평안을 누렸기 때문에 나는 너무도 화가 난다.'

그러므로 주께서 이렇게 말씀하셨다. '나는 예루살렘에 자비를 베풀려고 돌아왔으니, 그곳에 내 집을 세우고 예루살렘에 다시 측량 줄을 긋겠다. 만군의 주님의 말씀이다.' 너는 또 외쳐라. '만군의 주께서 이렇게 말씀하셨다. 주님이 다시 시온을 위로하고 다시 예루살렘을 택할 것이니, 내 성읍이 다시 좋은 것들로 넘치게 될 것이다.'"

---

90. 딤전 2:5; 눅 9:16; 22:32, 41; 마 14:19; 막 1:35; 6:41.
91. LXX.
92. 약 4:5.

내가 눈을 들어 보니, 뿔 네 개[93]가 있었다. 나는 내게 말하던 천사에게 물었다.

"이것은 무엇입니까?"

"이것은 유다와 이스라엘과 예루살렘을 흩어 버린 뿔이다."

그때 주께서 내게 대장장이 네 명을 보여 주셨다. 내가 물었다.

"이들은 무엇을 하려고 왔습니까?"

"대장장이들은 유대인들을 흩어서 아무도 머리를 들지 못하게 한 뿔들을 겁먹게 하여 꺾으려고 왔다. 그 뿔들은 유대인들을 흩으려고 유다 땅에 뿔을 든 이방 나라의 뿔들이다."

내가 눈을 들어 보니, 한 사람이 자기 손에 측량줄을 가지고 있었다. 내가 그에게 물었다.

"어디로 가십니까?"

"예루살렘을 측량해서 그 너비와 길이가 얼마나 되는지 알아보려고 간다."

그때 내게 말하던 천사가 나가고, 다른 천사가 나와서 그를 맞이하며 말했다.

"너는 저 젊은이에게 달려가 이렇게 말해라. '예루살렘 안에 사람과 짐승이 많아져 사람들이 성벽 없이* 살 것이다. 내가 그 둘레에

---

93. 뿔은 권력과 힘을 상징하고, 첫째 환상에서 본 대로 유다를 식민 지배하면서도 평안하게 살고 있는 이방 나라들이다. 단 7장의 4제국 참조.

불 성벽이 되고, 내가 그 안에서 영광이 될 것이다. 주님의 말씀이다.

너희는 북쪽 땅에서 도망쳐라! 주님의 말씀이다. 내가 너희를 하늘의 바람처럼 사방에 흩어지게 했지만 이제는 도망쳐 나와라. 바벨론의 딸과 함께 살고 있는 시온백성아! 주님의 말씀이다.

만군의 주께서 영광 가운데 나를 보내 너희를 약탈한 민족에 대하여 말씀하셨다. '너희에게 손대는 자는 주님의 눈동자에 손대는 자다. 보라, 내가 내 손을 들어 그들을 치겠고, 그들은 자기 종들에게 전리품이 될 것이다. 그때에야 비로소 너희는 만군의 주께서 나를 보내셨음을 알게 될 것이다. 시온의 딸아, 내가 와서 네 가운데 머물 것이니, 노래하고 기뻐해라. 주님의 말씀이다. 그날에 많은 이방인들이 주께 연합해 내 백성이 될 것이고, 나는 네 가운데 머무르겠다. 그때에야 너는 만군의 주께서 나를 네게 보낸 줄 알게 될 것이다. 주님은 거룩한 땅에서 유다를 자기 소유로 삼으실 것이며, 예루살렘을 다시 선택하실 것이다. 모든 육체들아, 주 앞에서 잠잠하라. 주께서 자신의 거룩한 처소에서 일어나셨다.'" (2:1-13)

넷째 환상, 하나님이 여호수아의 죄를 사하심 (슥 3:1-10)

여호수아 대제사장이 주님의 사자 앞에 서 있고 사탄이 그를 고소하려고 그의 오른쪽에 서 있는 것[94]을 주께서 내게 보여 주셨다. 주께서 사탄에게 말씀하셨다.

"나 주가 너를 책망한다. 사탄아, 예루살렘을 선택한 나 주가 너

---

* LXX에는 '넘치게 많이'

94. 계 12:10 참조.

를 책망한다. 이것은 불에서 꺼낸 타다 남은 나무토막이 아니냐?"

그때 여호수아는 더러운 옷을 입고 그 사자 앞에 서 있었다. 주님이 자기 앞에 서 있는 다른 자들에게 말씀하셨다.

"그가 입고 있는 더러운 옷을 벗겨라."

주님이 여호수아에게 말씀하셨다.

"보라, 내가 네 죄를 없애 버렸으니, 네게 아름다운 옷을 입히겠다."

그래서 내가 말씀드렸다.

"그의 머리에 깨끗한 관을 씌우소서."

천사들이 그의 머리에 깨끗한 관을 씌우고 옷을 입혔다. 주님의 사자가 곁에 서 있다가 여호수아에게 명령했다.

"만군의 주께서 이렇게 말씀하셨다. '네가 내 도를 행하며 내 규례를 지키면 내 집을 다스리고 내 뜰을 지킬 것이며, 내가 너를 여기에 서 있는 자들 가운데로 다니게 하겠다. 여호수아 대제사장아, 들어라. 너와 네 앞에 앉아 있는 네 동료들도 함께 잘 들어라. 그들은 앞으로 나타날 일의 표가 되는 사람들이다. 내가 내 종 싹[95]을 나오게 하겠다. 나 만군의 주가 말한다. 내가 여호수아 앞에 둔 돌[96]을 봐라. 그 돌은 일곱 개의 눈[97]이 있다. 나는 그 돌에 '내가 그 땅의 죄를 하루 만에 없애겠다'[98]라는 글자를 새기겠다. 만군의 주가 말한다.

그날이 오면, 너희는 서로 포도나무와 무화과나무 아래로 초대

---

95. 사 6:13; 11:1; 렘 23:5; 슥 6:12.
96. 사 28:16; 롬 9:29.
97. 슥 4:10; 계 4:5.
98. 그리스도가 십자가에서 하루 만에 세상 죄를 대속하심을 예표한다(히 9:12).

할 것이다.'"

다섯째 환상, 하나님이 스가랴에게 성전의 핵심 구조를 보여 주심 (슥 4:1-14)

내게 말하던 천사가 다시 와서 나를 깨웠다. 나는 마치 잠에서 깨어난 사람 같았다. 그가 내게 물었다.

"네가 무엇을 보느냐?"

"나는 순금으로 만든 금등잔대를 봅니다. 등잔대 꼭대기에는 기름을 담는 그릇이 있고, 그 그릇 가장자리 위에는 일곱 등잔이 있고, 그 꼭대기 위에는 일곱 등잔을 위한 일곱 관이 있습니다. 등잔대 옆에는 올리브나무 두 그루가 서 있는데, 하나는 등잔대 오른쪽에 있고 다른 하나는 등잔대 왼쪽에 있습니다."

나는 다시 내게 말하던 천사에게 물었다.

"이것들이 무엇입니까? 내 주님!"

"그것들이 무엇인지 모르겠느냐?"

"모르겠습니다. 내 주님!"

"이것은 주님이 스룹바벨에게 말씀하신 것인데 '힘으로도 되지 않고, 능력으로도 되지 않고, 오직 내 영으로만 될 것이다'라는 말씀이다. 만군의 주님이 말씀하셨다. 큰 산아, 네가 무엇이냐? 스룹바벨 앞에서는 평지일 뿐이다. 그가 머릿돌을 끄집어 낼 때, 사람들이 그에게 '은혜다, 은혜다!' 하고 외칠 것이다."

주님의 말씀이 내게 들렸다.

"스룹바벨의 손이 이 성전의 기초를 놓았으니, 그가 이 일을 마칠 것이다. 그때에야 비로소 너희는 만군의 주께서 나를 너희에게 보내셨음을 알게 될 것이다. 보잘것없는 일을 시작하는 날이라고 비웃는 자가 누구냐?* 그들은 스룹바벨의 손에 있는 측량줄을 보고 기뻐할 것이다. 이 일곱등잔은 온 세상을 두루 살피는 주님의 눈[99]이다."

나는 그 천사에게 물었다.

"등잔대의 오른쪽과 왼쪽에 있는 두 올리브나무는 무엇을 뜻합니까?"

나는 또 그에게 물었다.

"등잔에 기름을 흘려보내는 두 금관 옆에 있는 두 올리브나무 가지[100]는 무엇을 뜻합니까?"

"네가 그것이 무엇인지 모르겠느냐?"

"모르겠습니다. 내 주님."

"이들은 기름 부음 받은 두 사람[101]인데, 온 세상의 주님 옆에 서 있는 자들이다."

여섯째 환상, 큰 두루마리가 세상 모든 죄인에게 저주를 내림 (슥 5:1-4)

내가 다시 눈을 들어 보니, 두루마리가 날아가고 있었다. 그 천사가 내게 물었다.

"네가 무엇을 보고 있느냐?"

"두루마리가 날아가는 것을 보고 있습니다. 길이는 20규빗[9미터]이고, 너비는 10규빗[4.5미터]입니다."

---

* 스 3:12 참조.
99. 계 5:6 참조.
100. 요 15:5 참조.
101. 유다 총독 스룹바벨과 대제사장 여호수아.

그가 내게 말했다.

"이것은 온 땅 위에 내릴 저주다. 한쪽에는 '도둑질하는 자는 모두 죽을 것이다'고 쓰여 있고, 또 한쪽에는 '맹세하는 자도 모두 죽을 것이다'고 쓰여 있다. 만군의 주님의 말씀이다. 내가 저주를 보냈으니 저주가 도둑의 집에 들어가고, 내 이름으로 거짓 맹세하는 자의 집에도 들어가 그 집에 머물면서 그 집과 그 집의 나무와 돌까지 끝장내 버릴 것이다."

일곱째 환상, 뒤주 속에 갇힌 여인 (슥 5:5-11)

나와 말하던 천사가 나와서 내게 말했다.

"네 눈을 들어 무엇이 나오고 있는지 봐라."

"이것이 무엇입니까?"

"나오고 있는 것은 뒤주[102]다. 이것은 온 땅에 있는 사람들의 죄악이다."

그때 뒤주 입구를 막은 둥근 납 한 덩이가 들렸다. 뒤주 안에 여자[103]가 앉아 있었다. 천사가 내게 말했다.

"이것은 죄악이다."

그 천사는 그 여자를 뒤주 속으로 던져 넣고, 납덩이를 뒤주 입구에 던져 막아 버렸다.

내가 또 눈을 들어 보니, 두 여자가 나오는데, 학의 날개 같은 날개가 있고, 그 날개에 바람이 있었다. 그들은 뒤주를 하늘과 땅 사

102. 곡식을 넣어 두는 큰 나무 상자.
103. 계 14:4; 17:1.

이로 들어 올렸다. 나와 말하던 천사에게 물었다.

"그들이 뒤주를 어디로 가져가는 것입니까?"

"시날[104] 땅으로 가져간다. 그곳에 뒤주를 둘 신전을 지을 것이다. 신전이 완공되면, 그 뒤주는 제자리에 놓일 것이다."

여덟째 환상, 네 전차 환상 (슥 6:1-15)

내가 다시 눈을 들어 보니, 전차 네 대가 두 산[105] 사이에서 나왔다. 두 산은 놋쇠로 된 산이었다. 첫째 전차는 붉은 말들이 끌고 있고, 둘째 전차는 검은 말들이, 셋째 전차는 흰 말들이, 넷째 전차는 얼룩무늬 말들이 끌고 있었다. 말들은 모두 힘이 셌다. 나와 말하던 천사에게 물었다.

"이것이 무엇입니까? 주님!"

"이것은 하늘의 네 바람인데, 온 세상을 다스리시는 주님 옆에 서 있다가 지금 떠나는 것이다. 검은 말들은 북쪽 땅으로 떠나고, 흰 말들은 그들 뒤에 떠나고, 얼룩말들은 남쪽 땅으로 떠난다."

힘센 말들이 나와서 땅을 두루 다니고 싶어 하자, 그 천사가 말했다.

"떠나거라. 땅을 두루 돌아다녀라."

그들은 땅을 두루 다녔다. 천사가 내게 소리치며 말했다.

"북쪽 땅으로 나간 말들을 보라. 그들이 북쪽 땅에서 내 영을 평안하게 했다."

104. 바벨탑을 쌓은 곳. 창 11:2; 계 18:2.
105. 올리브 산과 모리아 산.

주님의 말씀이 내게 들렸다.

"포로로 사로잡혀 갔다가 바빌로니아에서 돌아온 헬대와 도비야와 여다야가 요시아(스바냐의 아들)의 집에 와 있으니, 너는 오늘 그곳으로 가서 은과 금을 받고 그것으로 왕관을 만들어 여호수아 (여호사닥의 아들) 대제사장의 머리에 씌우고 그에게 이렇게 말해라. '만군의 주께서 이렇게 말씀하셨다. 그의 이름이 싹인 사람을 보라. 싹이 제자리에서 돋아나 주님의 성전을 지을 것이다. 그가 영광을 얻고 왕좌에 앉아 다스릴 것이고, 한 제사장[106]이 그의 오른쪽에 있을 것이다. 그리고 이 둘 사이에 평화의 의논이 있을 것이다. 그 왕관은 주님의 성전 안에 두어 헬대와 도비야와 여다야와 헨(스바냐의 아들)을 기념하라. 먼 곳에 사는 사람들이 와서 주님의 성전을 지을 것[107]이다. 그때에야 너희가 만군의 주께서 나를 너희에게 보내셨음을 알게 될 것이다. 너희가 너희 주 하나님의 음성을 듣고 순종하면, 이 일이 이뤄질 것이다."

유다 왕국 멸망 때 예루살렘 성전이 파괴된 후, 유대인들은 70년 동안 5월과 7월이 되면 금식해 왔다. 그런데 예루살렘 성전 재건축공사가 다시 시작된 후 2년이 지난 지금도 귀환 유대인들이 그 관습을 형식적으로 계속 지키는 것은 무의미하다고 생각했다. 그때 스가랴가 참된 금식정신을 상기시키며 회개를 촉구했다. (BC 518, 슥 7:1-14)

다리우스 왕 4년 9월, 곧 기슬래월 4일에 주님의 말씀이 스가랴

---

106. 메시아의 왕직과 제사장직 겸직을 상징한다.
107. 슥 2:11; 엡 2:17, 22.

에게 들렸다.

어떤 벧엘 사람이 사레셀과 레겜멜렉과 자기 하인들을 주께 기도해 보라고 보냈다. 그들은 만군의 주님의 성전에 있는 제사장들과 예언자들에게 물었다.

"내가 지난 여러 해 동안 해온 대로, 5월[108]에 애곡하면서 거룩하게 지켜야 합니까?"

그때 만군의 주님의 말씀이 내게 들렸다.

"너는 이 땅의 모든 백성과 제사장들에게 말해라. '너희가 70년 동안 5월이나 7월[109]에 금식하거나 애곡했을 때, 너희가 진정 나를 위해 금식했느냐?[110] 너희가 먹거나 마실 때 너희를 위해 먹고 너희를 위해 마시지 않았느냐?[111] 예루살렘 멸망 전 사람들이 예루살렘과 그 주위의 여러 성읍에서 평안히 살고 산이나 평야에 살았을 때, 주께서 이전에 있었던 예언자들을 통해 외치게 하신 말씀[112]이 있지 않느냐?'"

주님의 말씀이 스가랴에게 들렸다.

"만군의 주님이 이렇게 말씀하셨다. 너희는 공의로 재판하고, 인애와 자비를 서로 베풀어라. 과부와 고아와 나그네와 가난한 자를 억누르지 말고, 자기 형제에게 악을 행하려는 마음을 품지 마라.[113]

---

108. 예루살렘 성전 파괴에 대한 기억.
109. 유다 총독 그달리야 살해에 대한 기억.
110. LXX. 사 58:3-7; 행 13:2-3; 롬 14:6-8; 슥 8:19 참조. 금식은 힘의 원천이 음식이나 자신에게 있지 않고 주님께 있음을 고백하는 행위다.
111. 출 32:6; 고전 10:31.
112. 슥 7:9-10; 사 58:1-12; 암 5:7, 24; 호 6:6; 겔 33:19; 단 4:27.
113. 슥 8:8b, 16-17.

그러나 그들조상은 듣지 않고 고집을 부리며 등을 돌리고, 듣지 않으려 귀를 막고, 마음을 차돌처럼 만들었다. 그들은 만군의 주께서 이전에 예언자들을 통해 자신의 영으로 전하신 율법과 말씀[114]을 듣지 않았다. 그래서 만군의 주께서 크게 진노하셨다. 주께서 부르셨으나 그들은 듣지 않았으므로, 이제는 그들이 부르짖어도 내가 듣지 않겠다고 만군의 주께서 말씀하셨다. 나는 그들이 알지 못하는 모든 나라로 그들을 흩었고, 그들이 떠나 버린 땅은 지나다니는 사람이 없어 황폐하게 되고 말았다. 아름다운 이 땅을 황폐하게 만든 자는 바로 그들이다."

유다 백성은 스가랴의 말을 듣고 회개 후 이웃 사랑하며 성전을 건축하여 금식일은 기쁘고 즐거운 날이 될 것이다. (슥 8:1-23)

만군의 주님의 말씀이 내게 들렸다.

"만군의 주께서 이렇게 말씀하셨다. 나는 시온을 크게 질투했다. 크게 분노하며 질투했다. 주님이 이렇게 말씀하셨다. 그래서 내가 시온으로 돌아와 예루살렘 가운데서 살겠다. 그러면 예루살렘은 '진리의 성'이라 불리고, 만군의 주님의 산은 '거룩한 산'이라 불릴 것이다.

만군의 주께서 이렇게 말씀하셨다. 예루살렘 광장에는 할아버지와 할머니들이 다시 앉을 것이고, 나이가 많아서 각자 손에 지팡이를 잡을 것이며, 소년 소녀들이 그 도시의 광장에 가득 차고 거기서

---

114. 레 19:18, 34; 신 10:18-19; 14:29; 16:11; 24:17, 19-21 참조.

놀 것이다. 만군의 주께서 이렇게 말씀하셨다. 그날이 오면, 이것이 살아남은 백성의 눈에 놀라울 것이고, 내 눈에도 놀랍지 않겠느냐? 만군의 주님의 말씀이다.

만군의 주께서 이렇게 말씀하셨다. 보라. 내가 내 백성을 해 뜨는 땅과 해 지는 땅에서 구원해, 데리고 와서 예루살렘 가운데 살게 하겠다. 그들은 내 백성이 되고, 나는 그들의 하나님이 되어 진리와 정의로 다스리겠다.

만군의 주께서 이렇게 말씀하셨다. 만군의 주님의 집, 곧 성전을 지으려고 기초를 놓던 그때 예언자들이 전한 말을 이제는 듣는 자들아, 너희는 손을 강하게 해라. 이전에는 사람이 품삯을 받지 못했고, 짐승도 제 몫을 얻지 못했고, 나가든 들어오든 악한 자들 때문에 평안이 없었다. 내가 모든 사람이 서로 대적하게 했기 때문이다. 그러나 이제 살아남은 이 백성에게는 내가 이전같이 대하지 않겠다. 만군의 주님의 말씀이다. 씨앗은 잘 자랄 것이고, 포도나무는 열매를 맺고, 땅은 곡식을 내고, 하늘은 이슬을 내릴 것이다. 내가 이 모든 것을 살아남은 이 백성에게 유업으로 주겠다.

유다 족속과 이스라엘 족속아, 이전에는 너희가 이방 나라 안에서 저주거리가 되었으나, 이제는 내가 너희를 구원하리니, 너희가 복이 될 것이다. 두려워하지 마라. 너희 손을 강하게 해라.

만군의 주께서 이렇게 말씀하셨다. 너희 조상들이 나를 노하게 했을 때, 나는 너희에게 재앙을 내리기로 작정하고 그 뜻을 돌이키지 않았다. 만군의 주께서 말씀하셨다. 그러나 이제는 내가 다시 예루살렘과 유다 족속에게 복을 내리기로 작정했으니, 너희는 두려워하지 마라. 너희가 해야 할 일은 이렇다. 자기 이웃에게 서로 진실을 말하고, 너희 성문 법정에서는 공의와 평화로 재판해라. 서로 이웃을 해치려는 악한 생각을 마음에 품지 말고, 거짓 맹세를 좋아하지 마라. 이 모든 것은 내가 미워하는 것이다. 주님의 말씀이다.”(8:1-17)

만군의 주님의 말씀이 내게 들렸다.

“만군의 주께서 이렇게 말씀하셨다. 4월의 금식일과 5월의 금식일과 7월의 금식일과 10월의 금식일[115]이 변해 유다 백성에게 기쁘고 즐겁고 좋은 절기가 될 것이므로, 너희는 진리와 평화를 사랑해라.

만군의 주께서 이렇게 말씀하셨다. 이제 많은 민족과 많은 도시의 주민들이 올 텐데, 한 도시의 주민이 다른 도시의 주민에게 가서 ‘우리가 빨리 가서 주님의 얼굴을 찾고, 주님의 은혜를 구하자’고 하면, ‘나도 가겠다’고 대답할 것이다. 많은 민족과 강대국이 예루살렘으로 와서 만군의 주님을 찾고 주님의 은혜를 구할 것이다.

만군의 주께서 이렇게 말씀하셨다. 그때가 오면 언어가 다른 이방인 열 명이 유대인 한 명의 옷자락을 붙잡고 ‘하나님이 너희와 함께하신다는 말을 우리가 들었으니 우리가 너희와 함께 가겠다’고 말할 것이다.”(8:18-23)

스가랴 9-14장의 주제는 메시아 예언이다. 9장은 하나님이 열국을 심판하고 자기 백성을 구원하며, 메시아의 통치가 온 세계에 이뤄진다는 내용이다. (슥 9:1-17)

---

115. 4월은 예루살렘 함락(BC 587. 6), 5월은 성전 파괴, 7월은 그달리야 살해, 10월은 예루살렘 포위(BC 589. 12)를 기념하는 금식일이다.

"주님의 말씀이 하드락[116] 땅에 선포되고 다마스쿠스에 머문다. 세상 사람들과 이스라엘 모든 지파의 눈이 주님을 바라보기 때문이다. 하드락 가까이에 있는 하맛과 매우 지혜롭다고 하는 두로와 시돈에도 그 말씀이 선포된다. 두로가 자신을 위해 요새를 짓고 은을 흙처럼 모으고 금을 길거리의 흙같이 쌓아 놓았지만, 주께서 그 두로를 쫓아내며 바다에서 떨치던 그의 힘을 깨뜨리시니, 두로가 불에 삼켜질 것이다. 아스글론이 그것을 보고 두려워할 것이고, 가자도 무서워 벌벌 떨 것이며, 에그론도 희망을 잃고 떨 것이다. 가자에서는 왕이 끊길 것이고, 아스글론에는 주민이 없을 것이며, 아스돗은 낯선 외국인들이 차지할 것이다. 내가 블레셋의 교만을 꺾고, 그의 입에 묻은 그의 피를 없애고, 그의 이 사이에서 역겨운 것을 없애겠다. 이방인들 가운데서 남은 자들은 우리 하나님의 것이 되어 유다의 족장처럼 되며 에그론은 여부스처럼 될 것이다. 내가 내 집에 진을 둘러쳐 적군이 오가지 못하게 하겠다. 내가 지켜보고 있으니 포악한 자가 다시는 이곳을 지나가지 못할 것이다."(9:1-8)

"딸 시온아, 크게 기뻐해라. 딸 예루살렘아, 환성을 올려라. 보라, 네 왕이 네게로 오신다. 그는 정의로우시며 구원을 베푸시며 겸손하셔서 나귀, 곧 어린 나귀새끼를 타고 오신다.[117]

내가 에브라임에서 전차를 없애고, 예루살렘에서 군마를 없애며, 전쟁의 활도 꺾겠다. 그래서 그 네 왕이 이방인들에게 평화를 전할 것이다. 그의 통치가 이 바다에서 저 바다까지 이르고, 유프라테스강에

---

116. 다마스쿠스 동쪽에 있는 시리아의 지방 이름.
117. 마 21:5; 요 12:15.

서 땅끝까지 이를 것이다. (9:9-10)

내가 네시온게 피로 언약을 맺었으니,[118] 네 사로잡힌 자들을 물 없는 구덩이에서 건져내겠다. 사로잡혔어도 소망을 가진 자들아, 요새로 돌아오너라. 내가 오늘도 말하는 바, 네게 두 배로 갚아 주겠다. 내가 나를 위해 유다를 활처럼 당기고, 에브라임을 화살로 채우겠다. 시온아, 내가 너를 용사의 칼로 삼고 네 아들들을 세워 그리스의 아들들[119]을 치게 하겠다.

그때 주께서 그들에게 나타나시고 화살이 번개처럼 나올 것이며, 주 하나님이 나팔을 부시고, 남쪽의 회오리바람을 타고 진군하실 것이다. 만군의 주께서 그들을 보호하실 것이니, 그들이 원수를 삼키며 물맷돌을 짓밟고 피를 포도주처럼 마시며 즐거워 환호할 것인즉, 그 피는 동이에 가득한 피와 같고 제단 모퉁이에 흠뻑 젖은 피와 같을 것이다.

그날에 그들의 주 하나님이 자기 백성을 양 떼같이 구원하실 것이니, 그들은 주님의 땅에서 왕관의 보석같이 빛날 것이다. 그분이 얼마나 선하시며 얼마나 훌륭하신가! 곡식이 청년들을 즐겁게 하고, 새 포도주가 처녀들을 즐겁게 할 것이다." (9:11-17)

우상숭배하는 유다 지도자들을 없애고 포로로 잡혀간 백성에게 복 주심 (슥 10:1-12)

"너희는 늦은 비가 내릴 계절봄철에 비를 내려 달라고 주께 구하라. 주께서 비구름을 만드셔서 사람들에게 소나기를 주시고, 각 사

118. 출 24:8; 히 9:18, 22; 마 26:28; 막 14:24; 눅 22:20.
119. 인본주의자들. 헬라의 안티오코스 에피파네스 군대.

람에게 밭의 채소를 주실 것이다. 드라빔우상은 헛소리나 하고, 점쟁이는 거짓된 것을 보고 거짓된 꿈을 말하며 헛된 말로 위로하니, 백성은 양 떼같이 방황하고 목자가 없으므로 고통을 당한다. 내가 악한 목자들에게 분노하고, 지도자들에게 벌주겠다. 만군의 주께서 그의 양 무리인 유다 백성을 돌보셔서 그들을 전쟁의 날쌘 말같이 만드실 것이니, 그에게서 모퉁잇돌이 나오고, 그에게서 말뚝이 나오고, 그에게서 전쟁의 활이 나오고, 그에게서 통치자가 각각 나올 것이다. 그들은 전쟁할 때 용사같이 되어 적군을 거리의 진흙 밟듯 할 것이고, 주께서 그들과 함께하며 싸우시리니, 그들이 말 탄 자적군들을 부끄럽게 할 것이다.

내가 유다 족속을 강하게 하고, 요셉 족속을 구원해 그들을 돌아오게 하겠다. 이는 내가 그들을 불쌍히 여기기 때문이다. 그들은 내가 버린 적이 없는 사람같이 될 것이다. 이는 내가 그들의 주 하나님이기 때문이요, 그들에게 응답할 것이기 때문이다.

에브라임은 용사같이 되고, 그들의 마음은 포도주를 마신 듯 기쁠 것이고, 그들의 아들딸들도 보고 기뻐할 것이고, 그들의 마음이 주 안에서 즐거울 것이다. 내가 그들을 구원했으니, 나는 휘파람을 불어 그들을 모으겠고, 그들은 옛날처럼 번성할 것이다. 내가 그들을 여러 민족 가운데 흩었으나, 그들은 멀리서도 나를 기억하고 그들의 자녀와 함께 살아 돌아올 것이다.

내가 그들을 이집트 땅에서 돌아오게 하고, 앗시리아에서도 모아오겠다. 내가 그들을 길르앗 땅과 레바논으로 데려가겠지만, 그 땅은 그들이 살기에 비좁을 것이다.

그들이 고난의 바다를 지나올 때, 내가 바다의 물결을 칠 것이 므로 나일강 깊은 바닥이 다 마를 것이다. 앗시리아의 교만은 낮아 질 것이며 이집트의 홀[120]도 없어질 것이다. 내가 그들을 주 안에서 강하게 하겠고, 그들이 주님의 이름으로 행할 것이다. 주님의 말씀 이다."

포악한 유다 지도자들에 대한 심판과 배척받는 메시아 예언 (슥 11:1-17)

"레바논아, 네 문을 열고 불이 네 백향목을 태우게 해라. 너 잣 나무야, 통곡해라. 백향목이 넘어지고 아름다운 나무들이 쓰러졌 기 때문이다. 바산의 상수리나무들아, 통곡해라. 무성한 숲이 쓰러 졌기 때문이다.

목자들의 영화로운 것이 파괴되어 그들이 통곡하는 소리가 들리 고, 요르단의 수풀이 파괴되어 젊은 사자들의 울부짖는 소리가 들 린다. 나의 주 하나님이 이렇게 말씀하신다.

'너는 도살당할 양 떼를 먹여 살려라. 양 떼를 산 자들은 양 떼를 죽여도 벌 받지 않고, 양 떼를 판 자들도 주님이 복 주셔서 내가 부 요하게 되었다고 말한다. 양 떼의 목자들은 양 떼를 불쌍히 여기지 않는다. 그래서 나도 더 이상 이 땅에 사는 사람들을 불쌍히 여기지 않겠다. 주님의 말씀이다. 보라, 내가 이 사람들을 이웃 나라와 이웃 왕에게 넘겨줘 그들이 이 땅을 쳐부수어도 내가 그들을 그 이웃 나 라의 손에서 구하지 않겠다. 나는 도살당할 가련한 양 떼를 먹였는

120. 권력을 상징하는 지팡이.

데, 지팡이 두 개를 가져다가 하나는 은혜라 이름 짓고, 다른 하나는 연합이라 이름 짓고서 그 양 떼를 먹여 살렸다. 그러나 나는 한 달 동안 세 목자를 해고했다.[121] 그 이유는 내 마음이 그들을 참을 수 없고, 그들도 나를 미워했기 때문이다. 그래서 나는 더 이상 너희를 돌보지 않겠으며, 죽을 놈은 죽고, 망할 놈은 망하라고 말했다. 그러고도 남는 자들은 서로 살을 뜯어먹으라고 말했다.

그런 다음 나는 은혜라 부르는 지팡이를 가져다 둘로 꺾어, 내가 모든 민족과 맺은 언약을 깨버렸다. 그 언약이 그날로 깨어지자, 나를 지켜보고 있던 가련한 양 떼는 그것이 주님의 말씀이라는 것을 깨달았다. 내가 그들에게 말하기를, 너희가 옳다고 생각한다면 내 품삯을 내게 주고, 줄 생각이 없으면 그만두라고 했다. 그랬더니 그들은 내 품삯으로 은 30개를 달아 줬다.'

주께서 내게 말씀하셨다.

'그것은 그들이 내게 후하게 준 품삯이다. 그것을 토기장이에게 던져 버려라.'

나는 은 30개를 주님의 성전에서 토기장이에게 던져 버렸다.[122] 그리고 연합이라 부르는 둘째 지팡이를 꺾었다. 이는 유다와 이스라엘 사이에 형제의 의리를 끊으려는 것이다. 주께서 내게 말씀하셨다.

'너는 또 어리석은 목자의 도구를 빼앗아라. 보라, 내가 이 땅에 한 악한 목자[123]를 세우겠다. 그는 잃어버린 양을 돌보지 않고, 길 잃

---

121. 왕, 제사장, 예언자. 지도자로 선발된 자마다 삯꾼 목자(포악한 지도자)였다.
122. 마 27:9-10.
123. 적그리스도. 살후 2:3-4 참조.

은 양을 찾지 않는다. 상처받은 양을 치료해 주지 않고, 기운 없는 양을 먹이지 않으며, 오히려 살진 양의 고기를 먹을 것인데 발굽까지 찢어 먹을 것이다. 아! 양 떼를 버린 쓸모없는 목자야, 칼이 그의 팔과 오른쪽 눈을 상하게 할 것이니, 팔은 바싹 마르고 오른쪽 눈은 아주 멀어 버릴 것이다.'"

하나님이 말세에 자기 백성을 온 세상의 공격으로부터 구원하실 것이고, 메시아 왕국(하나님의 나라)의 영광이 다윗 왕국의 영광보다 더 클 것이다. (슥 12:1-9)

이스라엘에 관한 주님의 경고의 말씀이다. 하늘을 펴고 땅의 기초를 놓고 사람 안에 영[124]을 만드신 주님이 말씀하신다.

"보라, 내가 예루살렘을 포도주 잔으로 만들어, 주변의 모든 민족이 마시고 취해 비틀거리게 하겠다. 예루살렘이 포위당하는 날, 유다도 포위당할 것이며, 그날 세상 모든 민족이 예루살렘을 치려고 모일 때,[125] 내가 예루살렘을 모든 민족에게 무거운 돌이 되게 하겠다. 그 돌을 옮기려는 자는 모두 상처를 입을 것이다. 주님의 말씀이다. 그날에 내가 모든 말을 쳐서 놀라게 하고, 말 탄 자를 쳐서 미치게 하겠다. 내가 유다 족속은 돌보겠지만, 모든 민족의 말들은 쳐서 눈이 멀게 하겠다. 그러면 유다 지도자들은 마음속으로 '예루살렘에 사는 사람들이 그들의 하나님 만군의 주를 힘입어 강하게 되었다'고 할 것이다.

그날에 내가 유다 지도자들을 나뭇단 사이에 있는 뜨거운 화로

124. 창 1:2; 2:7.
125. 시 2:2; 행 4:26; 겔 38:8-9, 16; 슥 14:2; 계 20:7-9.

처럼 만들고 곡식단 사이에 있는 횃불처럼 만들어, 그들이 오른쪽과 왼쪽으로 둘러싼 주변의 모든 민족을 불사를 것이다. 그러나 예루살렘은 예루살렘이 전에 있던 제자리에서 다시 살게 될 것이다. 나주가 유다의 장막을 먼저 구원해 유다의 영광이 다윗 집안의 영광과 예루살렘 주민의 영광보다 더 크게 하겠다.[126] 그날에 나 주가 예루살렘 주민을 보호할 것이니, 그날에는 그들 가운데 약한 사람도 다윗처럼 강하게 될 것이고, 다윗 집안은 하나님처럼, 백성을 인도하는 주님의 천사처럼 될 것이다. 그날이 오면, 내가 예루살렘을 치러 오는 모든 나라를 힘써 멸망시키겠다.

구원받은 하나님의 백성은 성령을 받아 회개한다 (슥 12:10-14)

그러나 다윗 집안과 예루살렘 주민에게는 '은혜와 간구의 영'을 부어 주겠다. 그러면 그들은 자기들이 찌른 나를 바라보고서,[127] 외아들을 잃고 애통하듯 울고, 맏아들을 잃고 애통하듯 통곡할 것이다. 그날에 예루살렘에 큰 애통이 있을 것이다. 그것은 므깃도 골짜기 하다드림몬의 애통과 같을 것이다. 그 땅 각 가문이 따로따로 애통할 것인데, 다윗 집안의 가족도 따로 애통할 것이고, 그 집안 여인들도 따로 애통할 것이다. 나단 집안의 가족도 따로 애통할 것이며, 그 집안의 여인들도 따로 애통할 것이다. 레위 집안의 가족이 따로 애통할 것이며, 그 집안 여인들도 따로 애통할 것이다. 시므이 집안의 가족이 따로 애통할 것이며, 그 집안 여인들도 따로 애통할 것이

---

126. 학 2:9 참조.
127. LXX. 요 19:37; 계 1:7.

다. 그 밖에 남아 있는 모든 집안의 가족도 따로 애통할 것이며, 각 집안의 여인들도 따로 애통할 것이다. (12:10-14)

그날이 오면 샘[128] 하나가 생겨, 다윗 집안과 예루살렘 주민의 죄와 더러움을 씻어 줄 것이다. 그날이 오면 내가 이 땅에서 우상의 이름을 지워 버려, 아무도 다시는 그 이름을 기억하지 못하게 하겠고, 거짓 예언자들과 더러운 영을 이 땅에서 없애 버리겠다. 만군의 주님의 말씀이다. 그런데도 누가 다시 거짓 예언을 하면, 그를 낳은 부모가 그에게 말하기를 '네가 주님의 이름으로 거짓말했으니, 너는 살지 못한다'고 말할 것이다. 그다음 그가 거짓 예언할 때, 그를 낳은 부모가 그를 칼로 찌를 것이다. 그날이 오면 거짓 예언자들은 자기가 본 거짓 계시를 부끄러워할 것이고, 사람들을 속이려고 입었던 털옷을 입지 않을 것이다. 그리고 이렇게 말할 것이다. '나는 예언자가 아니다. 나는 농부다. 나는 어렸을 때부터 남에게 소유당한 종이었다.'

어떤 사람이 그에게 묻기를 '네 두 팔 사이에 있는 가슴의 상처는 어찌 된 것이냐?'고 하면, 그는 '내 친구 집에서 맞은 상처다'라고 대답할 것이다."

칼아, 깨어나 내 목자들, 내 동료들을 쳐라. 만군의 주님의 말씀이다. 목자들을 치면, 양 떼가 흩어질 것이다.[129] 나도 내 손을 그 목자

---

128. 슥 3:9 참조.
129. LXX. 마 26:31; 막 14:27.

들[130] 위에 두겠다. 주님의 말씀이다. 온 땅의 3분의 2가 멸망해도, 3분의 1이 그곳에 살아남게 될 것인데, 그 3분의 1을 내가 불 속에 집어넣어 은을 단련하듯 단련하고, 금을 시험하듯 시험하겠다.[131] 단련되어 시험을 이긴 그들은 내 이름을 부를 것이고, 나는 그들에게 응답하겠다. 나는 '그들이 내 백성이다'라고 말하겠고, 그들은 '주는 나의 하나님'이라고 말할 것이다. (13:1-9)

메시아의 재림과 통치로 남은 자들의 일상생활이 거룩해진다 (슥 14:1-21)

보라, 주님의 날[132]이 올 것이고, 네 전리품이 네 가운데서 나눠질 것이다.* 내가 모든 이방 나라를 모아 예루살렘과 싸우게 하겠다. 그 성이 함락되고, 집이 약탈당하고, 여자들이 겁탈당하고, 그 성 주민의 절반이 포로로 잡혀갈 것이다. 그러나 그 성의 나머지 백성은 살아남을 것이다.

그때 주께서 나가셔서, 전쟁 때 싸웠던 것처럼 이방 나라들과 싸우실 것이다.[133] 그날, 주께서 예루살렘 맞은편 동쪽, 올리브 산 위에 발을 디디고 서실 것이다. 올리브 산은 동쪽과 서쪽으로 반으로 갈라져 매우 큰 골짜기가 생기고, 산의 반쪽은 북쪽으로, 다른 반쪽은 남쪽으로 옮겨질 것이므로, 그 산의 골짜기는 아셀까지 이를 것이다. 그리하여 너희는 유다 왕 웃시야 때 지진 때문에 도망한 것같

---

* 예루살렘이 이방 나라에 의해 나눠질 것이다.
130. LXX.
131. 고전 3:13.
132. 마 25:31; 24:27; 살전 4:17.
133. 계 19:11-21.

이 도망하게 될 것이다.[134] (14:1-5a)

그때 내 주 하나님이 오실 것이고, 거룩한 자들이 모두 주님과 함께 올 것이다.[135] 그날에는 빛이 없겠고 차가운 달빛도 없을 것이다. 주님만 아시는 한 날[136]이 올 것인데, 낮도 아니고 밤도 아니고 저녁 때 빛이 있을 것이다. 그날에 생명의 물이 예루살렘에서 솟아나 절반은 동쪽 바다로, 절반은 서쪽 바다로 흐를 것이다. 여름과 겨울에도 그렇게 흐를 것이다. 그날이 오면 주께서 온 세상의 왕이 되실 것이다.[137] 주님은 한 분만 계시고, 그분의 이름은 하나일 것이다. 그때 게바에서 예루살렘 남쪽 림몬까지 온 땅이 아라바처럼 바뀔 것이다. 예루살렘은 우뚝 솟아 그 아래에 사람이 살 것이며, '베냐민 문'에서부터 '첫 성문'이 있는 지점을 지나 '모퉁이 문'까지, 또 '하나넬 망대'에서 왕실의 포도주를 짜는 곳까지 사람이 살 것이다. 사람이 그곳에 살고, 다시는 저주가 없을 것이며,[138] 예루살렘 주민들은 안전하게 살 것이다. (14:5b-11)

주께서 예루살렘과 싸우는 모든 민족에게 내리실 재앙은 이러하다. 그들이 제 발로 서 있을 때 그들의 살이 썩고, 그들의 눈동자가 눈구멍 속에서 썩으며, 그들의 혀가 입안에서 썩을 것이다. 그날에 주께서 그들 가운데 큰 혼란을 보낼 것인즉, 그들은 서로 손을 잡고 싸울 것이고 서로 손을 들어서 칠 것이다. 유다도 예루살렘에서 싸울 텐

134. 암 1:1.
135. 암 1:1.
136. 마 24:36; 막 13:32; 행 1:7.
137. 계 19:6.
138. 계 22:3.

데, 이 같은 재앙이 적진에 있는 모든 짐승, 곧 말과 노새와 낙타와 나귀에게도 내릴 것이다. 이때 금과 은과 옷 등 주변 모든 이방인들의 재물이 심히 많이 모일 것이다.

예루살렘을 치러 왔던 모든 이방 민족 가운데 살아남은 자들은 모두 해마다 예루살렘으로 올라와 왕이신 만군의 주께 경배하며 초막절을 지킬 것이다. 땅에 있는 족속 중 왕이신 만군의 주님께 경배하러 예루살렘에 올라오지 않는 자들에게는 비가 내리지 않을 것이다. 만일 이집트 족속이 올라오지 않으면, 주님은 초막절을 지키러 올라오지 않은 여러 이방 민족에게 내릴 재앙을 그들에게도 내리실 것이다. 이것은 초막절을 지키러 올라오지 않는 이집트 사람과 모든 이방 민족이 받을 벌이다.

그날이 오면, 말 방울에까지 '주님께 거룩'이라는 글자가 새겨질 것이고, 주님의 성전 안에 있는 솥들이 제단 앞에 있는 그릇들과 같이 거룩하게 될 것이다. 예루살렘과 유다에 있는 모든 솥도 만군의 주님께 거룩해질 것이므로, 제사드리는 사람이 모두 와서 그 솥을 가져다 그 솥에 제물 고기를 삶을 것이다.

그날에 만군의 주님의 성전 안에 다시는 가나안 사람들[139]이 없을 것이다. (14:12-21)

---

139. 하나님을 섬기지 않고 성전 안에서 물건을 사고파는 장사꾼들.

"스룹바벨(스알디엘의 아들)과 여호수아(여호사닥의 아들) 대제사장과 백성의 모든 남은 자들이 그들의 주 하나님이 보내신 학개 예언자의 말을 통해 그들의 주 하나님의 음성을 듣고 주님을 두려워했다." (학 1:12)

바빌로니아에서 귀환한 유대인들은 예언자들이 언급한 남은 자들이기에 하나님을 두려워할 줄 알았다(사 6:13; 10:20-22; 암 5:15; 습 2:7; 렘 23:3). 그들에 대해서 하나님은 '내가 여호와인 줄 아는 마음을 그들에게 주어 그들이 전심으로 내게 돌아오게 하리니, 그들은 내 백성이 되고 나는 그들의 하나님이 되리라'(렘 24:7)고 말씀하셨다. 그 말씀대로 그들은 총독과 제사장을 비롯해 모든 백성이 하나님을 그들의 주님으로 믿었고, 학개를 하나님이 보내신 예언자로 믿었다. 그리고 학개가 대언하는 '성전을 지으라'는 말을 하나님의 음성으로 받아들였고, 성전 건축공사를 16년 동안 중단한 잘못에 대하여 하나님을 두려워하며 회개하고 다시 성전 건축공사를 시작하여 4년 만에 완공했다.

그들의 조상들이 하나님이 보내신 예언자들을 모두 박해하고 죽인 것과 달리, 그들은 하나님이 보내신 예언자들을 통해 들려오는 하나님의 음성에 순종해 그 시대의 사명인 예루살렘 제2성전 건축공사를 완공했던 것이다.

"이 백성이 내 앞에서 그렇고, 이 나라가 그렇다. 주님의 말씀이다. 그들이 손으로 하는 일이 모두 그렇고, 그들이 그곳에서 바치는 것도 부정하다." (학 2:14)

하나님 앞에서 희생제물을 드린 후 거룩한 고기를 옷자락에 싸 가지고 있다고 해서 일상생활이 거룩해지지 않는다. 오히려 시체를 만져서 부정해진 사람의 일상생활은 부정해지는 것이 율법이다. 따라서 귀환 유대인들이 성전 재건축 공사를 착공하자, 주변 이방인들의 훼방을 받았을 때 '주님의 성전이 지어질 때가 되지 않았다'고 제멋대로 상황을 해석하며 시대적 소명인 성전 건축 공사를 제쳐두고 잘 먹고 잘사는 일에만 열중했으므로 하나님 앞에서 부정하고, 부정한 유다 백성의 일상생활이 모두 부정하다. 그들이 일상생활 복 받으려고 제단에 제물을 드리는 것조차도 부정하다. 그 결과 지난 16년 동안 하나님의 징계를 받아서 흉년으로 고생만 했다.

그러다가 학개와 스가랴의 예언의 말씀을 듣고 각성하고 회개하며 성전건축 공사를 다시 시작했고, 3개월 후 하나님은 그들의 진정성 있는 행위를 보시고 "이제까지는 포도나무와 무화과나무와 석류나무와 올리브나무에 열매가 맺히지 않았지만, 오늘(다리우스 왕 2년 9월 24일)부터는 내가 복을 내리겠다"(학 2:19)고 말씀하셨다.

●●●●●●●●●●

"큰 산아, 네가 무엇이냐? 스룹바벨 앞에서는 평지일 뿐이다. 그가 머릿돌을 끄집어낼 때, 사람들이 그에게 '은혜다, 은혜다!' 하고 외칠 것이다." (슥 4:7)

다윗 왕이 준비하고 솔로몬이 건축한 웅장한 예루살렘 성전이 무너져서 돌더미가 큰 산을 이루고 성전 재건축을 방해하는 모든 대적들이 큰 산 같이 많고 강할지라도 하나님의 능력으로 제거되어 평지가 되고 새 성전이 건축될 것이다. 마침내 완공될 때 스룹바벨이 머릿돌을 놓으면 사람들이 하나님의 은혜로 건축되었다고 선포할 것이다.

●●●●●●●●●●

"너희가 70년 동안 5월이나 7월에 금식하거나 애곡했을 때, 너희가 진정 나를 위해 금식했느냐? 너희가 먹거나 마실 때 너희를 위해 먹고 너희를 위해 마시지 않았느냐? 예루살렘 멸망 전 사람들이 예루살렘과 그 주위의 여러 성읍에서 평안히 살고 산이나 평야에 살았을 때, 주께서 이전에 있었던 예언자들을 통해 외치게 하신 말씀이 있지 않느냐?" (슥 7:5-7) "만군의 주께서 이렇게 말씀하셨다. 4월의 금식일과 5월의 금식일과 7월의 금식일과 10월의 금식일이 변해 유다 백성에게 기쁘고 즐겁고 좋은 절기가 될 것이므로, 너희는 진리와 평화를 사랑해라." (슥 8:19)

유다 왕국 멸망 이후 유대인들은 70년 동안 바빌로니아에서 포로생활을 할 때나 귀환했을 때, 시드기야 왕 11년 5월 10일(BC 587년 7월 25일)의 예루살렘 성전과 왕궁을 비롯한 모든 건물의 방화와 7월(BC 587년 10월)의 유다 총독 그달리야의 살해사건을 슬퍼하며 회개의 금식을 해왔다. 그러나 세월이 지나면서 유대인들은 금식 행사의 참뜻을 잊어버리고 경건을 자랑하려고 위선적으로 금식했다(사 58:3 참조). 종교행사에서 먹거나 마실 때도 하나님을 위하는 마음 없이 자신들이 복 받기 위해 종교행사를 미신적으로 치렀다(약 4:3 참조). 이에 하나님은 '너희가 먹거나 마실 때에 너희를 위해 먹고 너희를 위해 마시지 않았느냐?'고 그들의 본심을 밝히신다. 금식은 힘의 원천이 음식이나 자신에게 있지 않고 하나님에게 있음을 고백하는 것이다(행 13:2 참조). 하나님이 기뻐하시는 금식은 하나님의 음성을 청종하고 이웃을 사랑하며(사 58:6; 슥 7:9-10) 이기적이고 탐욕적이던 자신의 마음을 괴롭게 하며 (사 58:5) 행하는 금식이다. 그렇기에 하나님은 '너희가 진정 나를 위해 금식했느냐?'고 반문하신다.

유대인들은 기복주의 신앙에 빠져 자신들을 위해 종교행사를 이용하고 이웃을 억압·착취했기에, 하나님은 예언자들을 보내 경고하셨다(사 1:12; 암 5:21; 렘 6:20). 그러나 듣지 않아 결국 유다 왕국은 멸망하고 바빌로니아로 잡혀가게 되었다.

예루살렘 성전 재건축공사 완공

유다 장로들은 이스라엘의 하나님의 명령과 페르시아 왕 고레스(BC 559-530 재위)와 다리우스(BC 521-486 재위)와 아닥사스다[140]의 칙령에 따라 성전 공사를 완공했다. 다리우스 왕 6년(BC 516) 아달월 3일에 성전 건축공사가 끝났다. 이스라엘 자손과 제사장들과 레위인들과 사로잡혀 갔다가 돌아온 사람들의 자손은 기뻐하면서 하나님의 성전 봉헌식을 거행했다. 그들은 하나님의 성전 봉헌식에 수소 100마리와 숫양 200마리와 어린 양 400마리를 바쳤다. 모든 이스라엘을 위한 속죄제물로는 이스라엘 지파의 수대로 숫염소 열두 마리를 바쳤다.[141] 그리고 가문별로 제사장을 세우고 임무별로 레위인을 세워, 모세의 책에 기록된 대로 예루살렘에서 하나님을 섬기는 일을 맡게 했다.

사로잡혀 갔다가 돌아온 자들은 첫째 달 14일에 유월절을 지켰다. 제사장들과 레위인들은 일제히 몸을 정결하게 했고, 레위인들은 사로잡혀 갔다가 돌아온 자들과 그들의 형제 제사장들과 그들 자신을 위해 유월절 양을 잡았다. 사로잡혀 갔다가 돌아온 이스라엘 자손이 그 땅에 살던 이방인들의 부정한 것으로부터 자신들을 구

---

140. '아닥사스다'는 잘못된 기록이다. 아닥사스다(BC 465-424 재위)는 성전 완공 51년 후의 왕이다. 그가 통치할 때 에스라서를 기록하면서 아닥사스다의 업적을 높이려고 추가한 듯하다.
141. 솔로몬 성전이 완공되었을 때(BC 959)는 국력이 막강했으므로 소 2만 2천 마리, 양 12만 마리를 화목제물로 드렸었다.

별하고 이스라엘의 주 하나님을 찾는 이들과 함께 모두 유월절 양고기를 먹었다.

그들은 7일 동안 무교절을 즐겁게 지켰다. 주께서 앗시리아[142] 왕의 마음을 그들에게 돌이켜 이스라엘의 하나님이신 하나님의 성전을 건축하는 그들의 손을 강하게 하여 그들을 기쁘게 하셨기 때문이다.

에스더의 유다 민족 구원

페르시아 제국의 다리우스 왕(BC 522-486)은 이오니아의 반란을 진압하기 위해 10만 보병과 1만 기병을 이끌고 소아시아를 정복했다. 그는 여세를 몰아 에게해를 건너 트라키아, 스키타이, 마케도니아를 정복했다. 이어서 아테네를 정복하려고 2만 5천 명의 보병을 이끌고 마라톤 평야에 상륙했다(BC 490). 그러나 아테네의 밀티아데스 장군이 이끄는 1만 시민군과 플라타이아 용병 1천 명은 수적 열세에도 불구하고 밀집 대형 선제공격 방식과 좌우 양 날개 적진 격파 후 중앙 공격 전략으로 싸워 마침내 승리했다.

다리우스 왕은 아테네와의 전쟁에서 패배한 후 4년 뒤에 죽고, 그의 아들 아하수에로(크세르크세스 1세, BC 486-465 재위)가 왕위를 계승했다. 새로운 왕 아하수에로가 즉위한 기회를 틈타 사마리아 사람들은 예루살렘 성벽 재건축공사 중단을 요청하는 글을 아하수에로 왕에게 올렸고, 공사는 중단되었다.

142. 앗시리아는 잘못된 기록이다. 페르시아 왕 다리우스 때(BC 516년 12월 3일) 성전은 완공되었다.

아하수에로가 왕위에 오르자 사마리아 사람들은 유다와 예루살렘 주민을 고발하는 글을 올렸다.

고레스 왕의 칙령에 의해 유대인 4만 2,360명이 BC 537년 바빌로니아에서 서쪽 예루살렘으로 돌아왔지만, 많은 유대인들은 신흥 제국 페르시아에서 잘 살아 보려고 바빌로니아 동쪽에 있는 페르시아의 수도 수산으로 가서 살고 있었다. 그들은 예루살렘 성전에서 하나님을 예배하고 율법을 지키는 언약 관계의 회복을 저버린 자들이다. 이들을 각성시킨 절체절명의 위기와 하나님의 구원 섭리가 에스더서에 기록되어 있다. 그 사건을 계기로 에스더와 모르드개를 비롯한 유대인들이 페르시아에서 실권을 장악하게 되고, 유대인의 정체성과 율법생활의 중요성을 각성하고 많은 율법사들을 육성하여 율법을 집대성하기 시작했다. 그 사건 이후 15년 만에 에스라를 비롯한 탁월한 율법사들이 육성되어 아닥사스다 왕의 인정을 받아, 페르시아에 남아 있던 유대인들을 이끌고 2차로 예루살렘으로 귀환한다. 에스라는 모세오경과 역사서 및 예언서를 집대성하여 백성들에게 율법을 가르치며 하나님 나라 회복에 헌신했다.

아하수에로 왕 때 있었던 일이다. 아하수에로는 인도에서 에티오피아까지 127곳의 지방을 다스린 왕이다. 아하수에로 왕은 수도 수산에서 왕위에 올랐다. 그는 나라를 다스린 지 3년째 되던 해(BC 483), 모든 지도자들과 신하들에게 잔치를 베풀었다. 페르시아와 메대의 장군들과 귀족들과 각 지방 총독들을 왕 앞으로 초대해, 자기

왕국의 거대한 부와 영화롭고 찬란한 위엄을 180일이나 되는 여러 날 동안 보여 주었다.[143]

이 기간이 끝나자 왕은 수도 수산에 있는 백성을 높은 자나 낮은 자나 모두 왕궁 정원 안뜰로 불러 7일 동안 잔치를 베풀었다.

정원에는 흰 실과 녹색과 청색 실로 짠 휘장이, 흰 실과 보라색 실로 꼰 끈으로 대리석 기둥의 은고리에 매달려 있었고, 금과 은으로 입힌 의자들이 화반석과 백석과 운모석과 흑석으로 덮인 바닥에 놓여 있었다. 술잔은 금잔이었는데 모양이 저마다 달랐다. 왕이 내리는 술은 풍성했다. 왕은 모든 술 심부름꾼들에게 '손님들이 원하는 대로 주라'고 지시했고, 음주 규정에 따라 술을 마시게 했다. 아무도 억지로 마시게 하는 일은 없게 했다.

와스디 왕후도 아하수에로 왕의 궁궐 안에서 여인들을 위해 잔치를 베풀었다. 7일째가 되는 날, 왕은 술을 마시고 마음이 즐거워지자 자기를 섬기는 궁전 내시 일곱, 곧 므후만, 비스다, 하르보나와, 빅다, 아박다, 세달과 가르가스에게, 와스디 왕후를 왕후의 관을 씌워 왕 앞으로 데려오게 명령했다. 왕후가 미인이었기에 왕은 왕후의 아름다움을 백성과 지도자들에게 보여 주고 싶었다. 그러나 와스디 왕후는 왕의 명령을 내시들을 통해 전해 듣고도 왕 앞에 나오기를 거절했다. 왕은 이 소식을 듣고 몹시 화가 나 마음속에 분노가 불같이 치밀어 올랐다. 그때 왕 옆에는 가르스나, 세달, 아드마다, 다시스,

---

143. 아하수에로는 자신의 힘과 권위를 과시하며, 선왕 다리우스의 숙원이었던 그리스 정복 전쟁의 승리에 대한 확신을 심어 주려고 국력 집결 궐기 대회를 개최한 듯하다(단 5:1 참조). 그리스 역사가 헤로도투스는 아하수에로 크세르크세스가 헬라 침략을 준비하면서 성대한 연회를 열었다고 기록했다.

메레스, 마르스나와 므무간 등 페르시아와 메대의 일곱 장관이 왕과 직접 대면하며 그 나라의 최고위직에 앉아 있었다. 왕이 법과 관습을 잘 아는 자들과 의논하는 것은 관례였으므로, 왕은 법을 아는 이런 지혜로운 사람들에게 물었다.

"나 아하수에로가 내시들을 통해 전달한 왕의 명령을 와스디 왕후가 따르지 않았으니, 법대로 하면 어떻게 처리해야 하느냐?"

므무간이 왕과 장관들 앞에서 대답했다.

"와스디 왕후는 왕께만 잘못한 것이 아니라, 아하수에로 왕께서 다스리시는 각 지방에 있는 모든 신하와 백성에게도 잘못한 것입니다. 아하수에로 왕께서 와스디 왕후를 왕 앞에 데려오라고 명령했음에도 왕후가 나오지 않았다는 소문이 모든 여인들에게 알려질 것이고, 여인들은 자기 남편들을 멸시하게 될 것이기 때문입니다. 페르시아와 메대의 귀부인들이 왕후의 행위를 알게 되면, 오늘이라도 왕의 모든 대신들에게 그렇게 말할 것입니다. 그러면 멸시하고 분노할 사람들이 많이 생길 것입니다. 그러니 왕께서 좋으시다면 와스디 왕후가 다시는 아하수에로 왕 앞에 나오지 못하게 명령을 내리고, 그것을 페르시아와 메대의 법으로 정하여 고치지 못하게 하고, 왕후의 자리는 그녀보다 나은 여인에게 주소서. 왕의 칙령이 이 큰 나라 전국에 선포되면, 모든 여인들은 신분이 낮거나 높거나 저마다 자기 남편을 존경할 것입니다."

왕과 장관들은 그의 말이 옳다 여겼고, 왕은 므무간의 말대로 시행했다. 왕은 자기가 다스리는 모든 지방에, 사람들이 지방마다 민족마다 다르게 사용하는 글자와 말로 다음과 같은 조서를 내렸다.

"남편이 자기 집을 주관하고, 그 가족은 남편이 속한 민족의 언어로 말해야 한다." (1:1-22)

그 후 3년이 지나 BC 480년 9월 아하수에로 왕은 선왕 다리우스가 이루지 못한 숙원을 이루려고 30만 대군과 1,327척의 함대를 이끌고 그리스로 쳐들어 갔다. 페르시아 군대는 스파르타와의 테르모필레 협곡 전투에서 승리한 후 아테네를 정복하고 아크로폴리스를 불태웠다. 선견지명이 있던 그리스 해군 사령관 테미스토클래스는 페르시아의 재침략에 대비해 함대 200척을 추가로 건조했다. 총 380척의 함대를 이끌고 아르테미시온 해전에서 페르시아 함대와 싸웠다. 그러나 아테네가 정복되었다는 소식을 듣고 살라미스 섬으로 후퇴했고, 페르시아 해군은 남은 함대 927척을 이끌고 살라미스 섬을 포위했다. 테미스토클래스가 남은 함대를 이끌고 좁은 살라미스 해협으로 후퇴하며 유인하자, 페르시아의 모든 함대는 그리스 함대를 추격했고, 마침내 전투가 벌어졌다. 그러나 좁은 해협의 전면에서 그리스 함대와 싸우는 페르시아 함대 수는 적은 반면에, 뒤에서 따라가던 많은 함대는 뒤에서 밀려오는 조수에 휩쓸려 서로 충돌하여, 제대로 싸워 보지도 못하고 패배했다. 이것을 지켜본 아하수에로 왕은 치밀어 오르는 분노를 참지 못하고 해군을 지휘한 페니키아 선장들을 참수해 버렸다. 결국 페니키아 해군의 이탈과 철수로 바다를 통한 보급에 실패했고, 마침내 눈물을 머금고 페르시아로 퇴각했다.

세월이 지나면서 패전의 분노가 가라앉은 아하수에로 왕은 4년 전 1천 명의 귀족 앞에서 자기 아내의 미모를 자랑하며 자기 과시를 하려다 거부당해 망신당한 분노도 잊혀졌고, 폐위당한 와스디가 불쌍하게 여겨지고 그리워졌다.

그 후 아하수에로 왕은 분노가 가라앉자 와스디가 생각났고 그녀의 행위와 그녀에게 내린 조서를 생각했다. 왕을 섬기는 신하들이 말했다.

"왕을 위해 아름다운 처녀를 찾아보게 하소서. 왕께서 전국 각 지방에 관리를 임명해 아름다운 처녀를 모두 수도 수산의 후궁으로 데려오게 하고, 궁녀를 관리하는 내시 헤개에게 맡겨 그 여인들이 몸을 가꿀 화장품을 주게 하소서. 그 후 왕의 눈에 드는 처녀를 와스디 대신 왕후로 삼으소서."

왕은 그 말을 좋게 여겨 그대로 했다. 그때 수도 수산에는 모르드개라고 하는 유대인이 있었다. 그는 베냐민 자손으로, 기스의 증손이고 시므이의 손자이자 야일의 아들이었다. 기스는 바빌로니아 왕 느부갓네살이 유다 왕 여고냐[144]와 그의 백성을 예루살렘에서 포로로 잡아왔을 때[145] 함께 잡혀 왔다. 모르드개는 삼촌의 딸 하닷사가 부모를 잃었기에 데려와 길렀다. 그녀는 이름이 에스더라고도 했는데, 용모가 아름답고 예뻤다. 그녀의 부모가 죽었을 때, 모르드개가 그녀를 자기 딸로 삼았다.

왕의 조서와 명령이 공포되자 많은 처녀들이 뽑혀 수도 수산에서 헤개의 지도를 받게 되었다. 에스더도 왕궁으로 보내져 궁녀를 관리하는 헤개의 지도를 받았다. 헤개는 에스더를 좋게 보고 은혜를 베풀어 즉시 화장품과 일용품을 주었다. 또 왕궁에서 시녀 일곱 명을

144. 여호야긴.
145. BC 597년.

골라 에스더에게 주었다. 그는 에스더를 그녀의 시녀들과 함께 후궁에서 가장 좋은 자리로 옮기게 하고 그곳에서 지내게 했다. 에스더는 자기 민족과 고향을 말하지 않았다. 모르드개가 말하지 말라고 지시했기 때문이다.

모르드개는 에스더가 평안한지 또 그녀에게 무슨 일이 있는지 알아보려고 날마다 후궁 뜰을 오갔다. 처녀들은 궁녀 규정에 따라 12개월 동안 몸을 가꾼 후 차례대로 아하수에로 왕 앞에 나아갔다. 6개월 동안은 몰약 기름으로, 6개월 동안은 향유와 여러 가지 여성용 화장품으로 몸을 가꿨다. 처녀가 왕 앞에 나아갈 때는 그녀가 원하는 것은 무엇이든지 다 받아 후궁에서 왕궁으로 가지고 갔다. 처녀들이 저녁에 왕궁으로 들어갔다 이튿날 아침에 나오면, 후궁들을 맡은 왕의 내시 사아스가스가 별궁으로 데리고 갔다. 왕이 그녀의 이름을 부르지 않으면, 그녀는 다시 왕 앞에 나아갈 수 없었다.

드디어 모르드개의 삼촌 아비하일의 딸, 곧 모르드개가 자기 딸로 삼은 에스더가 왕 앞에 나아갈 차례가 되었다. 그녀는 궁녀를 관리하는 왕의 내시 헤개가 정한 것 외에는 다른 것을 요구하지 않았다. 그러나 누가 봐도 아름다웠다. 에스더는 아하수에로 왕 제7년[146] 10월, 곧 데벳월에 왕궁으로 들어가 왕 앞에 나가게 되었다.

왕은 에스더를 다른 모든 여자보다 더 사랑했다. 그녀는 모든 처녀들보다 더 왕의 사랑을 받았다. 드디어 왕은 그녀의 머리에 관을 씌우고, 와스디 대신 왕후로 삼았다. 왕은 에스더를 위해 모든 장관

146. BC 479년.

과 신하들에게 큰 잔치를 베풀고, 각 지방에 세금을 면제해 주었고, 왕의 이름으로 선물을 주었다.

처녀들을 두 번째로 모을 때는 모르드개가 왕궁 문에 앉아 재판하고 있었다. 에스더는 모르드개가 시킨 대로 자기 고향과 민족을 말하지 않았다. 모르드개가 에스더를 양육할 때 에스더가 그의 말을 지켰듯 그렇게 한 것이다.

모르드개가 왕궁 문에 앉아 있을 때, 문지기였던 왕의 두 내시 빅단과 데레스가 원한을 품고 아하수에로 왕을 죽이려는 음모를 꾸몄다. 모르드개는 그 음모를 알고 에스더 왕후에게 그 사실을 알렸다. 에스더는 왕에게 보고하면서 '모르드개가 알려 주었다'고 말했다. 왕은 그 사실을 조사했고, 음모가 밝혀지자 그 두 사람을 나무에 매달았다. 이런 사실이 왕 앞에서 궁중실록에 기록되었다.[147]

에스더가 왕비가 된 후 5년이 지났다. 모르드개는 여전히 왕궁 문에서 근무하고 있었다. 이즈음 하만은 일인지하 만인지상(一人之下 萬人之上)의 권력을 가지고 자신에게 절하지 않는 유대인 모르드개를 모든 유다 민족과 함께 전멸시키려 했다. 그러나 모르드개는 왕비 에스더를 설득하여 왕의 권한으로 하만을 제압하고 유다 민족을 구원한다. 왕후 에스더는 아하수에로 왕의 마음을 변화시켜 동족을 구원하는 핵심 역할을 했다. 결국 하만에 의해 촉발된 유다 민족 멸절의 위기는 페르시아 전국에 거주하는 유대인들이 한마음으로 하나님께 돌아와 구원을 부르짖게 하는 계기가 되었다.

---

147. 아하수에로 왕은 9년 후 BC 465년에 결국 암살된다.

그 후 아하수에로 왕은 아각 사람 함므다다의 아들 하만[148]의 지위를 높여 다른 모든 장관보다 더 높은 자리에 앉혔다. 왕궁 문에서 근무하는 신하들은 왕의 명령대로, 하만이 드나들 때마다 모두 무릎 꿇어 엎드려 절했다. 그러나 모르드개는 무릎을 꿇지 않고 절하지도 않았다. 왕궁 문에서 근무하던 왕의 신하들이 모르드개에게 말했다.

"너는 어찌하여 왕의 명령을 거역하느냐?"

그들이 날마다 모르드개에게 말했으나, 모르드개는 자신은 유대인이라고 말하면서 그들의 말을 듣지 않았다. 그들은 하만에게 이 사실을 알렸고, 모르드개 사건이 어떻게 되는지 두고 보고 있었다. 하만은 모르드개가 정말로 자기에게 무릎 꿇지 않고 절하지도 않는 것을 보고 화가 잔뜩 났다. 그들은 하만에게 모르드개가 어떤 민족인지 알려 주었다. 하만은 모르드개 한 사람만 죽이는 것은 부족하다고 생각하고, 아하수에로가 다스리는 모든 나라에서 모르드개와 같은 민족인 유대인을 모두 죽일 방법을 찾았다. 그래서 아하수에로 왕 제12년 1월 니산월에, 하만의 사람들이 유대인을 어느 달 어느 날에 죽일지 알아보려고 주사위, 곧 '부르'를 하만 앞에서 던졌다. 12월 아달월 13일[149]이 나왔다. 하만은 아하수에로 왕에게 말했다.

"왕께서 다스리시는 왕국의 백성 중 여러 지방에 흩어져 사는 한

---

148. 아각 사람 하만은 아말렉 자손이며 유대인의 원수였다. 삼상 15:8; 출 17:8, 16; 신 25:17; 삼상 15:2-3; 에 3:10; 8:1 참조.
149. 에 3:13; 8:12 (BC 473년 3월 12일).

민족이 있는데, 그들의 법은 다른 모든 민족의 법과 달라서 왕의 법을 지키지 않으니, 왕께서 그들을 그냥 두시는 것은 아무 유익이 없습니다. 왕께서 좋으시다면, 조서를 내려 그들을 모두 없애 주시기 바랍니다. 그러면 저는 은화 1만 달란트를 왕의 재정 관리에게 맡겨 왕의 금고에 입금시키도록 하겠습니다."

그러자 왕은 자기 손가락에 끼고 있던 반지를 빼어 유대인의 원수인 아각 사람 함므다다의 아들 하만에게 맡기면서 말했다.

"그 돈은 네가 가져라. 그 민족에게는 네 마음대로 해라." (3:1-11)

1월 13일 왕의 서기관들이 소집되었다. 그들은 하만의 명령대로 왕의 장관들과 각 지방의 총독들과 각 민족의 관리들에게 보내는 조서를 만들었다. 그리고 아하수에로 왕의 이름으로 각 지방의 글과 각 민족의 말로 조서를 만들어, 거기에 왕의 반지로 도장을 찍었다. 그런 후 그 조서를 사신들을 통해 왕의 모든 지방으로 보냈다. 그 내용은 12월 아달월 13일 하루에 모든 유대인을 젊은이, 늙은이, 어린 아이, 여자 할 것 없이 모두 죽이고 도륙하고 진멸하고, 그들의 재산을 빼앗으라는 것이었다. 각 지방에는 그 조서의 사본이 법령으로 전달되어 모든 민족이 그날을 준비하게 했다. 왕의 명령이 떨어지자 사신들이 즉시 떠났다. 수도 수산에는 조서가 나붙었다. 그때 왕과 하만은 앉아서 술을 마시고 있었다. 하지만 수산 성은 술렁거렸다.

모르드개는 이 모든 일을 알고서 자기 옷을 찢고 베옷을 입고 재를 뒤집어쓴 채로, 성 가운데 들어가면서 대성통곡했다. 그가 왕궁 문 앞까지 왔으나 베옷을 입고서는 아무도 왕궁 문 안으로 들어갈 수 없었다. 왕의 명령과 조서가 전달된 지방마다, 유대인들은 크게 애곡하고 금식하며 울부짖었다. 많은 사람들이 베옷을 입고 재 위에 누웠다.

에스더의 시녀들과 내시들이 에스더에게 가서 모르드개가 당한 일을 말하니, 왕후는 너무 걱정되어 모르드개에게 입을 옷을 보내고 베옷을 벗기려 했다. 하지만 모르드개는 그 옷을 받지 않았다. 에스더는 자기를 섬기는 왕궁 내시 가운데 하닥을 불러 모르드개에게 무슨 일이 있는지, 무엇 때문인지 알아보라고 했다. 하닥이 왕궁 문 앞, 성 광장에 있는 모르드개에게로 갔고, 모르드개는 자기에게 일어난 일을 모두 하닥에게 이야기했다. 하만이 유대인을 진멸하려고, 왕의 금고에 입금하겠다고 약속한 돈의 정확한 금액까지 말했다. 모르드개는, 유대인을 진멸하라고 수산 성에 선포된 칙령의 조서 사본을 하닥에게 주면서, 에스더에게 그것을 보이고 설명해 드리라고 했다. 그리고 에스더로 하여금 직접 왕 앞에 나아가 그녀의 민족을 살려 달라고 탄원하라고 했다. 하닥이 돌아가 모르드개의 말을 에스더에게 전하자, 에스더는 다시 하닥을 보내 모르드개에게 이렇게 전하라고 했다.

"왕이 부르지 않는데 왕궁 안뜰로 들어가 왕에게 다가가는 자는 남자든 여자든 모두 처형하는 것이 법으로 정해져 있습니다. 이러한 법은 왕의 신하들과 왕의 지방 백성들이 모두 알고 있습니다. 다만 왕이 금 홀을 내밀면 살 수 있습니다. 그런데 왕이 나를 들어오라고 부르지 않은 지 벌써 30일이나 되었습니다."

에스더의 말을 하닥이 모르드개에게 전하자, 모르드개는 이렇게 에스더에게 전하라고 했다.

"왕후께서 왕궁에 계신다고 모든 유대인 가운데 혼자만 구원받을 수 있을 거라 생각하지 마십시오. 왕후께서 이때 가만히 있으면, 유대인은 다른 방법으로 구원받고 살아나겠지만, 왕후와 왕후의 집안은 멸망할 것입니다. 왕후께서 왕후의 자리에 오른 것이 이때를 위함이 아닌지 누가 압니까?"

에스더는 모르드개에게 전하라고 다시 말했다.

"가서, 수산에 있는 모든 유대인을 모으고, 나를 위해 금식하소서. 3일 동안 밤낮 먹지도 마시지도 마소서. 나와 내 시녀들도 그렇게 금식하겠습니다. 그러고서 나는 법을 어기고서라도 왕께 나아가겠습니다. 죽게 되면 죽겠습니다."[150]

모르드개는 다니면서 에스더가 지시한 대로 다 했다. (3:12-4:17)

3일째 되는 날, 에스더는 왕후의 예복을 입고 왕궁 맞은편에 있는 왕궁 안뜰로 들어가 섰다. 그때 왕은 왕의 의좌에 앉아 왕궁 문쪽을 바라보고 있었다. 왕은 에스더 왕후가 뜰에 서 있는 것을 보고 사랑스러워, 손에 쥐고 있던 금 홀을 에스더에게 내밀었다. 에스더가 가까이 다가가 금 홀의 끝을 만졌다. 왕이 말했다.

"웬일이오, 에스더 왕후, 그대 소원이 무엇이오? 나라의 절반이라도 그대에게 주겠소."

"왕을 위해 제가 오늘 잔치를 베풀었으니, 왕께서 좋으시다면 하만과 함께 오소서."

왕은 즉시 명령을 내렸다.

"에스더의 말대로 하겠다. 하만을 즉시 불러오너라."

---

150. 롬 9:3; 욜 2:12 참조.

왕이 하만과 함께 에스더가 베푼 잔치에 왔다. 왕이 그 자리에서 에스더에게 물었다.

"그대의 소원이 무엇이오? 내가 들어주겠소. 그대 소원이 무엇이오? 나라의 절반이라도 주겠소."

"제 소원, 제 요구는 이렇습니다. 왕께서 저를 어여삐 보시고 제 소원과 요구를 들어주시겠다면, 내일도 잔치를 열겠으니 하만과 함께 오소서. 그때 제 소원을 말씀드리겠습니다."

그날 하만은 즐거운 마음으로 나오다가 모르드개가 왕궁 문에 있으면서 일어나지도 않고 몸을 움직이지도 않는 것을 보았다. 하만은 매우 화가 났지만 참고 집으로 돌아왔다. 하만은 자기 친구들과 자기 아내 세레스를 불러놓고, 자기는 재산도 많고 아들도 많으며, 왕이 자기를 영화롭게 해주고 다른 장관이나 신하들보다 더 높은 자리에 앉혔다고 말했다. 그리고 덧붙여 말했다.

"그뿐만 아니라 에스더 왕후께서 차린 잔치에 왕과 함께 초대받은 사람은 나 하나밖에 없다. 나는 내일도 왕과 함께 초대받았다. 그런데 왕궁 문에 앉아 있는 유대인 모르드개만 보면 이 모든 것이 아무것도 아니란 생각이 든단 말이야."

그의 아내 세레스와 모든 친구들이 그에게 말했다.

"높이가 23미터 되는 장대를 세우고 내일 아침 왕께 말씀드려, 그 자를 거기에 매달게 하십시오. 그런 다음, 왕을 모시고 잔치에 가서 즐기십시오."

하만은 그 말을 좋게 여기고 장대를 세우게 했다. (5:1-14)

그날 밤, 왕은 잠이 오지 않아 신하들에게 왕궁일지를 기록한 책을 가져오게 하고, 자기 앞에서 읽게 했다. 그 왕국실록에는 왕궁 문지기였던 왕의 두 내시 빅다나와 데레스가 아하수에로 왕을 암살하려 했던 것을 모르드개가 알고서 고발했다는 기록이 있었다. 왕이 물었다.

"이런 일을 한 모르드개에게 어떤 직위와 상을 내렸느냐?"

"아무것도 내리지 않았습니다."

왕이 말했다.

"뜰에 누가 있느냐?"

그때 마침 하만이 왕궁 바깥 뜰에 들어오고 있었다. 그는 왕의 허락을 받아 모르드개를 자기가 세운 장대에 매달려는 참이었다. 신하들이 대답했다.

"하만이 지금 뜰에 서 있습니다."

"들어오라 해라."

하만이 들어오자, 왕이 그에게 물었다.

"왕이 존귀하게 대우하고 싶은 사람에게 어떻게 하면 좋을지 말해 보시오."

하만은 왕이 존귀하게 하고 싶은 사람이라면, 자기 말고 또 누가 있으랴 싶어 왕께 말했다.

"왕께서 존귀하게 하고 싶은 사람이 있으면, 왕께서 입으시는 옷과 왕께서 타시는 말과 머리에 쓰시는 왕관을 가져오게 해, 그 옷과 말을 왕의 장관 가운데 가장 높은 자의 손에 맡겨, 왕께서 존귀하게 하고 싶어 하시는 그 사람에게 그 옷을 입히고, 그 사람을 말에 태워 성 안 거리로 다니게 하고, 그 앞에서 '왕이 존귀하게 하기를 원하는 사람에게는 이렇게 하실 것이다!' 하고 외치게 하소서."

왕이 하만에게 명령했다.

"그대가 말한 대로 즉시 내 옷과 말을 가지고 가서, 왕궁 문에 앉아 있는 유대인 모르드개에게 행하시오. 그대가 말한 것 가운데 하나도 빠뜨리지 말고 그대로 하시오."

하만이 왕의 옷과 말을 가지고 가서 모르드개에게 그 옷을 입히고 또 그를 말에 태워 성 안 거리로 다니며 그 앞에서 외쳤다.

"왕이 존귀하게 하고 싶어 하시는 사람에게는 이렇게 하실 것이다." (6:1-11)

그런 다음, 모르드개는 왕궁 문으로 돌아왔고, 하만은 급히 자기 집으로 돌아가 머리를 싸잡고 울었다. 하만은 자기 아내 세레스와 모든 친구들에게 자기가 겪은 일을 이야기했다. 그 친구 중 지혜 있는 자들과 아내 세레스가 그에게 말했다.

"모르드개가 유대인의 자손이라면, 당신이 그 앞에서 무릎 꿇기 시작했으니 그를 이길 수 없고, 당신은 그 앞에서 틀림없이 망할 것이오."

말이 채 끝나기도 전에 왕의 내시들이 와서 하만을 에스더가 차린 잔치에 급히 데리고 갔다. 왕과 하만은 에스더 왕후가 차린 잔치에 함께 갔다. 잔치 둘째 날에도 왕이 에스더에게 물었다.

"당신의 소원이 무엇이오? 에스더 왕후여, 내가 들어주겠소. 당신의 요구가 무엇이오? 나라의 절반이라도 내가 주겠소."

"제가 왕께 은혜를 입었고, 왕께서 저를 어여삐 여기신다면, 왕이시여, 제 목숨을 살려 주시고, 제 민족을 살려 주소서. 이것이 제 소원입니다. 저와 제 민족이 팔려서 죽게 되었고, 살육당해 전멸하게 되었습니다. 우리가 남종이나 여종으로 팔려 가기만 해도 제가 가만히 있겠고, 그만한 일로 왕께 걱정을 끼쳐 드리지 않겠습니다."

"그자가 누구요? 감히 그런 짓을 하려고 마음먹고 있는 자가 어디에 있소?"

"그 적과 원수는 바로 이 흉악한 하만입니다."

하만은 왕과 왕후 앞에서 두려움에 사로잡혔다. 왕은 화가 나서 그 자리에서 일어나 왕궁 안뜰로 나가 버렸다. 하만은 왕이 자기에게 벌을 내리기로 마음먹은 것을 알고서, 그 자리에 남아 에스더 왕후에게 목숨만 살려 달라고 애걸했다. 왕이 왕궁 안뜰에서 잔치 자리로 돌아와 보니, 하만이 에스더가 눕는 침대 위에 엎드려 있었다. 왕이 소리쳤다.

"네가 내 집에서 왕후까지 강간하려고 하느냐?"

하만[151]은 이 말을 듣고 얼굴을 싸잡았다. 그때 왕 앞에 있던 내시 가운데 한 사람인 하르보나가 말했다.

"왕께 선한 말을 한 모르드개를 하만이 매달려고 자기 집에 높이 23미터 되는 장대를 세워 놓았습니다."

왕이 명령했다.

"하만을 거기에 매달아라!"

모르드개를 매달려고 세운 장대에 하만이 매달리자 비로소 왕의 분노가 가라앉았다. 아하수에로 왕은 그날 유대인의 원수 하만의

---

151. LXX.

집을 에스더 왕후에게 주었다. 에스더는 자신과 모르드개와의 관계를 왕께 말씀드렸다. 모르드개는 왕 앞에 나아오게 되었고, 왕은 하만에게서 되찾은 자기 반지를 빼어 모르드개에게 맡겼다. 에스더는 하만의 집을 모르드개에게 관리하게 했다. (6:12-8:2)

에스더는 또다시 왕의 발 앞에 엎드려 울면서, 아각 사람 하만이 유대인을 해치려고 꾸민 악한 음모를 없애 달라고 애원했다. 왕이 금 홀을 에스더에게 내밀자, 에스더가 일어나 왕 앞에 서서 말했다.

"제가 왕께 은혜를 입어 왕께서 저를 어여삐 보시고, 제 말이 옳다고 여기신다면, 그리고 저를 사랑스럽다고 생각하신다면, 조서를 내려 아각 자손 함므다다의 아들 하만이 왕의 나라 여러 지방에 사는 유대인을 진멸하려고 흉계를 꾸미며 쓴 문서를 무효가 되게 해주소서. 제 민족이 화를 당하는 것을 제가 어찌 제 눈으로 보겠습니까? 제 친척이 멸망하는 것을 어찌 제가 보겠습니까?"

아하수에로 왕이 에스더 왕후와 유대인 모르드개에게 말했다.

"보라, 하만이 유대인을 죽이려 했기에 장대에 매달렸고, 내가 하만의 집을 에스더에게 주었다. 이제 왕의 이름으로 유대인들에게 유리한 내용으로 조서를 만들고, 왕의 반지로 도장을 찍어라. 왕의 이름으로 조서를 만들고, 왕의 반지로 도장을 찍은 그 조서는 아무도 취소하지 못한다."

왕의 서기관들이 즉시 소집되었다. 때는 3월 시완월 23일이었다.[152] 서기관들은 모르드개가 불러 주는 대로 조서를 만들어 인도에서부터 에티오피아까지, 127곳의 지방에 있는 유대인들과 장관들과 총독들과 각 지방 관리들에게 보냈다. 그 조서는 각 지방의 글자와 각 민족의 말로 쓰였으며, 유대인들의 글자와 말로도 조서를 만들어 보냈다. 모르드개는 아하수에로 왕의 이름으로 조서를 만들고, 왕의 반지로 도장을 찍은 후, 사신들을 통해 그 조서를 보냈다. 사신들은 왕궁에서 기른 날쌘 말을 타고 달려 나갔다.

그 조서에는, 모든 성에 있는 유대인들은 함께 모여 자기들의 생명을 보호하고, 자기들을 공격하는 민족이나 지방 군대가 있다면 그들뿐 아니라 그들의 자식과 아내까지도 모두 죽이고 도륙하고 진멸하고 그들의 재산까지 빼앗을 수 있게 했다. 그러나 아하수에로 왕의 모든 지방에서 유대인들이 이렇게 할 수 있는 날은 12월 아달월 13일 하루 동안으로 정했다. 각 지방에서는 그 조서를 법령으로 공포해 각 민족에게 알리고, 유대인들이 대적들에게 원수 갚을 날을 미리 준비하게 했다. 왕의 명령이 매우 급하여 사신들은 왕궁의 날쌘 말을 타고 급히 떠났다. 수도 수산에도 조서가 나붙었다. (8:3-14)

모르드개가 푸른색과 흰색의 왕궁 옷을 입고, 큰 금관을 쓰고, 모시로 짠 붉은 겉옷을 입고 왕 앞에서 나오자, 수산 성 사람들이 소리치며 기뻐했다. 유대인들에게 영광과 기쁨과 즐거움과 존귀함이 있었다. 왕의 명령과 조서가 전달된 지방이나 도시는 어디에서나, 그곳에 사는 유대인들이 잔치를 벌였고, 그날을 축제의 날로 삼았다. 그 땅에 사는 다른 민족 가운데 많은 사람들이 유대인을 두려워해 스스로 유대인이 되기도 했다.

12월 아달월 13일 드디어 왕의 명령과 조서대로 시행하는 날이

---

152. 하만이 모르드개와 유대인을 죽이기로 결심한 때(1월 니산월)로부터 2개월 만에 상황이 급반전되어 전화위복이 이루어졌다.

되었다. 이날은 유대인의 원수들이 유대인을 없애려 한 날인데, 오히려 유대인이 자기들을 미워하는 자들을 없애는 날로 바뀌었다. 유대인들은 자기들을 해치려 한 자들을 죽이려고 아하수에로 왕의 모든 지방의 각 도시에 모였다. 모든 민족이 그들을 두려워해 아무도 그들을 막을 수 없었다. 각 지방의 지도자들과 장관들과 총독들과 왕의 행정관리들은 모르드개가 두려워 유대인들을 도왔다. 모르드개는 왕궁에서 존귀한 자가 되었고 점점 강해졌으며, 그의 명성이 모든 지방에 퍼졌다. 유대인들은 그들의 원수를 모두 칼로 쳐 죽여 없앴다. 자기들을 미워하는 자들에게 하고 싶은 대로 했으니, 수도 수산에서 500명을 죽이고 진멸했다. 유대인의 원수 하만(함므다다의 아들)의 열 아들인 바산다, 달본, 아스바다, 보라다, 아달리야, 아리다다, 바마스다, 아리새, 아리대와 왜사다도 죽였다. 그러나 그들의 재산은 빼앗지 않았다. 수도 수산에서 죽은 자의 수가 왕에게 보고되었다. 왕이 에스더 왕후에게 말했다.

"유대인들은 수도 수산에서 500명을 죽여 진멸했고, 하만의 열 아들도 죽었으니 나머지 다른 지방에서야 어떻게 했겠소? 이제 당신의 소원이 무엇이든지 내가 들어줄 테니, 당신의 요구가 또 있으면, 당신이 바라는 대로 해주겠소."

"왕께서 좋으시다면, 수산에 있는 유대인들이 내일도 오늘처럼 이 조서대로 행하게 해주시고, 하만의 열 아들의 시신을 장대에 매달게 하소서."

왕은 그렇게 하라고 명령을 내려 수산에 조서가 내렸고, 하만의 열 아들의 시신은 장대에 매달렸다. 수산의 유대인들은 아달월 14일에도 모여 300명을 죽였다. 그러나 재산은 빼앗지 않았다.

그동안 왕의 각 지방에 있는 나머지 유대인들도 지방별로 모여 자기들의 생명을 보호하려고 자체 방어에 들어갔다. 그들은 자기들을 미워하는 자를 7만 5천 명이나 죽였다. 그러나 재산은 빼앗지 않았다. 아달월 13일에 이 일이 일어났고, 14일에는 쉬면서 그날을 잔치하며 기뻐하는 날로 삼았다. 그러나 수산에 사는 유대인들은 13일과 14일에 모여 일을 행했으므로, 15일에 쉬면서 그날을 잔치하며 기뻐하는 날로 삼았다. 성벽이 없는 마을에 사는 유대인들은 아달월 14일을 즐겁게 잔치하는 명절로 정하고, 서로 음식을 선물로 나눴다. (8:15-9:19)

모르드개는 이 사건을 기록해 두었고, 가깝거나 멀거나 아하수에로 왕의 모든 지방에 사는 모든 유대인들에게 조서를 보내 해마다 아달월 14일과 15일을 명절로 지키게 했다. 그날은 유대인이 원수들의 손에서 벗어나 평안을 되찾은 날이고, 슬픔이 기쁨으로 바뀐 날이며, 애곡하는 날이 잔칫날로 바뀐 날이다. 그러므로 모르드개는 그 두 날을 잔치하며 기뻐하는 명절로 정하고, 서로 음식 선물을 나누고, 가난한 사람들에게 선물을 주는 날로 지키게 했다. 유대인들은 모르드개가 자기들에게 문서로 지시한 대로 지키기 시작했다.

모든 유대인의 원수 하만(아각 자손 함므다다의 아들)은 유대인을 진멸하고자 '부르'라는 주사위를 던져 유대인을 죽여 없애려 했으나, 에스더가 왕 앞에 나아가 그 음모를 보고하자, 왕은 조서를 내려 하만이 유대인을 해치려고 꾸민 악한 흉계를 하만 자신에게 돌아가게 했다. 그리고 하만과 그의 아들들을 장대에 매달게 했다. 그래서 '부르'라는 말을 따라, 이 두 날을 부림이라 불렀다.

이 글에 기록된 모든 사건은 유대인 스스로가 직접 보고 겪은 것이다. 유대인들은 이 두 날을 그들 자신과 그들의 자손과 그들에게 귀화하는 사람들이 해마다 이 글에 기록된 대로 정해진 때에 지키는 날로 삼았다. 이 두 날은, 유대인이면 어느 지방 어느 도시에 살든지 모든 집안이 대대로 기억하고 지켜야 하며, 부림절이 유대인 가운데서 폐지될 수 없게 했고, 그들의 자손도 잊지 않고 기념하게 했다.

아비하일의 딸 에스더 왕후와 유대인 모르드개가 모든 권한을 가지고 두 번째 편지를 써서 부림절을 확정했고, 평안하고 진실한 말이 담긴 그 편지는 아하수에로 왕국 127곳의 지방에 사는 모든 유대인에게 발송되었다. 이 편지는 유대인 모르드개와 에스더 왕후가 유대인들에게 지시한 대로 정해진 때에 부림절을 지키는 것과 그들과 그 자손들이 부르짖으며 금식하는 규정을 지키게 하려고 보낸 것이다. 그래서 부림절에 관한 규정이 에스더의 명령으로 확정되었고 책에 기록되었다.

아하수에로 왕은 본토와 바다 건너 여러 섬에 조공을 바치라고 명령했다. 그 왕의 능력 있는 모든 업적과, 그 왕이 모르드개를 높여 존귀하게 한 사실이 메대와 페르시아의 왕조실록에 기록되어 있다. 유대인 모르드개는 아하수에로 왕 다음이 되었고, 유대인 중에서 큰 자였으며 자기의 많은 형제들에게 기쁨이 되었다. 그는 자기 백성의 유익을 위해 선한 일을 했고, 그의 모든 자손을 평안하게 했다. (9:20-10:3)

아하수에로 왕은 하만 사건 8년 후 BC 465년에 암살되었다. 그의 아들 아닥사스다(BC 465-424 재위)가 왕위를 계승했다.

"왕궁 문에서 근무하는 신하들은 왕의 명령대로, 하만이 드나들 때마다 모두 무릎 꿇어 엎드려 절했다. 그러나 모르드개는 무릎을 꿇지 않고 절하지도 않았다." (에 3:2)

모르드개가 하만에게 무릎 꿇어 절하지 않은 것은 하만이 유다 민족의 원수인 아말렉 족속이기 때문이다. 하나님을 경외하고 민족정신이 투철한 모르드개의 개인적인 이 사건이 발단이 되어 유다 민족이 말살될 위기로까지 확대되었다. 그래서 모르드개와 유다 민족은 절체절명의 위기에 몰렸지만, 결사적으로 금식기도하며 하나님 앞에서 자신들을 겸손하게 낮추고 에스더의 활약으로 하나님의 긍휼히 여기심을 받아 구원받았다. 오히려 하만과 그의 가족은 모두 처형되었다. 모르드개는 '아하수에로 왕 다음이 되었고'(에 10:3) 새 시대를 열 수 있었다. 이렇게 모르드개와 유다 민족은 페르시아 사회에서 전화위복의 영광을 누리게 되었다는 것이 에스더서의 요지다.

에스더서에 '하나님'이란 글자가 없는 이유?

페르시아 왕 고레스의 칙령에 따라 바벨론에 살던 유대인들은 예레미야의 예언대로 하나님의 뜻에 순종하여 BC 537년 서쪽 약속의 땅으로 돌아갔다. 그런데 함께 돌아가지 않고 신흥 제국 페르시아에서 잘살아 보려고 동쪽 페르시아의 수도 수산으로 간 유대인들도 많이 있었다. 이 사람들은 신정정치에 무관심했고 하나님의 명령을 거역했으므로 언약의 하나님 이름은 이들과는 상관이 없다.(E. J. Young 저, 오병세·홍반식 공역, 《구약 총론》, 384쪽 참조.)

그러나 이들의 후손이 위기 속에서 금식하며 하나님께 부르짖음으로 하나님은 그들을 멸망에서 구원하셨다. 그들은 유다 민족의 정체성을 찾아 율법을 연구하며 집대성했고, 하나님의 은혜로 율법사 에스라를 비롯한 유대인들은 예루살렘으로 귀환(2차)하여 하나님 나라의 회복에 쓰임 받는다.

"죽게 되면, 죽겠습니다." (에 4:16)

유다 민족을 구원한 것은 누구의 소명감인가? 에스더의 소명감인가, 모르드개의 소명감인가?

에스더는 어린아이일 때 부모가 죽어서 고아가 되었지만, 모르드개가 자기보다 20-30세 어린 사촌 여동생 에스더를 자기 딸같이 여기며 키웠다.

하나님을 경외한 모르드개는 역사의식을 통해 하나님의 마음을 이해했다. 그리고 출애굽기 17장 8-16절, 신명기 25장 17-19절, 사무엘상 15장 1-33절, 역대상 4장 43절을 통해 이스라엘과 아말렉 족속 사이의 오랜 적대관계를 알았다. 그래서 하나님이 진멸하시기를 원했던 아말렉 족속 아각의 후손인 하만에게 무릎 꿇어 절하지 않았는데, 이것이 발단이 되어 유다 민족이 전멸될 절체절명의 위기에 빠졌다.

그런데 에스더는 처음에 선뜻 나서지 못하고, 개인 사정이 있어서 왕에게 유다 민족 구원을 탄원하지 못하겠다고 그 사유를 모르드개에게 알려 주었다. 에스더가 왕비가 된 후 7년째인데 왕이 두 번째 왕비를 얻으려고 전국에서 처녀들을 다시 모으고 있고, 에스더는 한 달 동안 왕의 부름을 받지 못하고 있다는 것이다. 그러나 모르드개는 에스더에게 "네가 왕후의 자리를 얻은 것은 이때를 위함이 아닌지 누가 알겠느냐?"며 에스더의 소명을 각성시켰다. 에스더는 처음에 거창한 민족 사랑의 소명감은 없었지만, 자신을 키워 준 은인 모르드개에게 순종하며 위험을 감수하고 왕 앞에 나아갔고, 마침내 왕명에 의해 유다 민족은 구원받고 하만은 처형되는 전화위복이 이루어졌다.

그 후 권력을 갖게 된 모르드개는 율법사를 육성하고 율법 집대성을 추구하였다. 그 결과 부림절 제정 후 15년 만에 에스라 같은 탁월한 율법사가 육성되어 유다 민족을 이끌고 예루살렘으로 귀환했으며 구약성경을 집대성하는 영원한 업적을 남기게 했다.

예루살렘 성벽 재건축공사 중단

귀환 유대인들이 예루살렘 성전 재건축공사를 완공한 뒤 무너진 채 방치된 예루살렘 성벽 재건축공사를 시작하자, 사마리아 사람들은 페르시아 왕 아하수에로가 암살된 혼란기를 틈타 왕위를 계승한 아닥사스다에게 유대인을 모함하며 예루살렘 성벽 재건축공사의 중단을 요청했다.

사마리아 사람들의 예루살렘 성벽 재건축공사 2차 방해 (BC 465, 스 4:7)

아닥사스다(BC 465-424) 때에 비슬람과 미드르닷과 다브엘과 그 밖의 동료들이 페르시아 왕 아닥사스다에게 편지를 올렸다. 그 편지는 아람어로 번역되었다.

예루살렘 성벽 재건축공사 3차 방해 (BC 465, 스 4:8-23)

르훔 사령관과 심새 서기관이 예루살렘을 고발하며 아닥사스다 왕에게 쓴 그 편지에는 르훔 사령관과 심새 서기관과 그의 동료 디나 사람, 아바삿 사람, 다블래 사람, 아바새 사람, 아렉 사람, 바빌로니아 사람, 수산 사람, 데해 사람, 엘람 사람, 그리고 귀족 오스납발이 사마리아의 여러 도시와 유프라테스강 서쪽 건너편 여러 지방에 이주시킨 자들과 함께 고발한다고 했다. 다음은 이들이 보낸 편지의 사본이다.

"유프라테스강 서쪽 건너편에 있는 신하들이 아닥사스다 왕께 보고합니다. 왕이 계시는 곳에서 우리에게로 온 유대인들이 예루살렘으로 와서 반역과 악을 일삼던 악한 도시를 다시 건축하고 있습니다. 기초 공사를 하고 성벽을 쌓고 있습니다. 이제 왕께 보고드립니다만, 이 도시가 재건되고 성벽 공사가 끝나면, 그들은 조공과 세금과 통행료를 바치지 아니할 것이고, 틀림없이 왕실에 손해를 끼칠 것입니다. 왕실에서 소금[153]을 지급받는 우리로서는 왕께 불명예가 될 일을 그냥 보고만 있을 수 없어서 왕께 이런 상소문을 올립니다.

왕께서 조상이 남긴 기록을 살펴보시면 이 도시가 반역을 일삼던 곳이고, 예로부터 이곳에서는 반란이 자주 일어나 왕들과 각 지방에 피해를 입혔다는 사실을 아시게 될 것입니다. 이 도시가 파괴된 것은 그러한 반역 때문입니다. 이 도시가 재건되고 성벽이 완공되면, 왕께서는 유프라테스강 서쪽 건너편 지역을 잃어버리게 된다는 것을 보고드립니다."

왕이 내린 회신은 다음과 같다.

"르훔 사령관과 심새 서기관과 사마리아에 거주하는 그대의 동료들과 유프라테스강 서쪽 건너편에 있는 여러분의 동료들이 평안하길 바란다. 여러분이 우리에게 보낸 상소문은 내 앞에서 번역되어 낭독되었다. 내가 명령을 내려 조사해 보니, 과연 그 도시가 예로부터 왕실에 반역하고 반란이 일어났음이 밝혀졌다. 한때는 예루살렘을 다스리던 강한 왕들이 유프라테스강 서쪽 건너편 지역을 장악하고 조공과 세금과 통행세를 거두기도 했음이 확인되었다.

그러므로 여러분은 그들에게 공사 중단 명령을 내려라. 내가 다

153. 스 7:22 참조.

시 명령을 내릴 때까지, 그 도시를 재건하지 못하게 해라. 지시사항을 이행하지 못하는 일이 없도록 주의해라. 왜 위험을 키워 왕실이 피해를 보게 하겠느냐?"

르훔과 심새 서기관과 그의 동료들이 아닥사스다 왕의 조서 사본을 읽고 즉시 예루살렘으로 올라가 유대인들의 공사를 강제로 중단시켰다.

유다 민족이 페르시아에서 2차 귀환하다

페르시아에 남아서 살고 있던 유대인들은 하나님의 도우심과 에스더와 모르더개의 활약으로 구원받고, 페르시아 사회에서 오히려 득세하여 전화위복을 누리게 되었다. 유대인들은 자기 민족성에 자부심을 갖고, 유대 민족의 정체성을 확립하기 위해 율법과 예언서를 체계적으로 연구하고 편집하여 집대성했다. 이때 에스라는 율법과 예언서를 연구하고 기록하는 율법 학자와 서기관 및 제사장으로 활동하다가(스 7:6, 14), 아닥사스다 왕의 인정을 받아 왕의 명령에 의해 유다 지역을 율법으로 다스려지는 지역으로 만들려고 BC 458년 유대인 1,734명과 함께 예루살렘으로 귀환했다.

BC 537년 1차 귀환한 유대인들은 예루살렘 성전을 재건축하여 성전 예배를 회복시켰으나, 그 후 58년이 지나면서 삶의 예배가 성숙되지 못했다. 그래서 2차 귀환한 유대인들은 율법과 예언서 및 역사서를 집대성하고 율법생활에 의한 삶의 예배를 회복시켰다. 유다 사회는 귀환 유대인들이 주도하는 신정체제 사회가 되었고, 유다와 예루살렘에서 지도층이 되려면 왕의 명령(스 7:25)에 의해 율법을 잘 알아야 하는 사회가 되었다.

아하수에로 왕은 자기 아내 에스더와 총리 모르드개의 영향을 받아 경건한 신앙심을 갖게 되었고, 아닥사스다는 선왕 아하수에로에게서 왕위뿐만 아니라 하나님께 대한 경건한 신앙심까지 물려받았으므로 에스라 유다 귀환 칙령을 내릴 수 있었다.(요세푸스의《유대 고대사》참조.)

왕의 지원을 받은 에스라를 비롯한 제사장들은 예루살렘 성전과 유다 사회를 지배하게 되고, 신구약 중간기와 예수 시대 유다 사회의 지배층인 사두개파의 기원이 된다. 반면에 형식적인 성전 제사의식보다 실제적인 율법 행위의 삶을 중요하게 여긴 바리새파는 정치권력에서 소외되었지만 대중의 폭넓은 지지를 받았다.

에스라의 예루살렘 귀환(2차) (BC 458, 스 7:1-10:44)

에스라는 페르시아 왕 아닥사스다가 다스리던 때의 인물이다. 그는 스라야의 아들이고, 아사랴의 손자이며, 힐기야의 증손이요, 살룸의 현손이요, 사독의 5대손이요, 아히둡의 6대손이요, 아마랴의 7대손이요, 아사랴의 8대손이요, 므라욧의 9대손이요, 스라히야의 10대손이요, 웃시엘의 11대손이요, 북기의 12대손이요, 아비수아의 13대손이요, 비느하스의 14대손이요, 엘르아살의 15대손이요, 대제사장 아론의 16대손이다.

에스라가 바빌로니아[154]에서 올라왔다. 그는 이스라엘의 주 하나님이 주신 모세의 율법에 능통한 학자였다. 주 하나님이 그를 돌보

---

154. 페르시아 제국의 바빌로니아 지방.

셔서 왕[155]은 에스라가 요청하는 것은 무엇이든 다 주었다.

아닥사스다 왕 7년(BC 458)에 이스라엘 자손이 예루살렘으로 돌아왔다. 그들 가운데는 제사장들, 레위인들, 성가대원들, 문지기들과 성전 막일꾼들이 있었다. 에스라도 그들과 함께 아닥사스다 왕 제7년 5월에 예루살렘으로 돌아왔다. 그는 1월 1일[156] 바빌로니아를 출발해 하나님의 도우심으로 5월 1일[157] 예루살렘에 도착했다. 에스라는 주님의 율법을 연구하고 지켰으며, 이스라엘 백성들에게 율례와 규례[158]를 가르치기로 결심했다. (7:1-10)

에스라는 주님의 계명의 말씀과 주님이 이스라엘에게 주신 율례를 기록하는 서기관이자 제사장이었는데, 아닥사스다 왕이 에스라에게 보낸 편지 사본은 다음과 같다.

"왕 중의 왕 아닥사스다는 하늘의 하나님의 율법 학자 에스라 제사장에게 다음과 같은 칙령을 내린다.

내 나라에 사는 이스라엘 백성 가운데 예루살렘으로 돌아가고 싶어 하는 사람은 제사장이든 레위인이든 누구든지 그대와 함께 가도 좋다. 왕과 왕의 일곱 보좌관이 그대를 보내는 목적은 유다와 예루살렘을 그대의 손에 있는 하나님의 율법대로 돌봐주라는 것이다. 왕과 왕의 보좌관들이 예루살렘에 계시는 이스라엘의 하나님께 기쁜 마음으로 드리는 은과 금을 가지고 가라. 그대가 모든 바빌로니

---

155. 아닥사스다 왕은 즉위 때(BC 465) 사마리아 사람들의 요청으로 예루살렘 성벽 재건축공사 중단을 지시한 적이 있었지만(스 4:17-22), 7년이 지난 지금은 유대인의 예루살렘 귀환을 적극 지원했다.
156. BC 458년 4월 8일.
157. BC 458년 8월 4일.
158. 율례는 생활법, 규례는 제의법이다.

아 지방에서 얻을 은과 금도 가지고 가고, 백성과 제사장들이 예루살렘에 있는 그들의 하나님의 성전에 바칠 자원예물도 가지고 가라. 그 돈으로는 수송아지와 숫양, 어린 양, 곡식제물과 부어 드리는 제물을 사서, 예루살렘에 있는 그대의 하나님의 성전 제단 위에 드리고, 나머지 은과 금은 여러분의 하나님의 뜻에 따라, 그대와 그대의 형제들이 좋다고 생각하는 일에 쓰도록 해라. 그대의 하나님의 성전에서 예배드릴 때 사용하라고 그대에게 맡긴 모든 그릇은 예루살렘의 하나님께 바치고, 그 밖에 그대의 하나님의 성전에 필요하겠다고 생각하는 것이 있으면 왕궁 창고에서 공급받도록 해라.

나 아닥사스다 왕은 유프라테스강 서쪽 건너편 지역의 모든 재무관들에게 명령한다. 하늘의 하나님의 율법 학자 에스라 제사장이 여러분에게 요청하는 것은 무엇이든 확실하게 시행되게 해라. 은은 100달란트까지, 밀은 100고르까지, 포도주는 100밧까지, 기름은 100밧까지 주고 소금은 무제한 주어라. 하늘의 하나님의 성전에 관해 하늘의 하나님이 명령하신 것은 무엇이든 그대로 지켜, 왕과 그 자손의 나라에 진노가 내리지 않게 해라.

여러분은 명심하라. 제사장들이나 레위인들, 성가대원들, 문지기들, 성전 막일꾼들과 하나님의 성전에서 일하는 다른 일꾼들에게서 조공이나 세금이나 통행료를 받을 권리가 여러분에게는 없다.

그대 에스라는, 그대가 섬기는 그대의 하나님의 지혜를 따라, 그대의 하나님의 율법을 잘 아는 사람들을 법관과 판사로 뽑아 세우고, 강 건너편에 있는 모든 백성을 재판하게 하고, 그대들이 율법을 알지 못하는 사람들을 가르쳐라. 하나님의 법과 왕의 법을 따르지 아

니하는 자는 누구든지 엄하게 재판해 처형하거나 추방하거나 재산을 몰수하거나 투옥시켜라." (7:11-26)

우리 조상의 주 하나님을 찬양해라. 그분은 왕의 마음에 예루살렘에 있는 주님의 성전을 영화롭게 하려는 생각을 주셨고, 내가 왕과 그의 보좌관들과 왕의 권세 있는 모든 지도자들 앞에서 은혜를 받게 하셨다.

내 주 하나님의 손이 내 위에 있으므로, 나는 힘을 얻어 이스라엘 백성 가운데 나와 함께 예루살렘으로 돌아갈 지도자들을 모았다. 아닥사스다 왕이 다스릴 때, 나와 함께 바빌로니아에서 올라온 각 가문의 우두머리와 그들의 계보는 다음과 같다.

비느하스 자손 가운데서는 게르솜, 이다말 자손 가운데서는 다니엘, 다윗 자손 가운데서는 핫두스, 스가냐 자손 곧 바로스 자손 가운데서는 스가랴인데 그와 함께 등록된 남자가 150명, 바핫모압 자손 가운데서는 엘여호에내(스라히야의 아들)인데 그와 함께 등록된 남자가 200명, 삿두 자손 가운데서는 스가냐(야하시엘의 아들)인데 그와 함께 등록된 남자가 300명, 아딘 자손 가운데서는 에벳(요나단의 아들)인데 그와 함께 등록된 남자가 50명, 엘람 자손 가운데서는 여사야(아달리야의 아들)인데 그와 함께 등록된 남자가 70명, 스바댜 자손 가운데서는 스바댜(미가엘의 아들)인데 그와 함께 등록된 남자가 80명, 요압 자손 가운데서는 오바댜(여히엘의 아들)인데 그와 함께 등록된 남자가 218명, 바니 자손 가운데서는 슬로못(요시뱌의 아들)인데 그와 함께 등록된 남자가 160명, 베배 자손 가운데서는 스가랴(베배의 아들)인데 그와 함께 등록된 남자가 28명, 아스갓 자손 가운데서는 요하난(학가단의 아들)인데 그와 함께 등록된 남자가 110명, 마지막으로 아도니감 자손 가운데서는 엘리벨렛과 여우엘과 스마야인데 이들과 함께 등록된 남자가 60명, 비그왜 자손 가운데서는 우대와 사붓인데 이들과 함께 등록된 남자가 70명이다. (7:27-8:14)

나는 그 사람들을 아하와 강가[159]로 불러모았다. 우리는 그곳에 장막을 치고 3일 동안 머물러 있었다. 내가 백성과 제사장들을 살펴봤으나 레위인은 하나도 없었다. 그래서 나는 지도자들인 엘리에셀, 아리엘, 스마야, 엘라단, 야립, 엘라단, 나단, 스가랴, 므술람, 학자인 요야립과 엘라단을 불러, 가시뱌 지방의 지도자 잇도에게 보내어, 잇도와 그의 형제 곧 가시뱌 지방에 사는 성전 막일꾼들에게 할 말을 일러 주고, 우리 하나님의 성전에서 일할 사람들을 데려오라고 했다. 그들은 우리 하나님의 선하신 도움을 받아 이스라엘[160]의 아들인 레위의 손자 말리의 자손 중에서 명철한 한 사람을 데려왔고 또 세레뱌와 그의 아들 및 그 형제 18명과, 하사뱌와 므라리 자손 가운데 여사야와 그의 형제와 그의 아들들 20명을 데려왔다. 이 밖에도 다윗과 그의 관리들이 레위인을 도우라고 임명한 성전 막일꾼 220명을 데려왔다. 이들은 모두 이름이 지명된 자들이다.[161] (8:15-20)

그때 나는 아하와 강가에서 우리 자신을 우리 하나님 앞에서 겸손하게 하려고 금식을 선포했고,[162] 우리와 우리 자식들과 우리의 모든 재산을 위해 안전한 여행을 간구했다. 우리가 왕에게는 이미 '우

159. 유프라테스강의 지류. 바빌로니아 중부 지방에 있다.
160. 야곱.
161. 2차 귀환자 중 남자 성인이 1,734명이고 여자와 아이들을 합하면 5천 명쯤 된다.
162. 욜 2:12 참조.

리 하나님의 손은 자기를 찾는 모든 사람에게 선을 베푸시지만, 자기를 배반하는 모든 자에게는 강력한 진노를 내리신다'고 말했으므로, 귀환 길에서 우리를 원수들로부터 보호해 줄 보병과 기병을 내어 달라고 왕께 요청하는 말은, 내가 부끄러워 차마 말할 수 없었다. 그래서 우리는 금식하면서 우리 하나님께 이것안전한 귀국을 간구했고, 그분은 우리의 기도를 들어주셨다. (8:21-23)

그때 나는 제사장 가운데서 지도자에 속하는 열두 사람, 곧 세레뱌와 하사뱌와 그들의 형제 열 명을 뽑아 세우고, 은과 금과 그릇들을 달아서 그들에게 맡겼다. 그것은 왕과 보좌관들과 지도자들과 그곳에 있던 모든 이스라엘 사람이 우리 하나님의 성전을 위해 바친 예물이었다. 내가 그들에게 달아 준 것은 은 650달란트와 은그릇 100달란트와 금 100달란트와 무게가 1천 다릭 되는 금그릇 20개와 금빛 나는 귀한 놋그릇 2개였다. 나는 그들에게 말했다.

"여러분은 주님께 속한 거룩한 사람들이고, 이 그릇도 거룩하며, 이 은과 금은 여러분의 조상의 주 하나님께 바쳐진 자원예물이므로, 여러분은 이것을 예루살렘에 있는 주님의 성전 창고에서 제사장 대표들과 레위인들과 이스라엘 각 가문의 족장들 앞에서 달 때까지 조심해서 보관하시오."

그래서 제사장들과 레위인들은 은과 금과 그릇을 예루살렘에 있는 우리 하나님의 성전으로 가져가려고 달아서 넘겨받았다. (8:24-8:30)

1월 12일 우리는 예루살렘을 향하여 아하와 강을 출발했다. 우리 하나님의 손이 우리를 보살펴주셔서 우리는 원수와 길에 매복한 자들의 손에서 구원받고 예루살렘에 도착했다. 우리는 3일 동안 쉬었고, 4일째 되는 날 우리 하나님의 성전에서 은과 금과 그릇을 달아 므레못(우리아의 아들) 제사장에게 넘겨주었다. 엘르아살(비느하스의 아들)과 요사밧(레위인 예수아의 아들)과 노아댜(빈누이의 아들)가 함께 있다가 개수와 무게를 모두 확인하고 그 자리에서 전체의 무게를 적었다. (8:31-34)

그 후 사로잡혀 갔던 사람들의 자손, 곧 이방 땅에서 돌아온 사람들은 이스라엘의 하나님께 번제를 드렸다. 온 이스라엘을 위해 수송아지 열두 마리와 숫양 96마리와 어린 양 77마리를 바쳤고, 속죄제물로는 숫염소 열두 마리를 바쳤다. 모두 주께 번제로 드렸다. 그리고 그들은 왕의 조서를 왕의 총독들과 유프라테스강 서쪽 건너편 지역의 총독들에게 보냈고, 이들은 백성과 하나님의 성전을 도왔다. (8:35-36)

이러한 일을 마친 다음, 지도자들이 내게 와서 말했다.

"이스라엘 백성은 제사장이나 레위인까지도 이방 땅 백성과 구별된 삶을 살지 않고, 가나안 사람, 헷 사람, 브리스 사람, 여부스 사람, 암몬 사람, 모압 사람, 이집트 사람 그리고 아모리 사람의 역겨운 행위대로 행하며, 그들의 딸을 아내와 며느리로 맞아들여 거룩한 자손이 그 땅 백성과 섞였는데 지도자들과 관리들이 이런 죄[163]를 앞장서서 행합니다."

나는 이 말을 듣고 겉옷과 속옷을 찢고 머리카락과 수염을 뜯으

---

163. 말 2:11 참조.

면서 주저앉았다. 그러자 이스라엘의 하나님의 말씀을 두려워하는 사람들이 포로로 잡혀갔다가 돌아온 백성의 죄 때문에 내게로 모여 들었다. 하지만 나는 저녁 제사 때까지 넋을 잃고 앉아 있었다. 저녁 제사 때 나는 창피를 무릅쓰고 자리에서 일어나 찢어진 겉옷과 속 옷을 입은 채로 성전 앞으로 가서 무릎 꿇고 두 팔을 들고서 내 주 하나님께 말씀드렸다. (9:1-5)

"나의 하나님, 내가 부끄럽고 낯이 뜨거워 나의 하나님께 얼굴을 들 수 없습니다. 우리 죄악[164]이 자라서 머리 위로 넘쳤고, 우리 잘못 이 커서 하늘에까지 닿았습니다. 우리 조상 때부터 오늘날까지 우 리는 큰 죄악을 저질렀습니다. 우리 죄악 때문에 우리와 우리 왕들 과 우리 제사장들이 여러 나라 왕들의 손에 넘겨져 칼에 죽거나 사 로잡혀 가거나 재산을 강탈당하고 수치스러운 얼굴이 되었습니다.

이제 우리 주 하나님이 우리에게 잠시 동안 은혜를 베푸셔서 우리 가 포로생활을 피해 살게 하셨습니다. 우리 눈을 밝히고 우리를 종살 이에서 조금 살려 주셔서 하나님의 거룩한 곳에 확고하게 세우셨습 니다. 우리가 노예가 되었지만, 하나님은 우리를 종살이하도록 내버 려 두지 않으시고, 페르시아 왕들 앞에서 우리를 불쌍히 여기고 살 려 주셨습니다. 또한 우리 하나님의 성전을 다시 짓고 무너진 곳을 다시 세우게 하여 유다와 예루살렘에서 우리에게 울타리를 쳐주셨 습니다. 우리 하나님이 이렇게까지 해주셨음에도 우리가 주님의 명 령을 저버렸으니, 이제 무슨 말씀을 드릴 수 있겠습니까? 주께서 일

---

164. 에스라는 동족의 죄를 자신의 죄로 받아들이며 회개하고 중보기도한다.

찍이 주님의 종 예언자들을 통해 명령하시기를 '너희가 들어가 차지할 땅은, 이방 백성이 더럽고 역겨운 행위를 해서 땅 이 끝에서 저 끝까지 더러움으로 채워진 더러운 땅이다. 그러니 너희 딸을 그들의 아들에게 시집보내지 말고, 그들의 딸을 며느리로 맞아들이지 말며, 그들의 평화와 그들의 복을 영원히 구하지 마라.[165] 그리하면 너희가 강하게 되어 그 땅의 좋은 것을 먹고, 너희 자손이 그 땅을 영원히 차지하게 하겠다'고 말씀하셨습니다.

우리가 겪은 일은 모두 우리의 악한 행위와 우리의 큰 잘못 때문이지만, 우리 하나님은 우리의 죄악보다 가벼운 벌을 내리셔서 우리를 이만큼이나마 살아남게 하셨습니다.[166] 그런데 우리가 어떻게 다시 주님의 명령을 어기고 이 가증한 민족들과 결혼할 수 있겠습니까? 우리가 그렇게 하는데도 주께서 어찌 우리가 살아남아 피한 자가 되게 하겠으며, 우리에게 진노해 우리를 진멸하지 않으시겠습니까? 이스라엘의 주 하나님, 주님은 의로우셔서 우리가 오늘날처럼 구원받아 살아남게 하셨습니다. 그렇지만 보소서, 우리는 우리의 잘못 때문에 아무도 주님 앞에 설 수 없습니다." (9:6-15)

에스라가 하나님의 성전 앞에 엎드려 울면서 기도하고 죄를 자백하자, 이스라엘 사람들도 남자, 여자, 어린아이 할 것 없이 많은 무리가 에스라 주변에 모여 큰소리로 울었다.[167] 엘람 자손 스가냐(여히엘의 아들)가 에스라에게 말했다.

---

165. 고후 6:14-7:1 참조.
166. 에스라는 유대인 귀환 공동체가 예언자들이 말한 '남은 자'라고 이해했다(창 7:23; 사 6:13; 10:20-22; 암 3:12; 5:3; 9:12; 습 2:9; 3:13; 애 3:22; 롬 9:27).
167. 욜 2:12 참조.

"우리가 이 땅의 이방 여자를 데려와 아내로 삼아 우리 하나님께 범죄했지만, 아직도 이스라엘에 희망이 있습니다.[168] 이제 우리는 내 주 되신 당신의 가르침과 우리 하나님의 명령을 두려워하는 자들의 권면에 따라, 모든 이방 여자들과 그들에게서 난 아이들을 다 내보내기로 하나님 앞에서 언약하고 율법대로 행하겠습니다. 이 일은 당신이 맡아서 해야 하니, 이제 일어나십시오. 우리가 도와드릴 테니, 담대하게 행하십시오."

에스라가 일어나 지도자들과 제사장들과 레위인들과 온 이스라엘 사람들에게 말했다.

"여러분이 말한 대로 행하겠다고 맹세하시오."

그들은 맹세했다. 에스라는 하나님의 성전 앞에서 일어나 여호하난(엘리아십의 아들)의 방으로 들어갔다. 포로로 잡혀갔다가 돌아온 자들의 죄 때문에 슬퍼하며 빵도 먹지 않고 물도 마시지 않았다. 에스라가 포로로 잡혀갔다가 유다와 예루살렘으로 돌아온 자들의 모든 자손들에게 공포했다.

"여러분은 예루살렘으로 모이시오. 지도자들과 원로들의 결정이니, 누구든지 3일 안에 오지 않는 사람은 재산을 빼앗기고, 사로잡혀 갔다가 돌아온 백성의 공동체에서 쫓겨날 것입니다."

유다와 베냐민 사람들이 모두 3일 안에 예루살렘으로 모였다. 그 때가 9월 20일[169]이다. 온 백성이 하나님의 성전 앞 뜰에 앉아 이 사건과 큰비 때문에 떨고 있었다. 에스라 제사장이 일어나 그들에

---

168. 욘 3:10; 대하 7:14 참조.
169. BC 458년 12월 19일 겨울 우기.

게 말했다.

"여러분은 이방 여자들과 결혼함으로 범죄하여 이스라엘의 죄를 더욱 많게 했소. 이제 여러분의 조상의 주 하나님께 죄를 자백하고 하나님의 뜻을 따르시오. 이 땅 백성과 이방 여자들과 인연을 끊으시오."[170]

온 회중이 큰 소리로 대답했다.

"옳습니다. 우리가 당신의 말씀대로 하겠습니다. 그렇지만 모인 사람들이 많고 많은 비가 내리는 때이니, 우리가 바깥에 계속 서 있을 수 없습니다. 더구나 우리의 잘못이 너무 커 이 일은 하루 이틀에 해결될 문제가 아닙니다.

그러니 모든 회중을 위해 우리의 지도자들을 세우고 이방 여자와 결혼한 사람들에게는, 그들이 모두 자기 마을의 장로들과 재판장들과 함께 나오게 하고 마을마다 이혼 기한을 정해 주십시오. 이 일 때문에 우리 하나님이 우리에게 분노하신 진노가 내리지 않게 하소서."(10:1-14)

그런데 요나단(아사헬의 아들)과 야스야(디과의 아들)가 일어나 이 의견에 반대했고, 므술람과 레위인 삽브대가 그들에게 동조했다.

그러나 포로로 잡혀갔다가 돌아온 자들의 자손은 회중의 결정대로 했다. 에스라 제사장은 각 가문의 갈래마다 우두머리를 지명했다. 그들은 그 일을 조사하기 위해 10월 1일[171]에 모였다. 그들은 이방 여자와 결혼한 사람들에 대한 조사를 이듬해 1월 1일[172]에 끝냈다.

---

170. 겔 11:18; 고전 7:15 참조.
171. BC 458년 12월 29일.

제사장 자손 가운데 이방 여자와 결혼한 사람들이 밝혀졌다. 예수아의 자손 중에는 요사닥의 아들과 그의 형제들, 곧 마아세야, 엘리에셀, 야립, 그달리야다. 그들은 모두 손을 들고서 자기 아내를 내보내겠다고 서약하고, 그 죄 때문에 각자 숫양 한 마리를 속죄제물로 바쳤다. 임멜 자손 가운데에는 하나니와 스바댜이고, 하림 자손 가운데서는 마아세야, 엘리야, 스마야, 여히엘, 웃시야이며, 바스훌 자손 가운데서는 엘료에내, 마아세야, 이스마엘, 느다넬, 요사밧, 엘라사다.

레위인 가운데서는 요사밧, 시므이, 글리다라고도 하는 글라야, 브다히야, 유다, 엘리에셀이고, 성가대원 가운데서는 엘리아십이다. 성전 문지기 가운데서는 살룸, 델렘, 우리이다. (10:15-24)

이스라엘 일반인으로서는 바로스 자손 가운데 라먀, 잇시야, 말기야, 미야민, 엘르아살, 말기야, 브나야이고, 엘람 자손 가운데서는 맛다냐, 스가랴, 여히엘, 압디, 여레못, 엘리야이며, 삿두 자손 가운데서는 엘료에내와 엘리아십과 맛다냐와 여레못과 사밧과 아시사이고, 베배의 자손 가운데서는 여호하난, 하나냐, 삽배, 아들래이며, 바니 자손 가운데서는 므술람, 말룩, 아다야, 야숩, 스알, 여레못이고, 바핫모압 자손 가운데서는 앗나, 글랄, 브나야, 마아세야, 맛다냐, 브살렐, 빈누이, 므낫세이며, 하림 자손 가운데서는 엘리에셀, 잇시야, 말기야, 스마야, 시므온, 베냐민, 말룩, 스마랴이고, 하숨 자손 가운데서는 맛드내, 맛닷다, 사밧, 엘리벨렛, 여레매, 므낫세, 시므이이며,

172. BC 457년 3월 27일.

바니 자손 가운데서는 마아대, 아므람, 우엘, 브나야, 베드야, 글루히, 와냐, 므레못, 에랴십, 맛다냐, 맛드내, 야아수, 바니, 빈누이, 시므이, 셀레먀, 나단, 아다야, 막나드배, 사새, 사래, 아사렐, 셀레먀, 스마랴, 살룸, 아마랴, 요셉이고, 느보 자손 가운데서는 여이엘, 맛디디야, 사밧, 스비내, 잇도, 요엘, 브나야다. 이들은 모두 이방 여자와 결혼했고, 이방 여자 가운데는 자식을 낳은 여자들도 있었다. (10:25-44)

"에스라가 바빌로니아에서 올라왔다. 그는 이스라엘의 주 하나님이 주신 모세의 율법에 능통한 학자였다." (스 7:6)

요시야 왕 때(BC 622) 예루살렘 성전 헌금함 속에서 발견된 율법책(왕하 22:8; 대하 34:14) 원본은 35년 후 유다 왕국 멸망 때(BC 587) 성전이 방화되고 파괴되면서 소실되었다. 그리고 바빌로니아와 페르시아 포로 시대에 회당 중심의 율법 연구로 재편집되었다. 에스라는 하나님의 율법(스 7:14)을 가지고 페르시아에서 예루살렘으로 귀환해 15년 동안 유다 현지에서 확인하고 보완하며(창 22:14; 32:32; 35:20; 수 4:9; 삼상 9:9; 30:25; 삼하 6:8; 18:18; 대하 35:25 참조) 백성에게 율례와 규례를 가르쳤다(스 7:25). 그 후 느헤미야가 귀환하여 예루살렘 성벽을 완공한 후 BC 443년 에스라는 모든 백성에게 공개적으로 율법을 낭독하며 가르쳤다.

에스라를 비롯한 유다 지도자들은 포로생활 동안 철저하게 회개하고 하나님의 말씀을 사모했으므로 창세기를 비롯한 모세오경과 여호수아, 사사기, 룻기, 사무엘상하, 열왕기상하 등을 수집하여 재편집했다. 이후 에스라서, 느헤미야서를 비롯해 말라기까지 보완되어 BC 400년경 구약성경 편집이 완성되었고, BC 250년경에는 히브리어 구약성경이 세계어인 헬라어(70인역, LXX)로 번역됨으로써 하나님의 인류 통치에 관한 기록이 열방에 전해졌다.

"여러분은 이방 여자들과 결혼함으로 범죄하여 이스라엘의 죄를 더욱 많게 했소. 이제 여러분의 조상의 주 하나님께 죄를 자백하고 하나님의 뜻을 따르시오. 이 땅 백성과 이방 여자들과 인연을 끊으시오." (스 10:10-11)

본문은 이방 신을 섬기는 사람과 동화되는 삶을 버려야 한다는 교훈이다. 에스라 시대의 유대인은 이방문화에 동화되었기에 에스라는 유대인들에게 하나님 자녀의 정체성을 인식시키고 거룩을 회복시키기 위해 이방 신을 섬기는 아내와의 결혼생활을 금지한 것이다.

하나님은 아브라함에게 다음과 같은 소명을 주셨다.

"아브라함은 강대한 나라가 되고 천하 만민은 그로 말미암아 복을 받게 될 것이 아니냐. 내가 그로 그 자식과 권속에게 명하여 여호와의 도를 지켜 정의와 공의를 행하게 하려고 그를 택하였나니, 이는 나 여호와가 아브라함에게 대하여 말한 일을 이루려 함이니라." (창 18:18-19)

아브라함과 그의 자손이 하나님을 경외하고 정의와 공의를 행하여 복을 받았듯이, 아브라함의 후손을 통해 모든 민족이 하나님을 경외하고 정의와 공의를 행하여 복 받는다는 것은 예언자들이 전한 메시지의 중심 사상이었다(삼하 8:15; 암 9:12; 행 15:17; 습 2:11; 슥 2:11). 그래서 이스라엘 백성은 출애굽 때도 하나님을 섬기는 '수많은 잡족'과 함께 출애굽했다(출 12:38).

사도 요한도 유대인만이 하나님의 자녀인 것은 아니며 믿음을 가진 이방인도 하나님의 자녀임을 선언했다. "하나님의 자녀는 혈통으로나 육정으로나 사람의 뜻으로 나지 아니하고 오직 하나님께로부터 난 자들이니라"(요 1:13).

예수께서 유대인이나 이방인이나 믿는 자는 모두 하나님의 자녀라는 진리를 천명하셨다(요 3:16; 눅 4:25-27; 마 5:45; 8:10; 15:28; 눅 14:16-24; 막 11:17; 마 21:43; 막 12:1-11; 마 22:1-14; 26:13; 막 14:9; 마 28:19; 막 16:15 참조).

사도 바울은 말했다.

"너희는 믿지 않는 자와 멍에를 함께 메지 말라. 의와 불법이 어찌 함께하며, 빛과 어둠이 어찌 사귀며, 그리스도와 벨리알이 어찌 조화되며, 믿는 자와 믿지 않는 자가 어찌 상관하며, 하나님의 성전과 우상이 어찌 일치가 되리요. 우리는 살아 계신 하나님의 성전이라. 이와 같이 하나님께서 이르시되 내가 그들 가운데 거하며 두루 행하여 나는 그들의 하나님이 되고 그들은 나의 백성이 되리라. 그러므로 너희는 그들 중에서 나와서 따로 있고 부정한 것을 만지지 말라. 내가 너희를 영접하여 너희에게 아버지가 되고 너희는 내게 자녀가 되리라. 전능하신 주의 말씀이니라 하셨느니라"(고후 6:14-18).

그러나 에스라의 개혁활동을 모든 유대인이 따른 것은 아니다. 회중이 에스라의 개혁활동대로 이방인 아내와의 이혼을 결의하는 현장에서부터 반대자들이 있었다.

"요나단(아사헬의 아들)과 야스야(디과의 아들)가 일어나서 이 의견에 반대했고, 므술람과 레위인 삽브대가 그들에게 동조했다"(스 10:15).

이들은 이방 여인과의 결혼생활을 계속했고, 13년이 지나 BC 445년에는 그들을 지지하는 사람들이 많아졌다.

"도비야는 스가냐(아라의 아들)의 사위인 데다가, 도비야의 아들 여호하난이 므술람(베레갸의 아들)의 딸과 결혼해, 유대에는 그를 지지하는 사람들이 많았다"(느 6:18).

그 후 2년이 지나 BC 443년에 에스라가 예루살렘 수문 앞 광장에서 율법 낭독과 회개 집회를 마친 뒤 총독 느헤미야와 제사장들과 레위인들과 백성의 지도자들은 다음과 같이 맹세하고 서명했다.

"우리 딸을 이 땅의 백성에게 주지 않고, 우리 아들을 위해 그들의 딸을 데려오지 않겠다"(느 10:30).

그러나 10년이 지나서 BC 433년에 느헤미야가 페르시아로 돌아간 사이, 대제사장 엘리아십은 타락하여 예루살렘 성전 안에 이방인 도비야를 위한 방을 마련해 주기까지 했다.

"그때 나는 엘리아십이 하나님의 성전 뜰 안에 도비야를 위해 방을 만들어 준 악행을 알게 되었다. 엘리아십은 전부터 우리 하나님의 성전 방을 맡고 있던 제사장이었는데, 그는 도비야와 가까이 지내는 사이였으므로 도비야에게 큰 방 하나를 내 준 것이다"(느 13:4-5).

그 후 30년쯤 지나 BC 400년경에 유다 사회의 타락이 절정에 이르러 마침내 말라기가 예언한다.

"유다가 역겨운 일을 행하고 이스라엘과 예루살렘에서 추악한 일을 행했으니, 이는 유다가 주께서 사랑하시는 주님의 거룩을 모독하고 이방 신들을 섬기는 여자와 결혼했기 때문이다. 이런 짓을 하는 사람은 만군의 주께 제사드리는 사람이라 해도, 주께서 그를 야곱 가문에서 끊어 버리실 것이다"(말 2:11-12).

느헤미야의 예루살렘 성벽 재건축공사

하나님은 에스라 귀환 13년 후 느헤미야에게 예루살렘 성벽 재건축의 소명을 주시고(느 2:12) 유다 총독이 되게 하여 예루살렘 성벽 재건축공사를 완공시키신다. 예루살렘 성벽 재건축공사는 착공 후 42년이 지나도록 중단된 상태였지만, 하나님의 은혜와 느헤미야의 믿음과 정의로운 리더십으로 52일 만에 완공된다. 그 결과 "너희 사방에 남아 있던 이방인들은 나 주가 무너진 것을 건축했고, 황폐하던 땅에 씨를 심은 줄 알게 될 것이다"(겔 36:36)라는 예언이 이루어졌다. 느헤미야는 "우리의 모든 원수와 우리 주위의 모든 민족이 이 성벽 완공 소식을 듣고, 이 공사가 우리 하나님이 이루신 것임을 깨닫고 기가 꺾였다"(느 6:16)고 말했다.

느헤미야 총독의 예루살렘 귀환 (BC 445, 느 1:1-2:10)

하가랴의 아들 느헤미야의 말이다. 20년 기슬르월,[173] 내가 수도 수산에 있을 때, 내 형제 가운데 하나인 하나니가 다른 사람들과 함께 유다에서 왔다. 나는 포로로 잡혀 오지 않고 그곳에 남아 있던 유대인들과 예루살렘에 관하여 물었다. 그들이 내게 대답했다.

"사로잡혀 오지 않고 그곳에 남아 있는 사람들은 그곳에서 많은 고난과 업신여김을 받았습니다. 예루살렘 성벽은 허물어지고 성문은 불에 탔습니다."

나는 이 말을 듣고 앉아서 울었다. 며칠 동안 애통하고 금식하면

---

173. 아닥사스다 왕 즉위 20년(BC 445) 11월 또는 12월.

서,[174] 하늘의 하나님께 기도하며 아뢰었다.

"하늘의 주 하나님, 주님을 사랑하고 주님의 계명을 지키는 자들에게 언약을 지키시며 자비를 베푸시는 위대하고 두려우신 하나님, 이제 이 종이 주님의 종 이스라엘 자손을 위해 밤낮 주님 앞에서 드리는 이 기도에 귀 기울이고 살피셔서 이 종의 기도를 들어주소서. 우리 이스라엘 자손이 주님을 거역한 죄와 나와 내 집안이 지은 죄를 자복합니다. 우리가 주님께 너무나 큰 잘못을 저질렀습니다. 주께서 주님의 종 모세에게 명령하신 계명과 율례와 규례를 우리가 지키지 않았습니다. 주께서 주님의 종 모세를 통해 '너희가 범죄하면 내가 너희를 여러 나라 가운데 흩어 버리겠다. 하지만 너희가 내게로 돌아와 내 계명을 지키고 실천하면, 너희가 하늘 끝에 쫓겨가 있을지라도, 내가 거기서 너희를 모아 내 이름을 두려고 선택한 곳으로 돌아오게 하겠다'고 말씀하신 것을 이제 기억하소서.[175] 이들은 주께서 주님의 크신 힘과 강한 팔로 구원하신 주님의 종들이며 주님의 백성입니다.

주님, 이 종의 기도와 주님의 이름을 경외하길 기뻐하는 주님의 종들의 기도에 귀를 기울여 주소서. 오늘 이 종을 형통하게 하셔서 이 사람[176] 앞에서 은혜를 얻게 하소서."

그때 나는 왕의 술 관리책임자였다. (1:1-11)

아닥사스다 왕 20년 니산월[177]에, 왕 앞에 포도주가 있어 나는 그

---

174. 욜 2:12 참조.
175. 레 26:33-45; 신 29:14-30:10 참조.
176. 아닥사스다 왕.
177. 유대력 1월(BC 444년 3월 또는 4월). 느헤미야가 소명을 받고서 4개월 후.

포도주를 왕께 따라 드렸다. 그런데 내 안색이 왕 앞에서 그렇게 나빴던 적이 없었기에 왕이 내게 물었다.

"네 안색이 좋지 않구나. 네가 병들지 않았다면 무슨 걱정이 있는 게 틀림없구나."

나는 너무나 두려워[178] 왕께 말씀드렸다.

"왕이시여, 만수무강하소서. 제 조상이 묻혀 있는 도시가 폐허가 되고 성문이 불타 버렸으니 어찌 제 얼굴에 근심이 없겠습니까?"

"네가 원하는 게 뭐냐?"

나는 하늘의 하나님께 기도하고 왕께 말씀드렸다.

"왕께서 좋으시다면, 그리고 왕께서 이 종에게 은혜를 베푸신다면, 저를 유다 곧 제 조상이 묻혀 있는 도시로 보내 주셔서 그 도시를 건설하게 하소서."

그때 왕후도 왕 옆에 앉아 있었다. 왕이 내게 물었다.

"네가 갔다 오는 기간이 얼마나 되겠느냐? 언제쯤 돌아올 수 있겠느냐?"

왕이 나를 기꺼이 보내 주실 것 같아 나는 왕께 기한[179]을 말씀드렸다. 그리고 또 왕께 말씀드렸다.

"왕께서 좋으시다면, 왕께서 유프라테스강 서쪽 건너편에 있는 총독들에게 보내는 조서를 써주셔서 제가 유다에 들어갈 때까지 그들

---

178. 아닥사스다 왕은 20년 전(BC 465) 즉위 때 사마리아인의 요청으로 예루살렘 성벽 재건 축공사 중단 명령을 내린 적이 있었기에, 예루살렘 성벽 재건축 요청은 위험하고 두려운 일이지만 느헤미야는 하나님을 믿고 담대하게 요청했다.

179. 예루살렘 성벽 재건축공사는 52일 걸렸으나, 느헤미야의 페르시아 귀환은 12년 걸렸다(느 5:14; 13:6).

이 저를 통과하게 하소서. 또 왕의 삼림청장 아삽에게 조서를 써주셔서 성전 옆에 있는 성의 문과 성벽과 제가 살 집의 들보에 쓸 나무를 주게 하소서."

나의 하나님의 선한 손이 나를 도우셔서, 왕은 내 요청을 들어주었다. 왕은 내게 군대 장군들과 기병대를 딸려 보내 나와 함께 가게 했다. 그래서 나는 유프라테스강 서쪽에 있는 총독들에게로 가서 왕의 조서를 전달했다. 그런데 호론 사람 산발랏과 종이었던 암몬 사람 도비야가, 이스라엘 자손을 잘 살게 하려는 누군가가 왔다는 말을 듣고서 몹시 못마땅하게 여겼다. (2:1-10)

예루살렘 성벽 재건축 (느 2:11-8:1a)

나는 예루살렘에 도착해 3일 동안 휴식한 뒤, 밤에 일어나 수행원 몇 명을 데리고 순찰 나갔다. 내가 탄 짐승 외에 다른 짐승은 내 옆에 없었다. 내가 예루살렘을 위해 할 일에 관하여 나의 하나님이 내 마음에 주신 것[180]을 나는 그때까지 아무에게도 말하지 않았다. 그날 밤 나는 '골짜기 문'으로 나가 '용의 우물'을 지나 '똥 문'에 이르기까지 예루살렘 성벽을 살펴보았다. 성벽은 다 허물어지고 성문도 불타 버려져 있었다. 내가 '우물 문'과 '왕의 연못'에 왔을 때는 내가 탄 짐승이 지나갈 길이 없어, 나는 걸어서 그날 밤 계곡을 따라 올라가면서 성벽을 둘러보고 다시 '골짜기 문'으로 돌아왔다. 나는 유대인들이나 제사장들이나 귀족들이나 관리들이나 다른 일을

---

180. 단 9:25; 빌 2:13.

하는 어느 누구에게도 이 사실을 말하지 않았기에, 관리들은 내가 어디를 갔었는지, 무엇을 했는지 알지 못했다. 그 후 나는 관리들에게 말했다.

"여러분이 우리의 참담한 형편을 알고 있듯이, 예루살렘은 폐허가 되고 성문은 불탔습니다. 이제 예루살렘 성벽을 건축해 더 이상 수치를 받지 맙시다."

나는 나의 하나님이 선한 손길로 나를 도우신 것과 왕이 내게 한 말을 그들에게 전했다. 그들이 말했다.

"일어나 건축합시다."

그들은 힘을 내어 선한 일을 시작했다. 그러나 호론 사람 산발랏과 종이었던 암몬 사람 도비야와 아랍 사람 게셈이 이 소식을 듣고, 우리를 업신여기면서 비웃으며 말했다.

"너희가 무슨 일을 하고 있느냐? 왕에게 반역하겠다는 거냐?"

내가 그들에게 대답했다.

"하늘의 하나님이 우리를 형통하게 하셔서, 그분의 종인 우리가 일어나 건축하는 것이다. 너희는 예루살렘에서 차지할 몫이나 권리나 아무 연고가 없다." (2:11-20)

대제사장 엘리아십과 그의 형제 제사장들이 일어나, '양 문'을 건축해 봉헌하고 문을 달았다. 그들은 '함메아 망대'와 '하나넬 망대'까지 성벽을 쌓아 봉헌했다. 그다음은 여리고 사람들이 쌓았고, 그다음은 삭굴(이므리의 아들)이 쌓았다. '물고기 문'은 하스나아의 자손이 만들었다. 그들은 문틀을 세우고 문을 달고 자물쇠와 빗장을 달았다. 그다음은 므레못(학고스의 손자이고 우리아의 아들)이 보수했고,

그다음은 므술람(므세사벨의 손자이며 베레갸의 아들)이 보수했고, 그다음은 사독(바아나의 아들)이 보수했다. 그다음은 드고아 사람들이 보수했는데, 그 집안의 유력자들은 그들의 주인[181]의 일에 협조하지 않았다. '옛 문'은 요야다(바세아의 아들)와 므술람(브소드야의 아들)이 보수했는데, 그들은 문틀을 세우고 문을 달고 자물쇠와 빗장을 달았다. 그다음은 믈라댜(기브온 사람)와 야돈(메로놋 사람)이 유프라테스 강 서쪽 건너편 지역의 총독 아래 있는 기브온 사람들과 미스바 사람들을 데리고 보수했다. 그다음은 세공업자 웃시엘(할해야의 아들)이 보수했고, 그다음은 향품 업자 하나냐가 보수했다. 그들은 '넓은 성벽'까지 예루살렘을 복구했다. 그다음은 예루살렘 반쪽 지역 책임자인 르바야(후르의 아들)가 보수했다. 그다음은 여다야(하루맙의 아들)가 보수했는데, 그곳은 자기 집 맞은쪽이다. 그다음은 핫두스(하삽느야의 아들)가 보수했고, 말기야(하림의 아들)와 핫숩(바핫모압의 아들)은 '풀무 망대'까지 둘째 부분을 보수했으며, 그다음은 예루살렘 반쪽 지역 책임자인 살룸(할로헤스의 아들)이 자기 딸들과 함께 보수했다. '골짜기 문'은 하눈과 사노아 주민들이 보수했다. 그들은 문틀을 세우고 문을 달고 자물쇠와 빗장을 달았고, '똥 문'까지 성벽 1천 규빗[460미터]을 보수했다. '똥 문'은 벳학게렘 지역의 책임자인 말기야(레갑의 아들)가 보수했는데, 그들은 문틀을 세우고 문을 달고 자물쇠와 빗장을 달았다. '우물 문'은 미스바 지역 책임자인 살룬(골호세의 아들)이 보수했는데, 그들은 문틀을 세우고 지붕을 덮은 다

---

181. 느헤미야.

음, 문을 달고 자물쇠와 빗장을 달았다. 그는 왕의 정원 옆 '셀라 연 못' 수로의 성벽을 다윗 성에서 내려오는 계단까지 보수했다. (3:1-15)

그다음은 벳술 반쪽 지역 책임자인 느헤미야(아스북의 아들)가 다 윗의 묘지 맞은편에서부터 인공 연못과 '용사의 집'까지 보수했다. 그다음은 레위인 르훔(바니의 아들)이 보수했고, 그다음은 그일라의 반쪽 지역 책임자인 하사뱌가 자기 지역을 맡아서 보수했다. 그다 음은 그일라의 다른 반쪽 지역 책임자인 바왜(헤나닷의 아들)가 자기 형제들과 함께 보수했다. 그 옆의 둘째 부분, 곧 비탈 맞은쪽에서부 터 성 모퉁이에 있는 무기 창고까지는, 미스바 지역 책임자인 에셀 (예수아의 아들)이 보수했다. 그다음의 둘째 부분, 곧 성 모퉁이에서 부터 대제사장 엘리아십의 집 문까지는 바룩(삽배의 아들)이 열심히 보수했다. 그다음의 둘째 부분, 곧 엘리아십의 집 문에서부터 엘리 아십의 집 끝까지는 므레못(학고스의 손자이며 우리야의 아들)이 보수 했다. 그다음은 평지에 사는 제사장들이 보수했고, 그다음은 베냐 민과 핫숩이 보수했다. 그곳은 그들의 집 맞은편이다. 그다음은 아 사랴(아나냐의 손자이며 마아세야의 아들)가 보수했다. 그곳은 그의 집 옆이다. 그다음의 둘째 부분, 곧 아사랴의 집에서 성 모퉁이를 지나 성 모퉁이까지는 빈누이(헤나닷의 아들)가 보수했다. 발랄(우새의 아 들)은 성 모퉁이 맞은쪽과 윗 왕궁에서 튀어나온, 경호부대의 망대 맞은쪽을 보수했다. 그다음은 브다야(바로스의 아들)와 오벨에 살고 있는 성전 막일꾼들이, 동쪽 수문 맞은쪽과 튀어나온 망대까지 보 수했다. 그다음의 둘째 부분, 곧 튀어나온 큰 망대 맞은편에서 오벨 성벽까지는 드고아 사람들이 보수했다. '말 문' 위는 제사장들이 각

각 자기 집 맞은쪽을 보수했고, 그다음은 사독(임멜의 아들)이 자기 집 맞은쪽을 보수했다. 그다음은 동쪽 성문 문지기인 스마야(스가냐의 아들)가 보수했다. 그다음의 둘째 부분은 하나냐(셀레먀의 아들)와 하눈(살랍의 여섯째 아들)이 보수했고, 그다음은 므술람(베레갸의 아들)이 자기 방 맞은쪽을 보수했다. 그다음의 '점호 문' 맞은쪽, 곧 성전 막일꾼들과 상인들의 숙소가 있는 데까지와 성 모퉁이 누각까지는 세공업자 말기야가 보수했다. 성 모퉁이 누각에서 '양 문'까지는 세공업자와 상인들이 보수했다. (3:16-32)

우리가 성벽을 건축한다는 소식을 산발랏이 듣고 분개하며 화를 냈다. 그는 자기 형제들과 사마리아 고위 관리 앞에서 유대인들을 비웃으며 말했다.

"힘없는 유대인들이 도대체 무슨 일을 하는 거냐? 성벽을 다시 쌓는다고? 여기서 제사드리겠다는 거냐? 하루 만에 일을 끝내겠다는 거냐? 불타 버린 돌을 흙무더기 속에서 다시 꺼내어 쓰겠다는 거냐?"

암몬 사람 도비야가 그 옆에서 말했다.

"그들이 쌓는 돌 성벽은 여우가 올라가도 무너질 것이다."

느헤미야가 기도했다.

"우리 하나님, 우리가 멸시받는 것을 들으소서. 그들이 우리에게 퍼붓는 비난이 그들에게 되돌아가게 하소서. 그들이 노략당하고 남의 나라로 끌려가게 하소서. 그들의 악을 덮어 주지 마시고, 그들의 죄를 주님 앞에서 없애지 마소서. 그들이 건축 작업자들 앞에서 주님을 모욕했습니다."

백성들은 마음을 다해 일했다. 그래서 우리는 성벽 둘러쌓기를 마칠 수 있었다. 그러나 높이는 절반밖에 쌓지 못했다.

그때 산발랏과 도비야와 아라비아 사람들, 암몬 사람들 그리고 아스돗 사람들은 예루살렘 성벽이 보수되고 무너진 틈이 메워져 간다는 소식을 듣고 몹시 화를 내며 다 함께 '예루살렘으로 올라가 그 성을 치고 그곳을 혼란에 빠뜨리자'고 모의했다. 그래서 우리는 우리 하나님께 기도드리고 경비병을 세워 밤낮으로 지키게 했다. 그런데 유대인들이 말했다.

"흙더미는 아직도 많은데 짐꾼의 힘이 다 빠졌으니, 우리 힘으로는 이 성벽을 쌓을 수 없다."

우리의 원수들이 말했다.

"그들이 알지 못하고 보지 못할 때, 우리가 그들 가운데 쳐들어가 그들을 죽이고 그들이 하던 일을 못하게 하자."

그 원수들의 근처에 거주하는 유대인들도 열 번이나 우리에게 와서 일러 주었다.

"그들이 공격하려 하니 여러분은 어디서든지 우리가 있는 곳으로 와야 합니다."

그래서 나는 백성들이 가문별로 칼과 창과 활로 무장해 성벽 뒤 낮은 빈터에 서 있게 했다. 나는 경비 상태를 확인한 뒤 일어나 귀족들과 관리들과 그 밖의 백성들에게 말했다.

"그들을 두려워하지 마라. 위대하고 두려우신 주님을 기억하고, 너희 형제와 자식과 아내와 가정을 위해 싸워라."

우리의 원수들은 우리가 자기들의 음모를 눈치챘다는 것을 알게 되었다. 하나님이 그들의 음모를 수포로 돌아가게 해주셔서, 우리는 모두 성벽으로 돌아가 저마다 하던 일을 계속했다. 그날부터 내 부하 중 절반은 일을 하고, 나머지 절반은 갑옷을 입고 창과 방패와 활로 무장했다. 관리들은 성벽을 쌓고 있는 모든 유다 백성 뒤에서 경비를 섰다. 성벽 건축 작업자들과 짐 운반자들은 한 손으로는 일을 하고 다른 한 손으로는 무기를 잡았다. 성벽 건축 작업자들은 저마다 허리에 칼을 차고 일했고, 나팔수는 내 곁에 있게 했다. 나는 귀족들과 관리들과 그 밖의 백성에게 지시했다.

"일은 많고 일할 지역이 넓으니, 우리가 성벽 때문에 서로 멀리 떨어져 있지만 나팔 소리가 나면 그 소리가 나는 곳으로 모여와 우리와 합세해라. 우리 하나님이 우리를 위해 싸우실 것이다."

우리가 일하는 동안 우리 가운데 절반은 해 뜰 때부터 별이 보일 때까지 창을 들고 있었다. 그때 나는 또 백성에게 말했다.

"각자 자기 종들과 함께 예루살렘 안에서 잠을 자라. 밤에는 그 종들이 우리를 위해 경비하게 하고, 낮에는 일하게 해라."

나와 내 형제들과 내 종들과 나를 따르는 경비병들 가운데 아무도 옷을 벗지 않았고, 각자 물 길러 갈 때도 무기를 들고 다녔다.

(4:1-23)

그런데 백성들과 그들의 아내들이 그들의 형제 유대인들을 원망하며 크게 울부짖는 소리가 들렸다. 어떤 사람이 말했다.

"우리는 자식이 많으니 먹고 살 양식을 얻어 오자!"

또 어떤 사람들이 말했다.

"우리가 밭과 포도원과 집을 담보로 주고 양식을 얻어 와 굶주림을 해결하자.”

또 어떤 사람들은 말했다.

“우리는 우리 밭과 포도원을 담보로 주고 돈을 빌려 왕에게 세금을 바쳤다. 그런데 우리 부유한 형제들의 몸이나 우리 몸이나 같고, 그들의 자녀나 우리 자녀가 같은데도, 이제는 우리가 우리 아들딸을 종으로 그들에게 팔아야 하고, 우리 딸 가운데는 벌써 종이 된 아이도 있다. 그런데도 우리의 밭과 포도원이 남의 것이 되어 우리는 어떻게 손 쓸 힘이 없다.”

나는 그들의 울부짖음과 이런 말을 듣고 너무나 화가 나서 마음속으로 깊이 생각한 뒤, 귀족들과 관리들을 꾸짖으며 말했다.

“너희가 어찌하여 자기 형제들에게 빚 독촉을 하느냐?”

나는 대회를 소집하고 그 귀족들과 관리들에게 말했다.

“우리는 이방인들에게 팔린 우리 형제 유대인들을 힘써 도로 찾아왔는데, 너희는 너희 형제를 팔려고 하느냐? 더구나 우리 손에 팔려고 하느냐?”

그들은 할 말이 없어 잠잠했다. 내가 계속 말했다.

“너희가 그렇게 하는 것은 옳지 못하다. 너희가 우리 원수 이방인들에게 비방받지 않도록 하나님을 두려워하며 살아야 하지 않겠느냐? 나도 내 형제도 내 종들도 백성들에게 돈과 곡식을 꾸어 주었지만, 이제부터는 우리가 받을 빚을 포기하자. 그러니 오늘 당장 그들의 밭과 포도원과 올리브 나무와 집을 돌려줘라. 너희가 꿔주면서 받은 돈과 곡식과 새 포도주와 올리브기름을 돌려줘라.”

그들이 말했다.

"우리가 말씀하신 대로 하겠습니다. 돌려주고 그들에게 아무것도 요구하지 않겠습니다."

나는 제사장들을 불러 그 귀족들과 관리들이 이 말대로 하겠다는 맹세를 하게 했다. 나는 또 내 옷자락을 털면서 말했다.

"이 말을 지키지 않는 사람은 모두, 하나님이 그 집과 그의 산업을 이렇게 털어 버리실 것이다. 그런 자는 이렇게 털려서 빈털터리가 되고 말 것이다."

그곳에 모인 사람들이 모두 "아멘!" 하며 주님을 찬양했고 백성은 그 말을 지켰다. (5:1-13)

나는 아닥사스다 왕 20년(BC 445)에 유다 땅의 총독으로 임명받아 아닥사스다 왕 32년(BC 433)까지 12년 동안 총독으로 있었다. 하지만 나와 내 형제들은 총독의 보수를 받지 않았다. 나보다 먼저 총독이었던 자들은 백성에게서 양식과 포도주와 은 40세겔을 거두어들이며 백성에게 무거운 짐을 지웠고, 총독의 종들도 백성을 착취했다. 그러나 나는 하나님을 경외하기에 그렇게 하지 않았다. 나는 성벽 쌓는 일에만 힘을 기울였다. 내 모든 종들도 모여서 그 일만 했다. 우리는 밭을 사지도 않았다.

유대인들과 관리들 150명 외에도 주위 여러 나라에서 우리에게로 온 자들이 나와 함께 식사했다. 내 식탁에는 하루에 황소 한 마리와 기름진 양 여섯 마리와 날짐승 여러 마리를 잡아야 했다. 또 열흘마다 여러 가지 포도주가 마련되었다. 이런 것 외에는 나는 백성에게 무거운 짐이 될까 봐 총독의 보수를 요구하지 않았다.

"나의 하나님, 내가 이 백성을 위해 행한 일을 모두 기억하시고 내

게 은혜를 베푸소서." (5:14-19)

내가 성벽 틈새 공사를 남김없이 완료했다는 소식이 산발랏과 도비야와 아랍 사람 게셈과 그 밖의 우리 원수들의 귀에까지 들어갔다. 그러나 그때까지도 나는 성문의 문짝을 아직 달지 못하고 있었다. 산발랏과 게셈이 내게 사람을 보내어 말했다.

"오시오. 우리가 오노 들판의 한 마을에서 만납시다."

그들은 나를 해치려 했으므로 나는 그들에게 사람을 보내 대답했다.

"나는 지금 큰 공사를 하고 있으니 내려갈 수 없소. 내가 어찌 이일을 중단하고 여러분에게로 내려간단 말이오?"

그들은 내게 똑같은 요구를 네 번씩이나 했다. 그때마다 나는 똑같은 말로 대답했다. 다섯 번째는 산발랏이 심부름꾼을 통해 봉하지 않은 편지를 내게 보내왔다. 그 내용은 다음과 같다.

"당신과 유대인들이 반역하려고 성벽을 건축한다는 소문이 여러민족 사이에 퍼져 있고, 가스무도 당신과 유대인이 반역하려고 성벽을 건축한다고 내게 말했소. 더구나 당신이 예루살렘에서 예언자들을 세워 '유다에 왕이 있다'면서 당신을 선전한다는 말을 들었소. 이런 말은 이제 곧 왕께 보고될 것이오. 그러니 이제 오시오. 우리가 함께 의논합시다."

나는 그에게 회답을 보냈다.

"당신이 말한 이런 것은 사실이 아니며, 당신 마음대로 꾸며낸것이오."

나는 하나님께 기도드렸다.

"그들은 모두 우리를 두려워하게 만들려고 '그들은 손에 맥이 풀려서 공사를 중지할 것이다'라고 말하고 있습니다. 그러니 지금 내 손을 강하게 하소서." (6:1-9)

이후 스마야(므헤다벨의 손자이고 들라야의 아들)가 집 안에만 머물러 있어, 나는 그의 집으로 찾아갔다. 그가 말했다.

"그들이 당신을 죽이러 올 것이니, 우리가 하나님의 성전으로 가서 성소 안으로 들어가 성소 문을 닫고 있읍시다. 그들이 틀림없이 밤에 와서 당신을 죽일 것입니다."

"나 같은 사람이 어찌 도망할 수 있겠소? 나 같은 사람이 성소에 들어가면 살아남을 수 있겠소? 나는 들어가지 않겠소."

그때 나는 그가 하나님이 보내신 자가 아니고 도비야와 산발랏에게 고용되어 나를 해치려는 예언을 했음을 알았다. 그들이 스마야를 고용한 목적은, 나를 두려워하게 해서 내가 그의 말대로 행하여 성소에 들어가는 죄를 짓게 하고, 나에 대한 나쁜 소문을 만들어 내 나를 비방하려는 것이었다.

"나의 하나님, 도비야와 산발랏과 여성 예언자 노아댜와 그 밖에 나를 위협한 예언자들의 행위를 기억하소서." (느 6:10-14)

성벽 공사는 52일째인 엘룰월[182] 25일에 끝났다. 우리의 모든 원수와 우리 주위의 모든 민족이 이 소식을 듣고 이 공사가 우리 하나님이 이루신 것임을 깨닫고[183] 기가 꺾였다.

---

182. BC 444년 10월. 예루살렘 성벽 재건축공사는 착공 42년이 지나도록 완공되지 못했지만 느헤미야의 탁월한 리더십으로 52일 만에 완공되었다.
183. 겔 36:36의 예언이 이루어졌다.

그 무렵 유대 귀족들이 도비야에게 자주 편지를 보냈다. 도비야도 그들에게 편지를 보내곤 했다. 도비야는 스가냐(아라의 아들)의 사위인 데다 도비야의 아들 여호하난이 므술람(베레갸의 아들)의 딸과 결혼해, 유대에는 그를 지지하는 사람들이 많았다. 그들은 내 앞에서 도비야를 칭찬하고, 내 말을 그에게 일러바쳤다. 그래서 도비야는 내게 협박 편지를 보내 위협했다. (느 6:15-19)

성벽 공사가 완료되자 나는 문을 달고 성전 문지기와 성가대원과 레위인을 세운 후, 내 아우 하나니와 총독 공관[184] 지휘관 하나냐에게 예루살렘 경비를 맡겼다. 하나냐는 신실한 사람이고 남다르게 하나님을 경외하는 사람이었다. 나는 그들에게 말했다.

"해가 떠서 밝아지기 전에는 예루살렘 성문을 열지 마라. 보초들이 서 있을 때 성문을 닫고 빗장을 지르라. 예루살렘 주민들도 자기집 맞은편에 있는 지정된 초소를 경비하게 해라."

그 도시는 크고 넓지만 인구는 적고 집도 많이 건축되지 못했다. (6:15-7:4)

나의 하나님이 내 마음을 감동시켜 귀족들과 관리들과 백성을 모아 가족별로 등록하게 했다. 그때 나는 1차로 돌아온 사람들의 가족별 등록부를 발견했다. 거기에는 다음과 같이 적혀 있었다.

바빌로니아 왕 느부갓네살에게 사로잡혀 간 사람들 가운데 바빌로니아 각 지방을 떠나 예루살렘과 유대에 있는 제 고향으로 돌아온 사람들이 많이 있었다. 그들은 스룹바벨과 예수아와 느헤미야, 아

---

184. 원문에는 '왕궁'.

사랴, 라아먀, 나하마니, 모르드개, 빌산, 미스베렛, 비그왜, 느훔, 바아나가 돌아올 때 함께 돌아왔다. 그 이스라엘 백성의 명단과 수는 다음과 같다.

바로스 자손 2,172명, 스바댜 자손 372명, 아라 자손 652명, 바핫모압 자손 곧 예수아와 요압 자손 2,818명, 엘람 자손 1,254명, 삿두 자손 845명, 삭개 자손 760명, 빈누이 자손 648명, 브배 자손 628명, 아스갓 자손 2,322명, 아도니감 자손 667명, 비그왜 자손 2,067명, 아딘 자손 655명, 아델 자손 곧 히스기야 자손 98명, 하숨 자손 328명, 베새 자손 324명, 하립 자손 112명, 기브온 자손 95명이다.

베들레헴 사람과 느도바 사람 188명, 아나돗 사람 128명, 벳아스마웻 사람 42명, 기랏여아림과 그비라와 브에롯 사람 743명, 라마와 게바 사람 621명, 믹마스 사람 122명, 베델과 아이 사람 123명, 느보의 다른 마을 사람 52명, 엘람의 다른 마을 사람 1,254명, 하림 사람 320명, 여리고 사람 345명, 로드와 하딧과 오노 사람 721명, 스나아 사람 3,930명이다.

제사장은 예수아 집안 여다야 자손 973명, 임멜 자손 1,052명, 바스훌 자손 2,247명, 하림 자손 1,017명이다.

레위인은 호드야의 자손 곧 예수아와 갓미엘 자손 74명이고, 성가대원은 아삽 자손 148명이고, 문지기는 살룸 자손, 아델 자손, 달문 자손, 악굽 자손, 하디다 자손, 소배 자손인데 138명이다.

성전 막일꾼은 시하 자손, 하수바 자손, 답바옷 자손, 게로스 자손, 시아 자손, 바돈 자손, 르바나 자손, 하가바 자손, 살매 자손, 하난 자손, 깃델 자손, 가할 자손, 르아야 자손, 르신 자손, 느고다 자손, 갓삼 자손, 웃사 자손, 바세아 자손, 베새 자손, 므우님 자손, 느비스심 자손, 박북 자손, 하그바 자손, 할홀 자손, 바슬릿 자손, 므히다 자손, 하르사 자손, 바르고스 자손, 시스라 자손, 데마 자손, 느시야 자손, 하디바 자손이다.

솔로몬을 섬기던 종들의 자손은 소대 자손, 소베렛 자손, 브리다 자손, 야알라 자손, 다르곤 자손, 깃델 자손, 스바댜 자손, 핫딜 자손, 보게렛하스바임 자손, 아몬 자손이다. 이상 성전 막일꾼과 솔로몬을 섬기던 종의 자손은 모두 392명이다.

이 밖에 델멜라와 델하르사와 그룹과 앗돈과 임멜 등 여러 곳에서 사람들이 돌아왔지만, 가문이 밝혀지지 않아 그들이 이스라엘 자손인지 아닌지는 알 수 없었다. 그들은 들라야 자손과 도비야 자손과 느고다 자손으로 모두 642명이다.

제사장 가문 가운데는 호바야 자손과 학고스 자손과 바르실래[185] 자손도 있었다. 이들 가운데서 바르실래는 길르앗 지방 사람인 바르실래 집안으로 장가들어 장인의 이름을 이어받은 사람이다. 나는 족보를 뒤져 보았지만 그들은 조상이 확인되지 않아 제사장 직분을 맡기에는 적합하지 않다고 여겨 그 직분을 맡지 못하게 했다. 그래서 지방 장관은 그들에게 우림과 둠밈을 가지고 판결을 내릴 제사장이 나타날 때까지는 가장 거룩한 음식은 먹지 말라고 명령했다.

돌아온 회중의 수는 모두 42,360명이다. 그들이 부리던 남녀 종

185. 다윗 왕이 압살롬의 난을 피하여 길르앗으로 갔을 때, 바르실래는 많은 양식과 생활품으로 다윗을 도왔다. 그의 자손은 530년이 지났어도 번창하였다(삼하 17:27-29; 19:31-39; 렘 41:17 참조).

이 7,337명이요, 그 밖에 남녀 성가대원이 245명이다. 또 말이 736마리, 노새가 245마리, 낙타가 435마리, 나귀가 6,720마리다.

가문의 우두머리 가운데 어떤 사람들은 공사를 보조했고, 총독은 금 1천 드라크마와 쟁반 50개와 제사장 의복 530벌을 창고에 들여놓았다. 어떤 가문의 우두머리들은 공사 창고에 금 2만 드라크마와 은 2,200마네를 헌금했고, 나머지 백성은 금 2만 드라크마와 은 2천 마네와 제사장 의복 67벌을 헌납했다.

제사장들과 레위인들과 문지기들과 성가대원들과 백성 가운데 어떤 사람들과 성전 막일꾼들과 모든 이스라엘 백성은 저마다 자기 고향에 거주했다. (7:1-8:1a)

"나는 그때까지 내가 예루살렘을 위해 할 일에 관하여 나의 하나님이 내 마음에 주신 것을, 아무에게도 말하지 않았다."(느 2:12)

사도 바울이 "하나님은 자신이 기뻐하시는 뜻을 이루시려고 여러분에게 소원을 갖게 하시고 실행하시는 분입니다"(빌 2:13)라고 말했듯, 느헤미야는 자기 소명을 마음으로 깨달아 알았다. 느헤미야의 소명 인식 방법은 성경에 기록된 그 이전 시대의 성경 인물들의 소명 인식 방법과 다르다. 그 이전 시대에는 하나님이 특정 인물에게 '너는 무엇을 하라', '너는 어떻게 말하라'고 직접 말씀하시거나 천사를 통해 전달하셔서 자신의 소명을 인식하게 했다. 그리고 그는 다른 사람에게 "하나님이 내게 '무엇을 하라'고 말씀하셨다"고 자기 행동의 신적 기원을 밝혔다.

그러나 느헤미야는 자기 시대를 향한 하나님의 뜻을 깨닫고 시대적 사명을 인식했으며, 하나님이 자신에게 주신 예루살렘 성벽 재건축 소명을 마음으로 깨달아 알았다(롬 12:2 참조). 그는 성경 말씀을 통해 들려오는 하나님의 음성에 순종했고, 하나님의 언약의 말씀을 이루어 달라고 기도했다.

"옛적에 주께서 주의 종 모세에게 명령하여 이르시되 만일 너희가 범죄하면 내가 너희를 여러 나라 가운데에 흩을 것이요, 만일 내게로 돌아와 내 계명을 지켜 행하면 너희 쫓긴 자가 하늘 끝에 있을지라도 내가 거기서부터 그들을 모아 내 이름을 두려고 택한 곳에 돌아오게 하리라 하신 말씀을 이제 청하건대 기억하옵소서"(느 1:8-9). 느헤미야는 자기 조상들이 하나님과 이웃을 사랑하지 않고 우상숭배와 포악을 행한 죗값으로 하나님의 징계를 받았다는 사실을 잘 알고 있었다. 그리고 유대인들이 회개하고 하나님께 돌아가면 하나님이 그들을 다시 고향 땅 유다로 돌려보내신다는 약속(신 29:14-30:10)을 믿고, 때가 찼을 때 1차와 2차에 걸쳐 유다 땅으로 귀환했다는 역사적 사실을 분명하게 이해하고 있었다. 그는 유다 왕국이 멸망할 때 예루살렘 성벽이 허물어지고 성문이 불에 탄 채로 142년 동안 방치되었다는 말을 듣고 주저앉아 울었고, 마음이 아파 여러 날 동안 금식하며 밤낮 기도했다.

"하늘의 하나님 여호와 크고 두려우신 하나님이여, 주를 사랑하고 주의 계명을 지키는 자에게 언약을 지키시며 긍휼을 베푸시는 주여, 간구하나이다. 이제 종이 주의 종들인 이스라엘 자손을 위하여 주야로 기도하오며"(느 1:5-6a).

그는 하나님의 말씀대로 귀환한 유대인들의 생활 안정을 위해 예루살렘 성벽 재건축 소명을 이루어 달라고 하나님께 간절히 기도드린 것이다. 기도 응답을 받은 그는 유다 총독이 되어 귀환 후 다른 사람에게 자기 소명의 신적 기원을 주장하지 않았다. 예루살렘 성벽 재건축의 필요성을 사람들에게 설득시키고 믿음의 행동과 솔선수범의 리더십으로 모든 사람이 자발적이고 헌신적으로 성벽 재건축에 참여하게 하여 자기 소명을 이루었다. 이것이 바로 산제사, 삶의 예배, 영적 예배, 곧 합리적인 예배이자 예배의 본질이다.

●●●●●●●●●●

"그때 나는 그가 하나님이 보내신 자가 아니고 도비야와 산발랏에게 고용되어 나를 해치려는 예언을 했음을 알았다." (느 6:12)

느헤미야의 거짓 예언자 분별

유다 왕국 멸망 직전에 거짓 예언자들은 하나님의 음성을 들은 적이 없음에도 백성을 선동하려고 '하나님의 음성을 들었다'면서 거짓말했다. 분별력 없는 백성은 거짓 예언자들의 거짓말을 믿고 따르다가 결국 모두 멸망했다. 거짓 예언자를 분별하는 기준은 성경에 분명하게 기록되어 있다.

"만일 어떤 선지자가 내가 전하라고 명령하지 아니한 말을 제 마음대로 내 이름으로 전하든지 다른 신들의 이름으로 말하면, 그 선지자는 죽임을 당하리라 하셨느니라. 네가 마음속으로 이르기를 그 말이 여호와께서 이르신 말씀인지 우리가 어떻게 알리요 하리라. 만일 선지자가 있어 여호와의 이름으로 말한 일에 증험도 없고 성취함도 없으면 이는 여호와께서 말씀하신 것이 아니요, 그 선지자가 제 마음대로 한 말이니 너는 그를 두려워하지 말지니라"(신 18:20-22).

"거짓 예언자들을 삼가라. 양의 옷을 입고 너희에게 나아오나 속에는 노략질하는 이리라. 그들의 열매로 그들을 알지니"(마 7:15-16a).

이것보다 더 명백한 분별 기준은 없다. 예레미야도 말했다. "평화를 예언하는 예언자는 그가 예언한 말이 성취된 뒤에야 비로소 주께서 그를 사람들에게 보내신 참예언자로 인정받게 될 것이요"(렘 28:9).

하지만 거짓 예언자의 말이 진실인지 아닌지 성취 여부를 확인하려고 기다릴 시간적 여유가 없고 당장 분별해야 할 때가 있다. 그 사례가 느헤미야서 6장 10-14절에 있다. 느헤미야는 스마야가 거짓 예언자인 줄 모르고 그를 위문 갔다가 스마야가 느헤미야에게 "그들이 당신을 죽이러 올 것이니 우리가 하나님의 성전으로 가서 성소 안으로 들어가 성소 문을 닫고 있읍시다. 그들이 틀림없이 밤에 와서 당신을 죽일 것입니다"라고 말하는 것을 들었다. 느헤미야는 "스마야가 하나님이 보내신 자가 아니고 도비야와 산발랏에게 고용되어 나를 해치려는 예언을 했음을 알았다. 그들이 스마야를 고용한 목적은 나를 두려워하게 해서 내가 그의 말대로 행하여 (성소에 들어가는) 죄를 짓게 하고, 나에 대한 나쁜 소문을 만들어 내어 나를 비방하려는 것이었다"고 깨달았다. 제사장이 아닌 사람이 성소에 들어가는 것은 하나님의 계명을 어기는 죄이며, 그 죄를 짓도록 유인하는 예언자 스마야는 거짓 예언자라는 것을 느헤미야는 깨달은 것이다. 영적인 일은 영적인 것으로 분별한다(고전 2:13). 참된 예언자는 선을 행하게 하여 하나님과의 관계가 의롭게 되도록 하는 자이고, 거짓 예언자는 하나님의 말씀에 불순종하게 하고 죄악을 행하게 하여 하나님의 징계를 받아 멸망받게 하는 자다. 마귀는 죽이고 멸망시키는 자다. 그래서 느헤미야는 거짓 예언자들을 내버려 두지 말라고 기도했다.

"나의 하나님, 도비야와 산발랏과 여성 예언자 노아댜와 그 밖에 나를 위협한 예언자들의 행위를 기억하소서"(느 6:14).

"우리가 말씀하신 대로 하겠습니다. 돌려주고 그들에게 아무것도 요구하지 않겠습니다." (느 5:12)
그곳에 모인 사람들이 모두 "아멘!" 하며 주님을 찬양했고 백성은 그 말을 지켰다. (느 5:13)

BC 587년 예루살렘이 바빌로니아 군대에 포위되었을 때, 시드기야 왕을 비롯한 유다 지도층은 종살이하는 동족을 해방시켜 주면서 맹세 서약식을 예루살렘 성전에서 하나님 앞에 행했다. 하지만 바빌로니아 군대가 물러가자 다시 그 동족을 잡아와 종으로 부려먹어, 하나님은 바빌로니아 군대를 다시 불러와 예루살렘을 함락시키고 유다 왕국을 멸망시키셨다.

그러나 느헤미야 시대의 귀환 유대인들은 느헤미야의 설득에 감동받아 동족 노예를 해방시키면서 잘 지키겠다고 맹세했고 실제로 그 맹세를 지켰으므로 예루살렘 재건축 완공의 복을 누렸다.

율법 낭독과 초막절 준수 및 회개 운동

유다 땅으로 귀환한 유대인들은 에스겔의 예언(겔 36:31-32; 39:25-27)대로 하나님과 이웃을 저버린 죄를 회개하고 죄를 용서받아 기쁨과 나눔의 하나님 나라를 회복한다.

에스라의 율법 낭독과 초막절 준수 (BC 443, 느 8:1b-18)

7월[186]이 되었을 때, 모든 백성이 다 같이 예루살렘 수문[187] 앞 광장에 모여 학자 에스라에게 '주께서 이스라엘에게 명하신 모세의 율법책을 가지고 오십시오'라고 요청했다.[188]

7월 1일 에스라 제사장은 율법책을 가지고 회중 앞에 나왔다. 그곳에는 남자나 여자나 알아들을 만한 사람은 모두 나와 있었다. 그는 새벽부터 정오까지 수문 앞 광장에서 남자든 여자든 알아들을 만한 모든 사람에게 큰소리로 율법책을 읽어 주었다. 모든 백성은 율법책에 귀 기울였다.

학자 에스라는 임시로 만든 나무 강단 위에 섰다. 오른쪽에는 맛디댜, 스마, 아나야, 우리야, 힐기야, 마아세야가 섰고, 왼쪽에는 브다야, 미사엘, 말기야, 하숨, 하스밧다나, 스가랴, 므술람이 섰다. 에스라는 모든 백성보다 높은 강단 위에 서 있었다. 그는 모든 백성이

---

186. 양력 10월 또는 11월 우기.
187. 물을 나르는 문. 느 8:3, 16; 12:37.
188. 이때는 에스라의 예루살렘 귀환 16년째이고 페르시아에서 집대성한 모세오경을 유다 땅에서 확인하고 수정하여 BC 443년에 공개 낭독했다.

볼 수 있는 강단 위에서 책을 펼쳤다. 그가 책을 펼쳤을 때 모든 백성이 일어섰다. 에스라가 위대하신 주 하나님을 찬양하면, 백성들은 모두 손을 들고 "아멘! 아멘!" 하고 응답했다. 그리고 엎드려 얼굴을 땅에 대고 주께 경배했다.

예수아, 바니, 세레뱌, 야민, 악굽, 사브대, 호디야, 마아세야, 그리다, 아사랴, 요사밧, 하난, 블라야와 레위인들은 백성들이 제자리에 서 있는 동안 그들에게 율법을 설명해 주었다. 하나님의 율법책이 낭독될 때, 그들이 통역하고[189] 그 뜻을 설명해 주어 백성들은 낭독되는 것을 깨달았다. 모든 백성이 율법의 말씀을 듣고 울었다. 총독 느헤미야와 학자 에스라 제사장과 백성들을 가르치는 레위인들이 모든 백성에게 타일렀다.

"오늘은 너희 주 하나님의 거룩한 날이니, 슬퍼하지 말고 울지 말라."

느헤미야가 백성들에게 말했다.

"너희는 돌아가서 살진 것을 먹고 단 물을 마시고, 준비하지 못한 사람들에게는 먹을 것을 나누어 주어라. 오늘은 우리 주님의 거룩한 날이므로 슬퍼하지 마라. 주님을 기뻐하는 것이 너희의 힘이다."

레위인들도 모든 백성에게 '조용하라'고 말하면서 '오늘은 거룩한 날이니, 조용히 하고 슬퍼하지 말라'고 타일렀다. 모든 백성은 낭독해 준 말씀을 밝히 깨달았다. 돌아가서 먹고 마시고, 먹을 것을 나누어 주면서 크게 기뻐했다. (7:73b-8:12)

---

189. 에스라는 히브리어 구약성경을 낭독했고 레위인 13명이 아람어로 통역하고 해설했다. 유대인들은 바빌로니아와 페르시아에서 150년 동안 살면서 아람어를 사용했다.

이튿날 모든 백성의 각 가문 우두머리들과 제사장들과 레위인들이 모여 율법의 말씀을 밝히 알려고 학자 에스라에게로 갔다. 그들은 주께서 모세를 통해 명령하신 말씀, 곧 '이스라엘 자손은 7월 명절에 초막에서 거주해야 한다'라고 율법[190]에 기록되어 있는 것을 발견했다. 그래서 그들은 모든 도시와 예루살렘에 나팔소리를 내며 알렸다. 에스라가 말했다.[191]

"산으로 가서 올리브나무 가지와 들올리브나무 가지와 소귀나무 가지와 종려나무 가지와 무성한 나뭇가지를 꺾어다가 기록한 대로 초막을 지으라."

백성들은 나가서 나뭇가지를 꺾어다가 지붕 위와 마당과 하나님의 성전 뜰과 수문 앞 광장과 에브라임 문 앞 광장에 초막을 세웠다. 사로잡혀 갔다가 돌아온 사람들이 모두 초막을 짓고 그 안에서 머물렀다. 눈의 아들 여호수아 때부터 그날까지, 이스라엘 자손이 이렇게 행한 적은 없었다. 그들은 크게 기뻐했다.

에스라는 첫날부터 마지막 날까지, 날마다 하나님의 율법책을 낭독했다. 백성은 7일 동안 절기를 지키고 8일째 되는 날 규례대로 성회를 열었다. (8:13-18)

이스라엘의 민족적 회개 (느 9:1-10:39)

그달 24일에 이스라엘 자손이 다 모여 금식하며 베옷을 입고 흙

---

190. 레 23:34, 42.
191. LXX.

을 뒤집어썼다.[192] 이스라엘 자손은 모든 이방인들과 관계를 끊고 자신들의 죄와 조상들의 죄악을 서서 자백했다. 그들은 그날, 낮 4분의 1은 각자 제자리에 서서 자신들의 주 하나님의 율법책을 읽었고 또 낮 4분의 1은 죄를 자백하며 자신들의 주 하나님께 경배드렸다.

강단 위에는 레위인 예수아, 바니, 갓미엘, 스바냐, 분니, 세레뱌, 바니, 그나니가 올라서서 자신들의 주 하나님께 큰소리로 부르짖었다. 레위인 예수아, 갓미엘, 바니, 하삽느야, 세레뱌, 호디야, 스바냐, 브다히야가 외쳤다. 에스라가 말했다.[193]

"일어나서 영원부터 영원까지 계신 여러분의 주 하나님을 찬양하십시오. 주님의 영화로운 이름이 찬양받으시고 모든 찬양과 송축으로 높임 받으소서. 주님만이 참된 주님이십니다. 주님은 하늘과 하늘의 하늘과 그곳에 있는 해와 달과 별과, 땅과 그 위에 있는 모든 것과, 바다와 그 안에 있는 모든 것을 만드셨고 그 모든 것에게 생명을 주셨습니다. 하늘의 군대가 주께 경배합니다.

주 하나님은 아브람을 택하셔서 갈대아 우르에서 이끌어 내시고, 아브라함이라는 이름을 주셨습니다.

주 하나님은 그의 마음이 주님 앞에서 진실함을 아시고, 가나안 사람, 헷 사람, 아모리 사람, 브리스 사람, 여부스 사람, 기르가스 사람의 땅을 그의 자손에게 주시겠다고 언약을 세우셨습니다. 주님은 말씀하신 것을 이루셨으니 의로우십니다. (9:1-8)

주께서 이집트 사람들이 우리 조상들에게 교만하게 행하는 것을

---

192. 겔 39:26; 욜 2:12-13a 참조.
193. LXX.

아셨고, 우리 조상들이 이집트에서 고난받는 것을 보셨습니다. 그들이 홍해에서 부르짖었을 때 주께서 들으시고 이적과 기사를 베푸셔서 바로와 그의 모든 신하와 그 나라 온 백성을 치셨습니다. 그래서 주께서 주님의 이름을 오늘날과 같이 영화롭게 만드셨습니다. 주님은 우리 조상들 앞에서 바다를 가르시고, 그들이 바다 가운데를 마른 땅처럼 지나가게 하셨습니다. 하지만 뒤쫓는 자들을 깊은 바다에 던져 마치 돌이 거센 물결에 잠기듯 잠기게 하셨습니다. 주께서 그 조상들을 낮에는 구름기둥으로 인도하시고, 밤에는 불기둥으로 그들이 가는 길을 밝히 비추어 주셨습니다. 주님은 친히 시내 산에 내려오셔서, 하늘에서 그들에게 말씀하시며 그들에게 바른 규례와 참된 율법과 선한 율례와 계명을 주셨습니다. 주님은 주님의 거룩한 안식일을 그들에게 알려 주셨고, 주님의 종 모세를 통해 계명과 규례와 율법을 명령하셨습니다.

그들이 굶주릴 때 주님은 하늘에서 양식을 내려 주셨고, 그들이 목마를 때 주께서 물이 바위에서 솟아나게 하셨습니다. 주께서 손을 들어 맹세하며 '주겠다'고 한 땅에, 그들이 들어가 그곳을 차지하라고 말씀하셨습니다. 그러나 그들과 우리 조상은 교만하고 목이 뻣뻣하여 주님의 명령을 듣지 않고 거역했습니다. 그들은 주께서 그들 가운데 행하신 놀라운 일을 기억하지 아니하고, 목을 뻣뻣하게 하여 우두머리를 세워 종살이하던 이집트로 되돌아가려 했습니다. 그러나 주님은 용서하시는 하나님이시요, 은혜롭고 자비로우며 노하기를 더디하며 인자가 풍성하셔서 그들을 버리지 않으셨습니다.

더욱이 그들은 자기들을 위해 송아지 우상을 만들고는 '이것은 너희를 이집트에서 인도해 내신 신이다'라고 외치며 하나님을 크게 모독했습니다. 그런데도 주님은 언제나 그들을 불쌍히 여기시어 그들을 광야에 버리지 않으셨습니다. 낮에는 구름기둥이 그들에게서 떠나지 않게 하여 그들을 인도해 주셨고, 밤에는 불기둥이 그들이 가는 길을 밝히 비추게 했습니다. 주님은 주님의 선한 영을 주셔서 그들을 가르치셨고, 주님의 만나가 그들의 입에서 끊어지지 않게 하셨으며, 그들이 목말라 했을 때 그들에게 물을 주셨습니다. 주님은 그들을 광야에서 40년 동안 돌보셔서 부족함이 없게 하셨으니, 그들의 옷이 해어지지 않았고 그들의 발이 부르트지 않았습니다. (9:9-21)

주께서 여러 나라와 민족을 그들에게 주셨으므로, 그들이 시혼 땅과 헤스본 왕의 땅과 바산 왕 옥의 땅을 차지하고 그것을 나눠 변방으로 삼았습니다.

주님은 그들의 자손을 하늘의 별처럼 많게 하고 그들의 조상에게 '들어가서 차지하라'고 말씀하신 땅으로 그들을 인도하셨습니다. 그 자손이 들어가 그 땅을 차지할 때, 주께서 그 땅에 살고 있던 가나안 사람들을 그들 앞에서 항복하게 하시고, 가나안 사람들의 왕들과 그 땅의 백성에게 그들이 원하는 대로 하게 하셨습니다. 그들은 요새화된 성과 기름진 땅을 차지했고, 온갖 좋은 것으로 가득 찬 집과 파 놓은 우물과 포도원과 올리브밭과 많은 과일나무를 차지했습니다. 그리고 먹고 배부르며 살쪄 주님이 주신 큰 복을 누렸습니다.

그런데도 그들은 주님께 순종하지 않고 반역했습니다. 주님의 율법을 등졌고 주께로 돌아오라고 경고하는 예언자들을 죽여, 주님을 너무나도 모독했습니다. 그래서 주님은 그들을 그들의 원수들의 손에 넘기셨고, 원수들은 그들을 억압했습니다. 그들이 환난을 당해 주께 부르짖었을 때, 주님은 하늘에서 들으시고 그들을 너무나 불쌍히 여기셨습니다. 그래서 그들에게 구원자들[194]을 보내 원수들의 손아귀에서 그들을 구원하셨습니다.

그러나 그들이 평안하게 되었을 때, 다시 주님 앞에서 악을 행했습니다. 주께서 그들을 그들의 원수들의 손에 버려 원수들이 그들을 억압하게 하셨습니다. 그러자 그들은 다시 주께 부르짖었고, 주님은 하늘에서 들으시고 그들을 불쌍히 여겨 구해 주시곤 하셨습니다.

주께서 그들을 돌이켜 주님의 율법대로 살게 하려고 경고하셨지만, 그들은 교만해 주님의 명령을 따르지 않았습니다. 사람이 지키기만 하면 그 가운데서 생명을 얻는 주님의 계명을 그들은 듣지 않고 주님의 율례를 어겼습니다. 고집을 부리고 등을 돌렸고, 목을 뻣뻣하게 하며 듣지 않았습니다. 그러나 주님은 여러 해 동안 그들을 참으시며 주님의 예언자들을 통해 주님의 영으로 경고하셨습니다. 하지만 그들이 귀 기울이지 않았으므로 주님은 그들을 여러 나라 백성의 손에 넘기셨습니다. 그러나 너무나 자비로우신 주님은 그들을 완전히 멸망시키지는 않고 그들을 버리지 않으셨으니, 주님은 진실로 은혜롭고 자비로우신 하나님이십니다. (느 9:22-31)

우리 하나님, 위대하시고 전능하시며 두려우시고 언약을 지키시는 인자하신 하나님, 앗시리아 왕들이 지배한 날부터 이날까지, 우

194. 사사들.

리와 우리 왕들과 우리 지도자들과 우리 제사장들과 우리 예언자들과 우리 조상들과 주님의 모든 백성이 주님 앞에서 겪은 모든 환난을 작은 것으로 여기지 마소서. 우리가 악을 행해 이 모든 환난을 겪었지만, 주님은 의롭고 진실하게 행하셨습니다. 우리의 왕들과 지도자들과 제사장들과 조상들은 주님의 율법을 지키지 않고, 주께서 그들에게 경고하신 주님의 명령과 말씀에 귀 기울이지 않았습니다. 그들은 그들의 나라에서 주님이 베푸신 큰 복과 주께서 그들 앞에 주신 넓고 기름진 땅을 누리면서도, 주님을 섬기지 않고 자신들의 악한 행실에서 돌이키지 않았습니다.

보소서. 오늘날 우리는 종살이를 하고 있습니다. 주님이 우리 조상들에게 좋은 과일과 곡식을 먹으라고 주신 이 땅에서 우리가 종이 되었습니다. 땅에서 나는 많은 수확은 이방 왕들의 소유가 되었습니다. 그들은 주께서 우리 죄 때문에 우리 위에 세우신 자들이어서 우리의 몸과 우리의 가축을 자기들 마음대로 부려 우리는 큰 고통을 겪고 있습니다. 우리는 이 모든 것을 신실하게 언약하고 기록하며, 우리 지도자들과 레위인들과 제사장들은 서명합니다." (9:32-38)

서명한 사람들은 다음과 같다.

총독 느헤미야(하가랴의 아들)와 제사장들인 시드기야, 스라야, 아사랴, 예레미야, 바스훌, 아마랴, 말기야, 핫두스, 스바냐, 말룩, 하림, 므레못, 오바댜, 다니엘, 긴느돈, 바룩, 므술람, 아비야, 미야민, 마아시야, 빌개, 스마야다.

레위인은 예수아(아사냐의 아들), 헤나닷 자손인 빈누이와 갓미엘, 그들의 동료 스바냐, 호디야, 그리다, 블라야, 하난, 미가, 르홉, 하사뱌, 삭굴, 세레뱌, 스바냐, 호디야, 바니, 브니누다.

백성의 지도자는 바로스, 바핫모압, 엘람, 삿두, 바니, 분니, 아스갓, 베배, 아도니야, 비그왜, 아딘, 아델, 히스기야, 앗술, 호디야, 하숨, 베새, 하립, 아나돗, 노배, 막비아스, 므술람, 헤실, 므세사벨, 사독, 얏두아, 블라댜, 하난, 아나야, 호세아, 하나냐, 핫숩, 할르헤스, 빌하, 소벡, 르훔, 하삽나, 마아세야, 아히야, 하난, 아난, 말룩, 하림, 바아나다.

이 밖에 나머지 백성과 제사장들, 레위인들, 문지기들, 성가대원들, 성전 막일꾼들과 주님의 율법을 따르려고 그 땅의 백성과 인연을 끊은 모든 이들과 그들의 아내들과 그들의 아들딸들과 율법을 알아듣고 깨달은 사람들이 모두 그들의 형제인 귀족들과 함께 하나님이 하나님의 종 모세를 통해 주신 하나님의 율법을 따르기로 했다.

그들은 우리 주 하나님의 모든 계명과 규례와 율례를 지키기로 맹세했고, 그것을 어기면 저주를 받아도 좋다고 다음과 같이 맹세했다.

"우리 딸을 이 땅의 백성에게 주지 않고, 우리 아들을 위해 그들의 딸을 데려오지 않겠다. 이 땅의 백성이 안식일에 물건이나 온갖 곡식을 팔려고 가져와도 우리는 안식일이나 거룩한 날에는 그들에게서 사지 않겠다. 7년마다 땅을 쉬게 하고 모든 빚을 탕감해 주겠다." (9:38-10:31)

우리는 다음과 같은 규례도 정했다.

"우리는 하나님의 성전을 위해 해마다 각자 3분의 1세겔을 바쳐, 늘 차려 놓는 빵과 언제나 드리는 곡식제물과 매일 드리는 번제와 안식일이나 초하루나 그 밖에 절기 때 쓸 것과 제물과 이스라엘을 위해 속죄할 속죄제물과 우리 하나님의 성전을 위한 모든 일에 사용한다.

우리가 제사장이나 레위인이나 일반 백성이나 가리지 않고, 가문별로 주사위를 던져 해마다 정한 때 우리 하나님의 성전에 땔 나무를 바친다. 그것은 율법[195]에 기록된 대로 우리 주 하나님의 제단에서 불사를 때 쓸 나무다.

우리는 해마다 우리 땅의 첫 농작물과 모든 과일나무의 첫 열매를 주님의 성전에 바친다. 우리는 율법[196]에 기록된 대로 우리의 맏아들과 우리 가축의 첫 새끼, 곧 소와 양의 처음 낳은 것을 우리 하나님의 성전으로 가지고 가서 우리 하나님의 성전에서 섬기는 제사장들에게 드린다." (10:32-36)

또 우리는 처음 익은 밀의 가루와 헌납물과 모든 과일나무의 열매와 새 포도주와 기름을 제사장들에게 가져가 우리 하나님의 성전 창고에 넣기로 했다.

또 땅에서 나는 농작물 가운데 10의 1을 레위인의 몫으로 가져가기로 했다. 레위인은 우리의 모든 성에서 10의 1을 거두어들이는 사람이다. 레위인이 10의 1을 거두어들일 때는 아론의 자손인 제사장 한 사람이 그 레위인과 함께해야 한다. 레위인은 그 십일조에서 10의 1을 떼어 우리 하나님의 성전 창고의 방에 두기로 했다.

이스라엘 자손과 레위 자손은 곡식 헌납물과 새 포도주와 기름을 성전 기구를 두는 방과 당번 제사장들과 성전 문지기들과 성가

---

195. 레 6:12; 수 9:21, 23, 27.
196. 출 23:19; 민 18:13; 신 26:2, 10.

대가 사용하는 방에 가져다 놓기로 했다. 이것은 우리가 우리 하나
님의 성전을 버려 두지 않으려는 것이다.[197] (느 10:37-39)

느헤미야의 1차 종교개혁

예루살렘 성과 성전 경비 (느 11:1-12:26)

백성의 지도자들은 예루살렘에서 살았고, 나머지 백성은 주사위
를 던져 10분의 1은 거룩한 도시 예루살렘에서 살게 하고, 10분의
9는 다른 도시에서 살게 했다. 예루살렘에서 살겠다고 스스로 자원
하는 사람은 모든 백성이 복을 빌어 주었다.

이스라엘 사람들과 제사장들과 레위인들과 성전 막일꾼들과 솔
로몬의 신하들의 자손은 각자가 물려받은 땅이 있는 유다 성읍에서
살았다. 예루살렘에서 살았던 지방의 지도자들, 그리고 유다와 베냐
민 자손 가운데 예루살렘에서 산 사람들은 다음과 같다.

유다 자손 가운데는 아다야다. 그는 웃시야의 아들이요, 스가랴의
손자요, 아마랴의 증손이요, 스바댜의 현손이요, 마할랄렐의 5대손
이요, 베레스의 6대손이다. 그다음에는 마아세야다. 그는 바룩의 아
들이요, 골호세의 손자요, 하사야의 증손이요, 아다야의 현손이요,
요야립의 5대손이요, 스가랴의 6대손이요, 실로 사람의 7대손이다.
예루살렘에 거주한 베레스의 자손은 모두 468명이다. 그들은 모두

---

197. 이스라엘 백성은 율례와 규례를 지키기로 맹세했지만, 세월이 지나면서 맹세를 지키지 못해
    10년 후 절망적인 말라기 사태가 발생한다.

용사였다.

베냐민 자손 가운데는 살루다. 그는 므술람의 아들이요, 요엣의 손자요, 브다야의 증손이요, 골라야의 현손이요, 마아세야의 5대손이요, 이디엘의 6대손이요, 여사야의 7대손이다. 그다음은 갑배와 살래인데 모두 928명이다. 요엘(시그리의 아들)이 그 우두머리이고, 유다(핫스누아의 아들)는 예루살렘 제2구역[198]을 다스렸다.

제사장 가운데는 요야립의 아들 여다야와 야긴과 하나님의 성전을 관리하는 스라야다. 스라야는 힐기야의 아들이요, 므술람의 손자요, 사독의 증손이요, 므라욧의 현손이요, 책임자 아히둡의 5대손이다. 성전 일을 맡은 그들의 친족은 모두 822명이다. 또 아다야[199]다. 그는 여로함의 아들이요, 블라야의 손자요, 암시의 증손이요, 스가랴의 현손이요, 바스훌의 5대손이요, 말기야의 6대손이다. 그의 친족 각 가문의 우두머리는 242명이다. 또 아맛새다. 그는 아사렐의 아들이요, 아흐새의 손자요, 므실레못의 증손이요, 임멜의 현손이다. 큰 용사들인 그들의 친족은 모두 128명이다. 그들의 우두머리는 하그돌림의 아들 삽디엘이다.

레위인으로는 스마야다. 그는 핫숩의 아들이요, 아스리감의 손자요, 하사뱌의 증손이요, 분니의 현손이다. 또 레위 사람의 우두머리인 삽브대와 요사밧이 있다. 그들은 하나님의 성전 바깥 일을 맡은 이들이다. 또 맛다냐다. 그는 미가의 아들이요, 삽디의 손자요, 아삽

198. 다윗 시대 이후 수도 예루살렘의 주민이 계속 증가해 예루살렘 옆 저지대에 성곽을 확장하여 건설한 신도시. 대하 34:22; 습 1:10 참조.
199. 느 11:4의 아다야와 다른 사람.

의 증손이다. 그는 감사의 찬송과 기도를 인도하는 지휘자다. 그의 형제들 가운데 박부갸가 버금가는 지휘자가 되었다. 또 압다가 있다. 그는 삼무아의 아들이요, 갈랄의 손자요, 여두둔의 증손이다. 거룩한 도시에 거주하는 레위인들은 모두 284명이다.

성전 문지기는 악굽과 달몬과 그 친족들인데 모두 172명이다.[200]

나머지 이스라엘 백성과 제사장과 레위인들은 제각기 자기 유업의 땅이 있는 유다 모든 성읍에 흩어져서 살았다.

성전 막일꾼들은 오벨에 거주했고 시하와 기스바가 그들의 책임자가 되었다.

예루살렘에 거주하는 레위인들의 우두머리는 웃시다. 그는 바니의 아들이요, 하사뱌의 손자요, 맛다냐의 증손이요, 미가의 현손이다. 웃시는 성가를 맡은 아삽의 자손 가운데 한 사람이고, 하나님의 성전 일의 감독자였다. 성가대원들에게는 날마다 해야 할 일을 규정한 왕[201]의 명령이 있었는데, 세라(유다의 아들)의 자손인 브다히야(므세사벨의 아들)는 왕의 신하로서 백성의 일을 맡아 보았다. (느 11:1-24)

유다 자손 가운데 여러 사람이 거주한 마을과 그 주변 들판은 다음과 같다. 기럇아르바와 그 주변 마을, 디본과 그 주변 마을, 여갑스엘과 그 주변 마을, 예수아와 몰라다와 벳벨렛과 하살수알, 브엘세바와 그 주변 마을, 시글락, 므고나와 그 주변 마을, 에느림몬, 소라, 야르뭇, 사노아, 아둘람과 그 주변 마을, 라기스와 그 주변 마을, 아세가와 그 주변 마을이다. 이렇게 그들은 브엘세바에서 힌놈 골짜

200. 예루살렘 거주자는 모두 3,044명이다.
201. 아닥사스다 왕.

기까지 장막을 치고 살았다.

베냐민 자손은 게바, 믹마스, 아야, 베델과 그 주변 마을, 아나돗, 놉, 아나냐, 하솔, 라마, 깃다임, 하딧, 스보임, 느발랏, 로드, 오노와 대장장이 골짜기에서 살았으며, 유다에 있던 레위인들 가운데서 일부는 베냐민으로 가서 살았다. (11:25-36)

스룹바벨(스알디엘의 아들)과 예수아와 함께 돌아온 제사장들과 레위인들은 다음과 같다. 제사장은 스라야, 예레미야, 에스라, 아마랴, 말룩, 핫두스, 스가냐, 르훔, 므레못, 잇도, 긴느도이, 아비야, 미야민, 마아댜, 빌가, 스마야, 요야립, 여다야, 살루, 아목, 힐기야, 여다야다. 이들은 예수아 때의 제사장들과 그들의 형제 지도자들이다.

레위인은 예수아, 빈누이, 갓미엘, 세레뱌, 유다, 맛다냐이고, 그들의 동료 박부갸와 운노는 직무에 따라 그들의 맞은편에 섰다. 그 가운데 맛다냐는 그의 형제들과 함께 찬양대를 맡았다.

예수아는 요야김을 낳고, 요야김은 엘리아십을 낳고, 엘리아십은 요야다를 낳고, 요야다는 요나단을 낳고, 요나단은 얏두아를 낳았다.

요야김 때의 제사장 가문의 우두머리들은 다음과 같다. 스라야 가문에서는 므라야, 예레미야 가문에서는 하나냐, 에스라 가문에서는 므술람, 아마랴 가문에서는 여호하난, 말루기 가문에서는 요나단, 스바냐 가문에서는 요셉, 하림 가문에서는 아드나, 므라욧 가문에서는 헬개, 잇도 가문에서는 스가랴, 긴느돈 가문에서는 므술람, 아비야 가문에서는 시그리, 미냐민과 모아댜 가문에서는 빌대, 빌가 가문에서는 삼무아, 스마야 가문에서는 여호나단, 요야립 가문에서는 맛드내, 여다야 가문에서는 웃시, 살래 가문에서는 갈래, 아목 가문에서는 에벨, 힐기야 가문에서는 하사뱌, 여다야 가문에서는 느다넬이다.

엘리아십과 요야다와 요하난과 얏두아 때의 레위인 가운데 가문별 우두머리들의 이름과 제사장들의 이름은 다리우스가 페르시아를 다스릴 때의 왕궁실록에 기록되어 있다. 레위 자손 가운데 요하난(엘리아십의 아들) 때까지의 각 가문의 우두머리의 이름도 왕궁실록에 기록되어 있다. 레위인의 우두머리는 하사뱌, 세레뱌, 예수아(갓미엘의 아들)인데, 그들은 하나님의 사람 다윗이 지시한 대로 그들의 형제 레위인들과 함께 서로 마주 보고 노래 순서에 따라 화답하며 감사 찬양을 드렸다.

성문 안에 있는 창고를 교대로 지키는 문지기는 맛다냐, 박부갸, 오바댜, 므술람, 달몬, 악굽이다.

이 사람들은 요야김(요사닥의 손자이고 예수아의 아들)과 총독 느헤미야와 학자 에스라 제사장 시대의 사람들이다. (느 12:1-26)

느헤미야의 예루살렘 성벽 봉헌식과 개혁활동 (BC 444, 느 12:27-13:3)

예루살렘 성벽 봉헌식 때 사람들은 감사 찬송을 부르고 심벌즈와 비파와 수금을 연주했다. 그리고 즐겁게 봉헌식을 드리기 위해 곳곳에서 레위인을 찾아내 예루살렘으로 데려왔다. 찬양대원들은 예루살렘 주변에 자신들을 위한 마을을 이루며 살고 있었다. 찬양대원들은 예루살렘 사방에 있는 들판과 느도바 사람들의 마을과 벳길갈과 게바와 아스마웻 들판에서 모여들었다. 제사장들과 레위인들은 자신들을 정결하게 하고, 백성과 성문과 성벽을 정결하게 했다.

나는 유다 지도자들을 성벽 위로 올라오게 하고 감사 찬송을 부를 큰 찬양대를 두 편으로 나눠 서게 했다. 한 편은 성벽의 오른쪽에서 '똥 문' 쪽으로 행진하게 했다. 그 뒤를 따라 호세야와 유다 지도자들의 절반과 아사랴, 에스라, 므술람, 유다, 베냐민, 스마야, 예레미야가 따랐다. 그 뒤로 제사장 자손 중 나팔을 든 자들이 따랐다. 그중 스가랴는 요나단의 아들이요, 스마야의 손자요, 맛다냐의 증손이요, 미가야의 현손이요, 삭굴의 5대손이요, 아삽의 6대손이다. 그 뒤로는 스가랴의 형제 스마야, 아사렐, 밀랄래, 길랄래, 마애, 느다넬, 유다, 하나니가 하나님의 사람 다윗의 악기를 들고 따랐다. 서기관 에스라가 그들 앞에서 행진해 '우물 문'에서 다윗 성의 계단 위로 올라갔다. 그리고 성곽을 타고 올라와 다윗 궁을 지나 동쪽 '수문'에 이르렀다.

다른 한 편의 감사 찬양대는 반대쪽으로 행진했다. 나는 그 뒤를 따라 백성의 절반과 함께 성벽 위로 올라가서 '풀무 망대' 윗길을 지나 '넓은 성벽'에 이르렀다. 그리고 '에브라임 문' 위를 지나 '옛 문'과 '물고기 문'과 '하나넬 망대'와 '함메아 망대'를 지나 '양 문'에 이르러 경호부대 문에서 섰다.

감사 찬송을 부르는 두 찬양대는 하나님의 성전에서 섰고, 나와 지도자 절반이 함께 섰다.

제사장 엘리아김과 마아세야, 미냐민, 미가야, 엘료에내, 스가랴, 하나냐는 나팔을 들었고, 마아세야, 스마야, 엘르아살, 웃시, 여호하난, 말기야, 엘람, 에셀이 함께 있었다. 찬양대원들이 예스라히야의 지휘에 맞춰 노래를 불렀다.

그날 그들은 많은 제물로 제사드리며 기뻐했다. 하나님이 그들을 너무나 기뻐하게 하셨다. 여자들과 아이들도 기뻐하니 예루살렘에서 기뻐하는 소리가 멀리까지 들렸다. (느 12:27-43)

그날 유대인들이 제사장들과 레위인들의 섬김을 기뻐했으므로 제사장들과 레위인들의 몫을 율법대로 각 도시에 딸린 들판에서 거두어들였다. 그리고 봉헌물과 첫 수확물과 십일조를 관리할 창고지기를 세웠다. 제사장들과 레위인들은 하나님을 섬기는 일과 정결예식 일과 찬양대원의 임무와 문지기 임무를 다윗과 그의 아들 솔로몬의 지시대로 지켰다. 옛날 다윗과 아삽 때는 찬양대 지휘자들이 있어서 하나님께 찬양과 감사 노래를 불렀었다. 스룹바벨과 느헤미야 때도 온 이스라엘이 찬양대원들과 문지기들에게 일용할 양식을 주었고 레위인들에게 성별한 것을 주었다. 레위인들은 거기에서 아론의 자손[202]에게 성별해 주었다. (느 12:44-47)

그날 제사장들과 레위인들은 백성에게 모세의 책을 읽어 주었는데, 다음과 같이 적혀 있었다.

"암몬 사람과 모압 사람은 하나님의 공동체에 영원히 들어오지 못한다. 그들은 빵과 물을 가지고 와서 이스라엘 자손을 맞아 주지 않았고, 발람에게 뇌물을 줘 그들 이스라엘 자손을 저주하게 했기 때문이다. 그러나 우리 하나님은 그 저주를 바꿔 복이 되게 하셨다."[203]

그들 백성은 이 율법을 듣고, 이스라엘 가운데 섞여 사는 이방 무리

202. 제사장들.
203. 신 23:3-5; 민 22:3-11.

를 모두 분리시켰다. (느 13:1-3)

느헤미야가 페르시아로 돌아가다 (BC 433, 느 13:6a)

페르시아[204] 왕 아닥사스다 32년[205]에 나는 왕을 뵈러 갔고 예루살렘에 없었다.

느헤미야의 2차 종교개혁

유다 총독 느헤미야는 무너진 예루살렘 성벽 재건축이라는 자기 소명에 충성하여 믿음과 공의로운 리더십으로 그 임무를 완수했다. 이방인의 예루살렘 출입을 통제하며 예루살렘 주민의 안전을 확보했다. 그리고 에스라를 통해 율법 낭독과 회개운동을 일으켰고, 인구조사를 실시해 통치 질서를 확립했으며, 초막절 준수, 레위 지파 정비 및 제사 제도 확립으로 성전 운영을 정상화했다. 그후 12년 동안(BC 445-433)의 예루살렘 총독 임기를 마치고 페르시아로 복귀했다.

그런데 느헤미야가 예루살렘에 없는 사이에 유대인들은 타락해 버렸고, 십일조와 헌물을 바치지 않아 성전 창고가 비게 되었다. 레위인들은 백성들로부터 자기 몫을 받지 못해 궁핍한 생활을 해결하고자 모두 성전 직무를 버리고 자기 밭으로 도망가 버렸다. 더욱이 대제사장 엘리아십은 그 빈 창고 방을 대적 이방인 도비야가 사용하게 하여 성전을 더럽혔다. 백성들은 안식일을 거룩하게 지키

---

204. 원문에는 '바빌로니아'.
205. BC 433년.

지 않고 장사를 했으며, 이방 신을 섬기는 여자와 결혼까지 했다.

무너진 예루살렘 성전과 성벽이 재건축되었어도 예루살렘 사람들이 다시 타락했으므로 하나님의 임재가 사라지고 심판이 임박한 위기에 처했다. 이런 소식을 느헤미야가 페르시아에서 듣고 다시 아닥사스다 왕의 허락을 받아 BC 432년 예루살렘으로 돌아와 개혁활동을 펼쳤다.

느헤미야가 예루살렘으로 돌아와 종교개혁 활동을 하다 (BC 432, 느 13:6b, 4-5, 7-31)

그해가 끝난 후[206] 나는 왕에게 다시 요청해 예루살렘으로 돌아왔다. 그때 나는 엘리아십이 하나님의 성전 뜰 안에 도비야를 위해 방을 만들어 준 악행을 알게 되었다. 엘리아십은 전부터 우리 하나님의 성전 방을 맡고 있던 대제사장[207]이었는데, 그는 도비야와 가까이 지내는 사이였으므로 도비야에게 큰 방 하나를 내준 것이었다. 그 방은 원래 레위인들과 찬양대원들과 문지기들에게 나누어 주는 곡식제물과 유향과 그릇과 곡식의 십일조와 새 포도주와 기름과, 제사장 몫으로 바쳐진 봉헌물을 보관하는 곳이었다. 나는 몹시 화가 나 도비야가 쓰던 방의 물건을 모두 방 밖으로 내던지며 말했다.

"그 방을 깨끗하게 치운 다음, 하나님의 성전 그릇과 곡식제물과 유향을 다시 그곳에 들여놔라." (느 13:6b, 4-5, 7-9)

내가 또 알아보니 레위인들은 받을 몫을 받지 못했다. 그래서 레위인들과 찬양대원들은 맡은 일을 버리고 저마다 자기 밭으로 도망

---

206. 문자적으로는 '여러 날들의 마지막 후에'이며 '한 해가 끝난 후' 곧 느헤미야가 페르시아로 돌아온 해가 지난 후를 의미한다(BC 432년 4월 19일).

207. 느 3:1; 13:28.

가 버렸다. 나는 관리들을 꾸짖었다.

"어쩌자고 하나님의 성전을 버려 두었느냐?"

나는 레위인들을 다시 불러 모아 자신들의 일을 맡아 보게 했다. 그랬더니 모든 유대인들이 곡식의 십일조와 새 포도주와 기름을 창고로 가지고 왔다.

나는 셀레먀 제사장과 사독 서기관과 레위인 브다야를 창고 책임자로 임명하고, 하난(맛다냐의 손자이며 삭굴의 아들)을 그들을 돕는 자로 임명했다. 그들은 신실하다고 인정받는 사람들이어서 동료들에게 돌아갈 몫을 골고루 나누어 주는 일을 책임졌다.

"나의 하나님, 내가 이 일을 한 것을 기억하소서. 내가 내 하나님의 성전과 성전 일을 위해 행한 선행을 지우지 마소서." (느 13:10-14)

그 무렵에 사람들이 유대에서 안식일에 포도주를 밟고 곡식 단을 나귀에 실어 운반하며, 포도주와 포도송이와 무화과와 여러 가지 짐을 지고 예루살렘으로 들어와 음식물을 팔았다. 그래서 나는 그날 경고했다. 또 예루살렘에는 두로 사람들이 살고 있었는데, 그들은 안식일에 물고기와 여러 가지 물건을 예루살렘으로 가져와 유다 자손에게 팔았으므로 나는 유다 귀족들을 꾸짖었다.

"여러분은 어쩌자고 이런 악한 일을 행해 안식일을 모독합니까? 여러분의 조상들도 이렇게 했기 때문에 우리 하나님이 우리와 이 도시 위에 그 모든 재앙을 내리지 않았소? 여러분은 안식일을 모독해 이스라엘 위에 진노를 더하게 했소."

나는 "안식일이 시작되기 전 해가 질 무렵 예루살렘 성문에 그림자가 드리우면 성문을 닫고 안식일이 지날 때까지 성문을 열지 말라"고

했다. 또 내 종 몇 사람을 성문마다 세워 안식일에는 아무 짐도 들어오지 못하게 했다. 그런데 장사하는 사람들과 여러 물건을 파는 상인들이 예루살렘 성벽 밖에서 자는 일이 한두 번 있었다. 나는 그들을 꾸짖었다.

"어찌하여 당신들은 성 밑에서 잠을 자는 거요? 또다시 이렇게 하면 잡아들이겠소."

그 후부터는 그들이 안식일에 다시 나타나지 않았다.

나는 또 레위인들에게 몸을 정결하게 하고 와서 성문을 지킴으로 안식일을 거룩하게 하라고 했다.

"나의 하나님, 내가 한 이 일을 기억하시고, 주님의 크신 자비로 나를 불쌍히 여기소서." (느 13:15-22)

그때 내가 또 보니 유다 남자들이 아스돗, 암몬, 모압 여자들과 결혼을 했다. 그래서 그들의 자녀 절반이 아스돗 말이나 다른 나라 말은 하면서도 유다 말은 못했다. 나는 그 아버지들을 책망하고 저주했다. 그들 가운데 몇 사람을 매질하고 머리털을 자르기까지 했다. 그런 다음 그들로 하여금 하나님께 맹세하게 했다.

"너희는 너희 딸들을 그이방인들의 아들들에게 주지 말고, 그들의 딸들을 너희와 너희 아들들을 위해 데려오지 마라. 이스라엘 왕 솔로몬이 이런 행위를 하여 범죄하지 않았느냐? 그는 하나님의 사랑을 받았고 하나님은 그를 온 이스라엘의 왕으로 삼으셨으며, 어느 나라에도 그만한 왕이 없었지만, 이방 아내들이 그를 죄짓게 했다. 너희가 이방 여자들을 아내로 데려와 이렇게 큰 악을 저지르고 하나님을 거역하는데, 우리가 어찌 보고만 있을 수 있겠냐?" (13:23-27)

대제사장 엘리아십의 손자이자 요야다의 아들 가운데 하나가 호론 사람 산발랏의 사위가 되었기에 나는 그를 내 앞에서 내쫓았다.

"나의 하나님, 그들은 제사장 직분을 더럽히고 제사장과 레위인의 언약을 어겼습니다. 그들을 기억하소서."

나는 그 유대인들을 이방인의 부정한 것으로부터 떠나게 하여 정결하게 했다. 또 제사장과 레위인에게 임무를 맡겨 저마다 맡은 일을 하게 했다. 또 정해진 때 제단에 쓸 나무와 처음 거둔 농작물을 바치게 했다.

"나의 하나님, 나를 기억하시고, 복을 주소서." (느 13:28-31)

"내가 또 알아보니 레위인들은 받을 몫을 받지 못했다. 그래서 레위인들과 찬양대원들은 맡은 일을 버리고 저마다 자기 밭으로 도망가 버렸다. … 나는 레위인들을 다시 불러 모아 자신들의 일을 맡아보게 했다. 그랬더니 모든 유대인들이 곡식의 십일조와 새 포도주와 기름을 창고로 가지고 왔다." (느 13:10-12)

느헤미야가 페르시아 왕 아닥사스다에게 유다 총독 임무수행 결과를 보고하기 위해 BC 433년 수도 수산으로 간 사이, 백성이 성전에 바친 십일조와 헌물을 불의한 관리들이 제사장 위주로 불공평하게 집행했다. 레위인들과 찬양대원들은 자기 몫을 받지 못하자 불만을 품고 각자 생계를 위해 자기 밭으로 도망가 버렸다. 그러자 백성이 불의한 관리들에게 반감을 품고 십일조와 헌물을 성전에 납부하지 않아 성전 창고가 비어 버리는 사태가 발생했다.

느헤미야는 다시 돌아와 불의한 관리들을 파면시키고 신실한 관리들로 교체했다. 레위인들을 다시 불러 모으고 십일조와 헌물이 레위인들에게 공평하게 분배되게 하자, 백성이 느헤미야와 관리들을 신뢰하여 다시 십일조와 헌물을 성전 창고에 들여놓았다. 느헤미야가 공권력으로 공의롭게 다스리며 십일조와 헌물관리 질서를 확립한 결과 성전 관리에 질서가 회복된 것이다.

"대제사장 엘리아십의 손자이자 요야다의 아들 가운데 하나가 호론 사람 산발랏의 사위가 되었기에 나는 그를 내 앞에서 내쫓았다." (느 13:28)

산발랏은 느헤미야의 예루살렘 성벽건축 사역을 가장 많이 훼방한 원수다. 그런데 대제사장 엘리아십의 손자가 산발랏의 딸과 결혼한 상태로 제사장직을 수행하는 어처구니없는 사태가 발생했다. 그 손자의 아버지이자 대제사장의 아들인 요야다도 자기 아들을 산발랏의 딸과 결혼시키는 타락한 생활을 하면서도 제사장직을 수행하고 있었다. 그래서 느헤미야는 그들이 제사장 직책을 더럽히고 제사장과 레위인의 언약을 어겼다고 통탄하며 하나님께 호소했다. "나의 하나님, 그들은 제사장 직책과 제사장과 레위인의 언약을 어긴 자들입니다. 그들을 기억하소서"(느 13:29). 하나님은 느헤미야의 기도를 들으시고 부패한 제사장들과의 결별과 혈통에 의해 제사장이 되는 구약 시대 제사장 제도의 폐기를 예언자 말라기를 통해 선포하신다. "제사장들아, 지금 이 명령은 너희에게 하는 것이다. 너희가 듣지 않고 내 이름을 영화롭게 할 마음을 갖지 않으면, 내가 너희에게 저주를 내려 너희 복을 저주하겠다. ··· 보라, 나는 너희 자손을 꾸짖겠고, 똥 곧 너희가 바친 희생제물의 똥을 너희 얼굴에 칠할 것이며, 너희가 그 똥과 함께 버려질 것이다"(말 2:1-3).

"제사장은 만군의 주님의 특사이므로 제사장의 입술은 율법 지식을 지켜야 하고, 사람들이 그의 입에서 율법을 구하게 되어야 한다. 그런데 너희제사장들은 바른 길에서 떠났으며, 많은 사람에게 율법을 버리고 곁길로 가도록 가르쳤다. 너희는 내가 레위와 맺은 언약을 깨뜨렸다. 만군의 주님의 말씀이다. 너희가 내 길을 지키지 않고 사람에게 치우쳐 율법을 행했으니, 나도 너희에게 모든 백성 앞에서 멸시와 천대를 받게 했다"(말 2:7-9).

하나님이 제사장 제도를 폐기하신 결과, 백성들이 제사장들을 불신하게 되자 제사장들은 권력과 결탁하여 전통적 제사장 제도를 유지하는 사두개파로 변질되었다. 제도권 밖에서 율법적 경건생활을 하는 바리새파가 백성의 신뢰를 받는다. 그러나 마침내 그리스도 예수가 오셔서 만인 제사장 시대를 여셨다. 예수의 열두 제자는 제사장 출신인 사두개파나 바리새파가 아니면서 초대교회의 영적 지도자들이 되었다.

"나의 하나님, 나를 기억하시고 복을 주소서." (느 13:31)

느헤미야는 당시 세계 최강대국의 수도 수산에서 왕의 최측근 고위직이었다. 그러나 고난 받고 있는 하나님의 백성이 안정된 생활을 할 수 있도록 허물어진 예루살렘 성벽을 재건축하려고 부귀영화를 버리고 변방으로 가서 악전고투하며 마침내 사명을 완수했다. 이것은 하나님이 주신 소명을 이루어 하나님이 내려 주시는 복을 바랐기 때문이다.

이것은 모세가 '바로의 아들이라 불리는 것을 거절하고 도리어 하나님의 백성과 함께 고난받는 것을 잠시 죄악의 낙을 누리는 것보다 좋아하였으며, 그리스도를 위하여 받는 능욕을 이집트의 보화보다 더 값진 것으로 여겼으니, 이는 그가 상 주심을 바라보았기 때문'(히 11:24)인 것과 같다.

말라기 예언

에스라와 느헤미야가 율법을 가르치고 종교개혁을 단행한 결과, 율법의 규례와 율례가 회복되었다. 하지만 그들이 없어진 뒤 유대 사회는 다시 하나님의 명령을 지키지 않고 율법 해석을 왜곡하며 종교의식을 형식적으로 지키는 위선적인 종교생활을 했다. 이에 하나님의 임재가 사라지고 심판이 임박한 사회가 되고 말았다(말 3:5; 요 9:39 참조). 회복된 하나님 나라가 다시 무너지고 제2성전 시대가 종말을 향해 갈 때 예언자 말라기는 유대인들이 영적으로 무감각해져서 하나님의 사랑을 잊어버리고 십일조와 헌물을 도둑질하는 것을 책망했다. 또한 그는 제사장들이 율법을 멸시하고 하나님의 규례를 무시하며 제사장 직분에 불성실한 것을 책망했다. 그리고 하나님이 레위와 맺은 시내산 언약(구약)이 파기되었다고 선언하며 예언하기를, 악인을 심판하기 위한 심판 날이 정해졌으며, 심판 날이 오기 전에 엘리야를 먼저 보내 주님의 길을 예비하게 하실 것이라고 했다. 말라기의 예언대로 세례 요한이 엘리야의 영으로 먼저 와서 주 예수 그리스도의 길을 예비했다. 세례 요한이 나타나기 전까지 신구약 중간기 400년 동안은 하나님이 자신의 얼굴을 유대인에게 숨기셨으므로 예언자가 없는 침묵기가 되어 버렸고, 유대인들이 마음에 하나님 두기를 싫어하매 하나님이 그들을 상실한 마음대로 내버려 두어 자기 소견에 옳은 대로 합당하지 못한 일을 하게 하셨다(롬 1:28).

말라기서는 질문과 대답 형식으로 기록되었다.

주께서 말라기를 통해 이스라엘 백성에게 경고하신 말씀이다. 주께서 말씀하셨다.

"나는 너희를 사랑했다.²⁰⁹ 그러나 너희는 묻기를 '주님이 우리를 어디 사랑했습니까?'라고 한다."

주님이 말씀하신다.

"에서는 야곱의 형이 아니냐? 그러나 나는 야곱을 사랑하고, 에서를 미워했다. 내가 에서의 산을 황폐하게 만들었고, 그가 물려받은 땅을 광야의 이리 떼에게 넘겨 버렸다.²¹⁰ 에돔²¹¹이 '우리가 무너졌으나 황폐한 곳을 다시 세우겠다'라고 말하지만, 만군의 주가 말한다. 그들이 세워도 내가 헐어 버리겠다. 사람들이 그들을 '악한 지역'이라고 할 것이고, '주님이 영원히 저주하신 백성'이라고 할 것이다. 너희가 에돔의 멸망을 눈으로 보고 '주님은 이스라엘 지역 밖에서도 크시다'라고 말할 것이다." (1:1-5)

제사장들은 불량 제물을 성전 제단에 바치고 제사장 직분을 귀찮게 여기며 하나님의 이름을 멸시했다. 하나님은 그런 제사장들을 기뻐하지 않고 그들의 제물을 받지 않을 뿐 아니라 제사장들이 모든 백성에게 멸시와 천대를 받게 하겠다고 말씀하셨다. 또한 제사장들에 의한 제사의식을 폐지하며 성전문을 폐쇄하겠

208. 단 9:25 난하주 참조.
209. 하나님의 선택(롬 9:10-13; 요 17:6; 15:16, 19; 엡 1:4; 요일 4:9-10; 신 7:7-8)과 대속(요 3:16; 15:13; 요일 4:9-10; 롬 5:8).
210. 하나님은 BC 582년 바빌로니아를 통해 에돔을 멸망시켜 에스겔(35:1-15)과 오바댜의 예언을 성취시키셨다.
211. 에돔은 지역 명칭과 민족 명칭이 함께 쓰인다.

다고 말씀하셨다. 그러나 모든 이방 민족은 어디서나 모든 곳에서 깨끗한 제물을 바치며 하나님의 이름을 높일 것이라고 말씀하셨다. 이 예언은 신약시대 예수 그리스도에 의해 이루어지고 사도 바울에 의해 전파되었다. (말 1:6-2:9)

"만군의 주가 말한다. 내 이름을 멸시하는 너희 제사장들아. 아들은 아버지를 공경하고 종은 제 주인을 두려워하는데, 내가 너희 아버지인데도 너희가 나를 어디 공경했느냐? 나는 너희 주인인데도 너희가 나를 어디 두려워했느냐?

그러나 너희제사장들는 말하기를 '우리가 주님의 이름을 어디 멸시했습니까?'라고 한다. 너희가 내 제단 위에 더러운 빵을 바치면서도 말하기를 '우리가 주님을 어디 더럽혔습니까?'라고 한다. 너희는 '주님의 식탁이 멸시받는다'고 하면서도 눈먼 짐승을 제물로 바치니 그것이 악하지 않느냐? 다리 저는 것이나 병든 짐승을 바치니 그것이 악하지 않느냐? 그런 것을 너희 총독[212]에게 갖다줘 봐라. 그가 너희를 기뻐하겠느냐? 너희를 받아 주겠느냐? 만군의 주님의 말씀이다. 이제 너희가 너희 하나님의 얼굴을 구하고 그분에게 간구해 보려무나.[213] 너희 손에 이런 악이 있는데, 그분이 너희 중 누구의 얼굴을 반가워하겠느냐? 만군의 주님의 말씀이다.

너희제사장들가 내 제단에 헛된 불을 피우지 못하도록 너희 가운데 누가 성전 문을 닫으면 좋겠다.[214] 나는 너희를 기뻐하지 않으며 너

---

212. 느헤미야는 총독 재임 기간(12년) 동안 백성들로부터 총독의 보수를 받지 않고 재물도 받지 않았다(느 5:14-15, 18). 말라기는 느헤미야가 예루살렘을 떠난 이후 예언활동을 했다.

213. LXX.

214. 500년 후 AD 70년, 예루살렘이 로마 군대에 멸망했을 때 비로소 예루살렘 성전 문이 폐쇄되고 동물 희생제사가 영원히 사라졌다.

희 손으로부터 제물을 받지 않겠다. 만군의 주님의 말씀이다. (1:6-10b)

내 이름이 해 뜨는 곳에서부터 해 지는 곳까지 이방 민족 가운데서 높임 받을 것이다.[215] 이방 민족들이 모든 곳에서 내 이름을 위해 분향하고 깨끗한 제물을 바칠 것이므로, 내 이름이 이방 민족 가운데 높임 받을 것이다. 만군의 주님의 말씀이다. (1:11)

그러나 너희제사장들는 '주님의 식탁은 더러워졌고 그 식탁 위에 있는 과일, 곧 그의 음식이 멸시받는다'[216]고 말하면서도, 불량제물로 내 이름을 더럽히고 있다. 너희는 또 '이 일[217]이 얼마나 귀찮은가!'라고 말하며 그 일에 콧방귀를 뀐다. 만군의 주님의 말씀이다. 너희가 훔친 것과 다리 저는 것과 병든 것을 제물이라고 가져오니, 내가 그것을 너희 손에서 기쁘게 받겠느냐? 주님의 말씀이다. 자기 짐승 떼 가운데 좋은 수컷이 있는데도 흠 있는 것을 서원 제물로 속여 바치는 자[218]는 저주받을 것이다. 나는 큰 왕이요, 이방 민족들까지도 내 이름을 두려워하기 때문이다. 만군의 주님의 말씀이다. (1:12-14)

제사장들아, 지금 이 명령은 너희에게 하는 것이다. 너희가 듣지 않고, 내 이름을 영화롭게 할 마음을 갖지 않으면, 내가 너희에게 저주를 내려 너희 복을 저주하겠다. 만군의 주님의 말씀이다. 너희가 명심하지 않았으므로 나는 너희 복을 저주했다.

보라, 나는 너희 자손을 꾸짖겠고, 똥 곧 너희가 바친 희생제물의 똥을 너희 얼굴에 칠할 것이며, 너희가 그 똥과 함께 버려질 것이다.

215. 시 113:3; 사 49:6.
216. 말 1:7.
217. 희생제사 직무.
218. 서원 제물은 흠 없는 수컷을 바쳐야 한다(레 22:18-23).

그때 내 언약이 레위인들에게 있게 하려고 내가 이 명령을 너희에게 보냈음을 너희는 비로소 알게 될 것이다.[219] 만군의 주님의 말씀이다. 내가 레위인과 맺은 언약[220]은 생명과 화평의 언약이다. 그가 나를 경외하게 하고 내 이름 앞에서 자신을 삼가게 하려고 나는 그에게 경외심을 주었고, 그는 내 이름을 경외했다. 그의 입에는 진리의 율법이 있었고 그의 입술에는 불의가 없었다. 그는 화평하고 정직하게 나와 동행하여 많은 사람을 죄악에서 돌아서게 했다. 따라서 제사장은 만군의 주님의 특사이므로 제사장의 입술은 율법 지식을 지켜야 하고, 사람들이 그의 입에서 율법을 구하게 되어야 한다.

그런데 너희는 바른 길에서 떠났고 많은 사람에게 율법을 버리고 곁길로 가도록 가르쳤다. 너희는 내가 레위와 맺은 언약을 깨뜨렸다.[221] 만군의 주님의 말씀이다. 너희가 내 가르침을 지키지 않고 율법을 외면했으니[222] 나도 너희가 모든 백성 앞에서 멸시와 천대를 받게 했다. (2:1-9)

유대인들이 하나님이 짝지어 주신 아내와 이혼하고 이방 신을 섬기는 여자와 결혼함으로써 악을 행했기에 하나님은 유대인을 하나님의 백성에서 끊어 버리신다. (말 2:10-16)

우리는 모두 한 아버지를 모시고 있지 않느냐? 하나님 한 분이 우리를 창조하시지 않았느냐? 그런데 어찌하여 우리 각 사람이 자

---

219. LXX.
220. 민 25:12-13.
221. 렘 31:31-32; 겔 16:59; 느 13:29.
222. LXX.

기 형제를 배신하여 우리 조상의 언약을 모독하느냐? 유다가 역겨운 일을 행하고 이스라엘과 예루살렘에서 추악한 일을 했으니, 이는 유다가 주께서 사랑하시는 주님의 거룩을 모독하고 이방 신들을 섬기는 여자와 결혼했기 때문이다. 이런 짓을 하는 사람은 만군의 주께 제사드리는 사람이라 해도, 주께서 그를 야곱 가문에서 끊어 버리실 것이다. (2:10-12)

너희는 이런 일을 행하고도 주께서 너희 제물을 외면하시며 너희 손에서 그 제물을 기꺼이 받지 않으신다고 눈물과 울음과 탄식으로 주님의 제단을 덮으면서 '무슨 까닭으로 이러십니까?'라고 말한다. 그 까닭은 네가 젊은 날 결혼한 네 아내는 네 동반자이자 네가 약속한 아내이며 주께서 너와 네 아내 사이의 증인이신데도, 네가 아내를 배신했기 때문이다. 그분하나님은 영이 충만하신 데도 하와를 하나만 만드시지 않았느냐? 하나님이 찾으시는 자손이 누구냐? 너희는 젊어서 결혼한 너희 아내를 배신하지 않도록 너희 심령을 조심해라. 이스라엘의 주 하나님의 말씀이다. 네가 이혼을 미워하면, 그분은 네 불경건한 이혼 생각을 덮어 주실 것이다.[223] 만군의 주님의 말씀이다. 그러므로 너희는 아내를 배신하지 않도록 너희 심령을 조심해라. (2:13-16)

유대 사회가 너무나 타락하여 '하나님은 악인을 좋게 보시고 정의의 하나님은 없다'고 말하며 하나님을 괴롭혔다. 하나님은 메시아를 보내 그들을 심판하

223. LXX.

고, 믿는 자들을 정결하게 하신다. (말 2:17-3:6)

　　너희는 말로 주님을 괴롭히면서도 '우리가 어디 주님을 괴롭혔습니까?'라고 한다. 너희는 '주님은 온갖 악을 행하는 자를 좋게 보시고, 그런 사람을 오히려 더 기뻐하신다'라고 한다. 또 '정의의 하나님이 어디 계시나?'[224]라고 말한다. (2:17)

　　보라. 내가 내 사신[225]을 보내겠다. 그가 내 앞에서 길을 닦게 하겠다. 너희가 찾는 주님이 자신의 성전에 갑자기 오실 것인데, 너희가 기뻐하는 언약의 사신[226]이 올 것이다. 만군의 주님의 말씀이다. 그러나 그가 오는 날에 누가 견디며, 그가 나타나는 때에 누가 서 있을 수 있겠느냐? 그는 금을 제련하는 자의 불 같고 세탁하는 자의 비누 같을 것이며, 은을 제련하고 정련하는 자처럼 앉아서 레위 자손을 정결하게 할 것이다.[227] 그가 은과 금을 정련하듯이 그들을 깨끗하게 하면, 그들이 주님께 의로운 제물[228]을 드릴 것이다. 그때 유다와 예루살렘의 제물이 옛날처럼, 지난날처럼, 주님께 기쁨이 될 것이다. 내가 너희를 심판하러 와서, 점치는 자와 간음하는 자, 거짓 맹세하는 자, 일꾼의 품삯을 떼어먹는 자, 과부와 고아를 억압하는 자, 나그네를 내쫓는 자와 나를 경외하지 않는 자들에게 지체 없이 증인이 되겠다. 만군의 주님의 말씀이다. 그러나 나 주는 변하지 않으니, 너희 야곱의 자손은 멸망하지 않을 것이다.[229] (3:1-6)

224. 겔 33:20.
225. 세례 요한(사 40:3; 마 11:10).
226. 그리스도 예수.
227. 요 15:3; 행 10:15, 44; 살전 5:23.
228. 롬 12:1; 말 1:11.
229. 롬 11:11-12.

유대인들이 성전에서 일하는 레위인들의 생계 유지와 가난한 자 구제와 성전의 유지 보수에 쓰이는 십일조(민 18:21-32; 신 14:28-29)를 도둑질해 성전 창고가 비어 버렸다. 그러나 회개하고 십일조와 봉헌물을 하나님의 성전에 드리면 물질적으로도 복을 받는다. (말 3:7-12)

너희는 너희 조상 때부터 내 명령을 떠나서 지키지 않았다. 너희는 내게로 돌아오너라. 그리하면 나도 너희에게로 돌아가겠다. 만군의 주님의 말씀이다. 그러나 너희는 '우리가 돌아가려면 어떻게 해야 합니까?'라고 말한다. 사람이 하나님의 것을 도둑질하면 되겠느냐? 그런데 너희는 내 것을 도둑질하고서도 '우리가 어떻게 주님의 것을 도둑질했습니까?'라고 말한다. 십일조와 봉헌물이 바로 그것이다. 너희가 내 것을 도둑질했으므로 너희는 저주받고 저주받는다. 백성도 함께 끝장난다.[230] 너희는 모든 십일조를 성전 창고에 들여놓고[231] 내 집에 먹을거리가 있게 해라. 그래서 내가 너희에게 하늘 문을 열고서 내 복을 너희에게 충분히 붓지 아니하나 자세히 살펴봐라.[232] 만군의 주님의 말씀이다. 나는 너희 땅의 농작물을 해로운 벌레가 먹어 없애지 못하게 하고, 너희 밭의 포도 열매가 익기 전에 떨어지지 않게 하겠다. 만군의 주님의 말씀이다. 너희 땅이 비옥해지면, 모든 이방인들이 너희를 복 받았다 할 것이다. 만군의 주님의 말씀이다. (3:7-12)

---

230. LXX, KJV. (히브리어 성경에는 '너희 모든 백성은 저주받는다'.)
231. 백성이 레위인의 몫으로 바친 십일조의 10의 1을 성전 창고에 보관하는 것은 제사장과 레위인의 책임이다(민 18:26; 느 10:38; 12:47 참조).
232. LXX.

율법과 예언을 지키며 하나님을 경외하는 의인은 구원받는다. (말 3:13-4:6)

주님의 말씀이다. 너희가 내게 악한 말로 대항하면서도 '우리가 주님께 무슨 말로 대항했습니까?'라고 한다. 너희가 말하길 '하나님을 섬기는 것은 헛되다. 우리가 그의 명령을 지키고 만군의 주님 앞에서 슬퍼하며 걷는 것이 무슨 유익이 있단 말인가?[233] 이제 우리는 오히려 교만한 자가 복이 있다고 하고, 악을 행하는 자가 번성한다고 하며, 하나님을 시험하는 자가 재앙을 면한다'고 한다.

그때 주님을 경외하는 사람들이 서로 말하기를 '주님이 분명히 들으셨고, 주님을 경외하는 자들과 주님의 이름을 존중히 여기는 자들을 주님 앞에 있는 기념책에 기록하셨다'라고 한다. 내가 구원을 행하는 날,[234] 그들은 내 것이 될 것이다. 사람이 자기를 섬기는 자기 자식을 아끼듯, 내가 그들을 아끼겠다. 만군의 주님의 말씀이다. 그때 비로소 너희가 돌아와서 의인과 악인, 곧 하나님을 섬기는 자와 섬기지 않는 자를 분별할 것이다. (3:13-18)

보라. 용광로의 불 같은 날이 오고 있다. 그날이 오면, 교만한 자와 악행하는 자가 모두 지푸라기처럼 불태워질 것이고, 그 뿌리와 가지까지 남김없이 불태워질 것이다. 만군의 주님의 말씀이다. 그러나 내 이름을 경외하는 너희에게는 의로운 해[235]가 떠올라 치료하는 광선을 비출 것이니, 너희는 외양간에서 풀려나온 송아지처럼 뛰어다닐 것이다. 내가 이 일을 이루는 그날, 너희가 악한 자들을 짓밟

---

233. '고행과 참회의 삶이 무슨 필요가 있나?'라는 의미. 슥 7:3 참조.
234. LXX.
235. 눅 1:78.

을 것이고, 그들은 너희 발바닥 밑에서 재같이 될 것이다.[236] 만군의 주님의 말씀이다. 너희는 내가 호렙산에서 모든 이스라엘을 위해 내 종 모세에게 명령한 율법,[237] 곧 율례와 규례를 기억해라. 보라, 크고 두려운 주님의 날[238]이 오기 전에 내가 너희에게 예언자 엘리야[239]를 보내겠다. 그가 아버지의 마음을 자녀에게로 돌아오게 하고, 사람의 마음을 자기 이웃에게로 돌아오게 하겠다.[240] 돌이키지 않으면, 내가 가서 그 땅에 저주를 내리겠다." (4:1-6)

236. 롬 16:20; 시 110:1.
237. 율법의 핵심은 하나님 사랑과 이웃 사랑이다(신 6:5; 레 19:18; 마 22:37-40 참조).
238. 그리스도 예수의 재림 날. 구약은 하나님이 다시 오셔서 자기 백성을 구원하고 회복시킬 것을 열망하게 만들면서 끝난다.
239. 세례 요한(마 11:14).
240. LXX.

"너희제사장들가 내 제단에 헛된 불을 피우지 못하도록 너희 가운데 누가 성전 문을 닫으면 좋겠다. 나는 너희를 기뻐하지 않으며 너희 손으로부터 제물을 받지 않겠다. … 이방 민족들이 모든 곳에서 내 이름을 위해 분향하고 깨끗한 제물을 바칠 것이므로, 내 이름이 이방 민족 가운데 높임 받을 것이다." (말 1:10-11)

하나님은 유대인들에게 "너희가 에돔의 멸망을 눈으로 보고 '주님은 이스라엘 밖에 돔 지역에서도 크시다'라고 말할 것이다"(말 1:5)라고 말씀하시다가, 이제는 '하나님의 이름이 모든 이방 민족 가운데서 높임 받을 것'이라고 하나님을 섬기는 지역과 민족을 확대하여 말씀하셨다. 하나님의 나라가 이루어질 때가 찼을 때 그리스도 예수께서 오셔서 이방인들에게 복음을 전하기 시작하셨고, 사도 바울이 이방인을 하나님의 백성으로 만드는 데 결정적인 역할을 했다.

하나님은 유대인 제사장을 통한 제사를 받지 않겠다고 선포하셨으나, 유대인들은 율법과 전통을 중요시하여 헛된 제사의식을 계속 준수했다. 그리스도 예수께서는 성전 제사의식을 행하지 않으심으로 하나님의 뜻을 나타내셨고, 예수의 제자들도 예수님을 본받아 성전 제사의식을 행하지 않았다. 바울을 비롯한 초대교회 성도들도 성전 제사의식을 행하지 않았다. 그러나 유대인들은 유대 율법을 고수하며 전통적인 성전 제사의식을 계속 행하다가 AD 70년 예루살렘이 멸망한 후 로마제국의 제사 금지 명령에 의하여 비로소 성전 제사의식과 제사장 제도를 폐기했다. 제사장에 의한 제사의식이 폐지되고 하나님의 이름이 모든 이방 민족 가운데 높임 받기까지 말라기 이후 500년이 걸린 것이다.

이제 하나님은 유대 민족에 의해 예루살렘 성전 안에서만 예배받는 분이 아니시고, 영과 진리로 예배하는 세상 모든 이방 민족에 의해 모든 곳에서 예배를 받으신다. 그리고 성령을 따라 진리의 말씀대로 사는 삶의 예배자를 찾으신다.

"이 산 그리심 산에서도 말고 예루살렘에서도 말고 너희이방인가 아버지께 예배할 때가 이르리라. 아버지께 참되게 예배하는 자들은 영과 진리로 예배할 때가 오나니 곧 이때라. 아버지는 자기에게 이렇게 예배하는 자들을 찾으시느니라"(요 4:21b; 4:23). 400년 침묵기에 히브리어 구약성경이 당시의 세계어인 헬라어로 번역되고 그 70인 역을 통해 하나님의 나라가 전 세계 이방인에게 전파되었으므로, 말라기 이후 신구약 중간사는 하나님의 이름이 세계적으로 위대하게 되기 위해 기독교의 세계화 기반이 준비되는 시기였다.

"너희는 또, '이 일이 얼마나 귀찮은가!'라고 말하며 그 일에 콧방귀를 뀐다." (말 1:13)

제사장의 직무는 하나님을 사랑하여 하나님의 백성을 위해 속죄제, 속건제, 화목제 등 희생제물을 성전제단에 드리는 것이다. 그런데 말라기 시대의 제사장들은 하나님을 사랑하지 않아서 하나님의 백성이 자기 죗값으로 멸망하도록 방치하고 제사 직무에 권태를 느꼈다. 마지 못해서 형식적으로 불성실하게 제사직무를 수행했다. 권태는 하나님을 사랑하지 않는 영혼의 영적, 정신적 질병에서 나타나는 증상이고 무기력이나 나태와 함께 진리에 대한 열정이 소멸되게 하며 삶의 의미를 상실하게 한다.

말라기 시대는 권태가 사회 전반으로 만연했고 영적 영역에까지 확대되어 제사장들조차도 권태에 빠졌다. 그래서 "이 일[제사]이 얼마나 귀찮은가?" "하나님을 섬기는 것은 헛되다" "교만한 자가 복 있고 악을 행하는 자가 번성한다" "하나님을 시험하는 자가 재앙을 면한다"라고 말하며 "정의의 하나님은 없다"고 막장 드라마를 연출하면서 종말을 향해 나아갔다.

그 결과 하나님이 "나는 너희를 기뻐하지 않으며 너희 손으로부터 제물을 받지 않겠다"고 하시면서 유대인을 외면함으로써 구약시대는 종말을 맞았다. 말라기 이후 예수 그리스도가 오시기까지 400년 침묵기는 '그들이 마음에 하나님 두기를 싫어하매 하나님께서 그들을 그 상실한 마음대로 내버려두사 합당하지 못한 일을 하게'(롬 1:28) 한 시기이다.

"보라, 크고 두려운 주님의 날이 오기 전에 내가 너희에게 예언자 엘리야를 보내겠다." (말 4:5)

왜 북이스라엘이 망하고 남유다 왕국이 망했나? '하나님과 이웃을 사랑하라'는 하나님의 언약의 말씀을 외면하고 우상숭배하며 이웃 사랑 없이 제멋대로 살았기 때문이다. 유다 왕국 멸망 후 70년 동안 바벨론에서 포로생활하던 유대인들이 마침내 회개하고 하나님을 사모하게 되었을 때, 하나님은 자비를 베풀어 그들을 귀환시키셨다. 그리고 무너진 예루살렘 성전을 재건축하게 해서 하나님께 대한 예배를 회복시켜 주고, 무너진 성벽을 재건축하게 해서 안정적인 신앙생활을 회복시켜 주셨다. 그러나 그다음 세대는 직접적인 우상숭배를 하지는 않았지만 하나님보다 돈을 우

선하여 섬기며 또다시 멸망의 길로 가버렸다. 열왕기 저자가 여호야긴 왕의 신분 회복을 보고 유다 회복에 대한 희망을 발견했듯, 예언자 말라기는 승천한 엘리야와 메시아의 오심에서 하나님 나라의 회복을 기대하고 있다.

"그가 아버지의 마음을 자녀에게로 돌아오게 하고, 사람의 마음을 자기 이웃에게 돌아오게 하겠다. 돌이키지 않으면 내가 가서 그 땅에 저주를 내리겠다." (말 4:6)

말라기 시대 이후에 유대인들이 하나님과 이웃 사랑을 회복하지 못해서 하나님은 그들에게 침묵하시며 400년 동안 예언자를 보내지 않고 저주를 내리셨다. 그런데도 유대인들은 "여호와여 내가 주께 부르짖으오니 나의 반석이여 내게 귀를 막지 마소서. 주께서 내게 잠잠[침묵]하시면 내가 무덤에 내려가는 자와 같을까 하나이다"(시 28:1)라고 다윗처럼 간절하게 부르짖지도 않았다.

그러나 하나님의 나라를 회복할 때가 되었을 때 사랑의 하나님은 저주받아 죄의 흑암 속에 살던 인류를 구원하시려고 그리스도 예수를 보내주셨다. 그리스도는 생명의 말씀으로 영생 얻는 길을 보여주셨고 믿는 자를 위해 대속의 죽으심으로 죄용서를 받게 해주셨으며 하나님의 나라를 회복시켜 주셨다. 하나님의 나라는 하나님이 자기 백성과 함께하시면서 하나님과 이웃을 사랑하도록 다스리시고 종말에 메시아를 통해 그 통치를 완성하셔서 영광 속에 두신다는 개념이다. 유대인들은 하나님의 나라를 건설할 메시아를 대망했고, 신약성경은 그 나라를 건설하실 메시아가 예수라고 선언한다. 예수께서 공생애 사역을 시작하시며 "때가 찼고 하나님의 나라가 가까웠으니 회개하고 복음을 믿으라"(막 1:14-15)고 선포하셨고, 기도할 때 "아버지의 나라가 오게 하시며 아버지의 뜻이 하늘에서와 같이 땅에서도 이루어지게 하소서"라고 기도하고 하나님의 나라와 하나님의 의를 먼저 구하라고 가르치셨다. 그래서 유대인들은 '하나님의 나라가 당장에 나타날 줄로 생각했다.'(눅 19:11)

예수께서는 부활하신 후 승천하실 때까지 40일 동안 하나님 나라의 일을 말씀하셨고(행 1:3), 예수님의 사역을 계승한 사도바울도 '불의한 자는 하나님의 나라를 유업으로 받지 못하리라'(고전 6:10)고 경고하며 '보라, 내가 여러분 중에 왕래하며 하나님의 나라를 전파하였다'(행 20:25)고 회고했고, 순교할 때까지 32년 동안 하나님의 나라를 증언하고 전파했다(행 28:23, 31).

에필로그

실패한 유대인의 역사를 반면교사로 삼아

유다 왕국 멸망을 겪은 1세대 유대인들 가운데 예루살렘이 함락되기 전, 성 밖으로 피신해 멸망의 고통을 직접적으로 겪지 않은 자들이 있었다. 이들은 회개하지 않고 우상숭배를 고집하다 멸망당했다(렘 44:17b-19). 한편, 바빌로니아에 포로로 잡혀간 유대인들은 고난 속에서 자기 육신대로 살았다(겔 33:24, 30-32; 시 137).

다니엘은 유다 왕국이 멸망하기 18년 전, 10대 중반의 청소년 때 바벨론으로 잡혀 온 까닭에 조상들의 타락에 물들지 않았다. 그는 이방인 느부갓네살 왕이 꿈을 꾸고서 불안해하자, 공의와 정의를 행함으로 죄를 용서받으면 평안을 누리게 된다고 조언한다(단 4:27). 이것은 성전 제사가 사라진 바빌로니아에서 포로생활을 하고 있는 유대인들에게 하나님이 에스겔을 통해 하신 말씀, 곧 "악인이 자신의 악에서 떠나 돌아서서 공의와 정의를 행하면 그는 그것 때문에 살 것이다"(겔 33:19)라는 말씀과 같다. 또한 율법이 생기기 전 하나님이 믿음의 조상 아브라함에게 하신 말씀, 곧 "아브라함은 강대한 나라가 되고 천하 만민은 그로 말미암아 복을 받게 될 것이 아니냐. 내가 그로 그 자식과 권속에게 명하여 여호와의 도를 지켜 정의와 공의를 행하게 하려고 그를 택하였나니, 이는 나 여호와가 아브라함에게 대하여 말한 일을 이루려 함이니라"(창 18:18-19)는 말씀과도 같다. 결국 하나님은 자기 백성을, 하나님과 이웃을 사랑하고, 우상숭배를 배격하며, 정의와 공의를 행하는 백성으로 회복시키려고 유다 왕국 멸망과 귀환의 고난을 통과하게 하신 것이다.

하나님은 바빌로니아에서 포로생활하고 있는 유대인들을 통해 인류 역사를 주관하는 자신의 거룩함을 나타내셨다(겔 36:23; 38:16b; 39:27). 그들이 바빌로니아에서 고난을 겪으면서도 하나님의 주권을 믿고 순종함으로써 이방인들이 보는 앞에서 하나님의 거룩하심을 나타낼 때, 하나님은 비로소 그들을 유다 땅으로 귀환시켜 주겠다고 말씀하셨다(겔 28:25). 하나님의 백성이 이방 사회에서 겪은 절체절명의 위기는 모두 에스겔의 예언대로, 이방인들로 하여금 하나님을 찬양하게 하려고 일어난 사건이었다(합 2:14 참조).

이렇게 우상숭배와 폭력으로 죄 많은 유대인들이 포로생활을 하고 있는 이방 사회 속에서 참회의 삶(겔 36:32)을 살며 죄를 용서받고(겔 36:33; 37:23) 성령으로(겔 36:26; 37:5, 14; 단 4:8) 하나님과 이웃을 사랑하는 하나님 나라 백성으로 거듭나서 정의와 공의를 행하여 하나님의 거룩하심을 나타내며 하나님께 영광 돌리는 것이 포로기의 시대정신이다.

하나님은 비록 이스라엘 백성이 죗값으로 70년간 고난을 받지만 회개하고 유다 귀환을 간구하면 이루어 주시리라 말씀하셨다(겔 36:37-38). 그래서 다니엘은 민족의 죄를 회개하고 죄 용서와 귀환을 간구했다(단 9:4-7, 11, 16-17, 18b-19). 바빌로니아에서 포로생활을 하던 유대인들도 동족애를 품고 귀환을 간구했으므로, 하나님은 다니엘의 기도를 들으시고 다음 해(BC 538) 고레스를 통해 유대인의 예루살렘 귀환과 성전 건축 칙령을 내리셨다. 그리고 그다음 해(BC 537) 스룹바벨을 비롯한 유대인 4만 2,360명을 귀환시키셨다. 하나님께 예배드리고 그분께 영광 돌리며 그분의 통치를 드러내는 성전의 재건을 이루시기 위함이었다. 그들은 예언자 학개와 스가랴의 독려로 귀환 21년 만에 성전 재건축을 이루게 된다. 그 결과 유다 땅에서 유대인 총독에 의한 유다 민족 자치공동체가 새롭게 시작되었고 성전 예배생활도 회복되었다. 이것이 귀환기의 시대정신이다.

그런데 바벨론에서 서쪽 유다 땅으로 귀환하라는 하나님의 말씀을 거역하고 동쪽 수산으로 가서 신흥 제국 페르시아의 수도에서 부귀영화를 추구한 유대인들이 있었다. 이들을 돌아오게 하려고 하나님은 하만에 의해 촉발된 위기를 에스더와 모르드개를 비롯한 유대인들의 결사적인 부르짖음으로 벗어나게 하고, 유다 민족의 정체성과 율법생활의 중요성을 각성하게 하여 율법사들에 의한 율법 집대성을 이루게 하셨다. 이때 에스라는 하만 사건 15년 후에 아하수에로 왕으로부터 이스라엘 백성에게 율법을 가르치고 지키게 하라는 명령을 받고 BC 458년 유다 백성을 이끌고 예루살렘으로 귀환했다. 그는 귀환 유대인들이 이방 신을 섬기는 여자와 결혼하여 혼

합 종교생활하는 죄를 회개하며 하나님께 용서를 간구했고(스 9:6-12), 가정을 정결하게 하며 유다 공동체의 율법생활을 회복시켰다.

에스라 귀환 13년 후(BC 445) 느헤미야가 페르시아 왕 아닥사스다의 측근 고위직이었을 때, 예루살렘 성벽이 파괴된 채 142년 동안 방치되어 있다는 소식을 듣고 금식하며 자신과 민족의 죄를 회개하고 자신의 예루살렘 귀환과 예루살렘 성벽 회복을 간구했다(느 1:7-9). 하나님은 느헤미야의 간구를 들으시고 그를 유다 총독이 되게 하여 예루살렘으로 귀환시키셨다. 그는 공의롭고 솔선수범하며 조직적인 리더십을 통해 안팎의 문제를 슬기롭게 해결하면서 예루살렘 성벽 재건축을 완성했다. 안으로 동족 사이의 빚을 탕감하게 하여 개인권리 회복에 의한 공동체 단결을 이루고, 밖으로 외부 훼방꾼들의 계략을 분쇄하면서 예루살렘 성벽을 재건축해서 이방인의 출입을 통제하고 예루살렘 주민의 안정을 회복시켰다.

다음 해(BC 443) 에스라는 백성들의 요청에 의해 예루살렘 수문 앞 광장에서 모든 백성에게 그동안 집대성한 율법을 낭독하며 가르쳤다. 그리고 백성을 대표하여 회개하며 하나님 나라 백성의 온전한 회복을 간구했다(느 9:34-37). 백성들은 회개하고 율법대로 초막절기를 지킨다. 그래서 예루살렘 성전과 성벽 회복과 함께 율법생활이 회복되었다. 에스라의 율법 집대성 작업의 열매가 바로 오늘날까지 남아 있는 구약성경이다. 이것이 회복기의 시대정신이다.

그러나 에스라, 느헤미야 같은 올바른 믿음을 가진 지도자가 없어지자 다음 세대의 유대 사회는 곧 타락하여 말라기 사태가 발생해 버렸다. 다윗이 건축한 굳건한 예루살렘 성벽이 있고 솔로몬이 건축한 웅장한 예루살렘 성전 건물이 있어도, 그 안의 백성이 하나님을 버리고 우상숭배하며 이웃을 억압, 강탈, 폭력, 살인함으로 하나님의 이름을 더럽혔을 때, 거룩하신 하나님은 마침내 예루살렘을 버려 멸망시키셨듯, 유다 왕국 멸망 이후 귀환 유대인들이 무너진 예루살렘 성전 건물과 파괴된 예루살렘 성벽을 재건축하고 율법을 집대성하며 성전생활과 율법생활의 회복을 추구했지만, 그들의 후손이 또다시 하나님의 나라를 이루지 못하자 하나님이 예루살렘을 외면하신 것이 말라기가 보여 주는 구약의 종말이다.

하나님은 하나님의 나라를 이루실 그리스도 예수께서 오실 때까지 말라기 이후 400년 동안 침묵하셨다. 신의 침묵기는 인간 영혼의 어두운 밤이다. 침묵 기간 동안 유대인들은 페르시아 이후 헬라 시대에 히브리어 구약성경을 헬라어로 번역(70인역)하여 열방 선교의 기틀을 만들고 독립국가(하스몬 왕조·BC 166-63)를 이루었다. 하지만 유대교의 관습과 전통 및 율법 지키기에만 전념하는 배타적 율법주의 시대가 되었다. 그런데 BC 63년에 로마 통치시대가 되었을 때도 잘못된 그 정신을 추구하였고, 때가 차자 진정한 지도자이자 참된 목자이신 그리스도 예수께서 예언대로(겔 34:23-24; 37:24; 단 9:25-27; 사 53) 오셔서 하나님의 나라를 회복시키셨다(마 3:2; 4:17; 12:28; 막 1:15; 단 2:44).

그리스도 예수께서는 '서로 사랑하라'는 새 계명을 주시며 성전 건물이나 성벽 없이도 성령의 법으로 하나님의 나라를 이 땅에 이루셨고, 재림 때 그 나라를 완성하실 것이다. 사도 바울도 성령을 따라 하나님과 이웃을 사랑함으로써 "모든 것을 하나님의 영광을 위하여 하라"(고전 10:31), "오직 사랑으로 서로 종노릇하라. 온 율법은 네 이웃 사랑하기를 너 자신같이 하라 하신 한 말씀에서 이루어졌나니"(갈 5:13b-14)라고 가르치며 세계 열방에 하나님의 나라를 전했다(행 1:3; 28:31).

"주 하나님은 자기의 비밀을 자기의 종 예언자들에게 미리 알리지 않고서는 결코 행하시지 않는다"(암 3:7)라고 말씀하셨듯이, 인류 역사를 주관하시는 하나님은 미래에 일어날 일을 예언자들을 통해 알려 주셨다. 에스겔에게는 유다 회복 환상(겔 34-39장)을 보여 주셨고, 다니엘에게는 네 제국 환상(단 2, 7장)과 종말 환상(단 8장), 일흔이레 환상(단 9장), 미래 유다 역사 환상(단 10-12:13)을 보여 주셨다. 또 메시아의 초림(겔 34:23-24; 37:24; 단 9:25-27)과 고난(단 9:25), 대환난(단 7:21, 25; 9:27; 12:7) 후 재림과 최후의 심판, 그리고 새 하늘과 새 땅 환상(단 7:22; 7:26-27; 겔 40-42장)을 보여 주셨고, 이 땅에서 성도들의 삶이 끝난 후 낙원에서의 안식과 부활 및 영생(단 12:13)도 보여 주셨다. 스가랴에게는 성전건축 격려 환상 여덟 가지와 메시아의 고난, 재림, 심판, 구원과 통치를 보여 주셨다.

유대인들은 이렇게 하나님의 미래 예언을 보고도 메시아 예수 그리스도를 배척해 멸망의 길로 갔다. 오늘날 우리는 어떤가. 복음서와 바울서신 및 계시록을 비롯한 미래 예언의 말씀을 읽고도 믿음을 저버리는 길로 가지 않도록, 실패한 유대인의 역사를 반면교사로 삼아 믿음으로 말세를 살아야 하겠다.

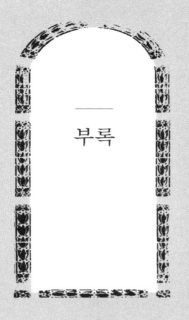

부록

연대표

유다	BC	바빌로니아·페르시아·이집트·그리스

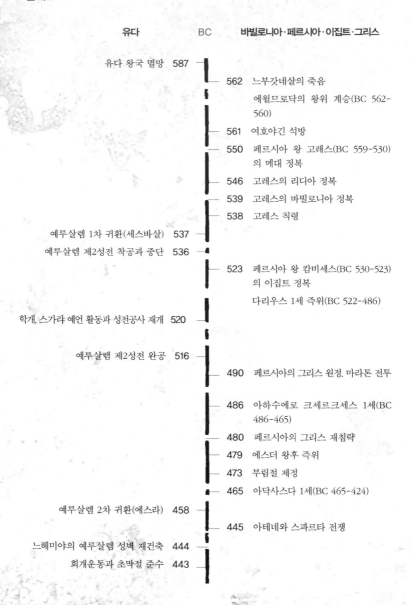

유다 왕국 멸망 587

562 느부갓네살의 죽음
에윌므로닥의 왕위 계승(BC 562-560)

561 여호야긴 석방

550 페르시아 왕 고레스(BC 559-530)의 메대 정복

546 고레스의 리디아 정복

539 고레스의 바빌로니아 정복

538 고레스 칙령

예루살렘 1차 귀환(세스바살) 537

예루살렘 제2성전 착공과 중단 536

523 페르시아 왕 캄비세스(BC 530-523)의 이집트 정복
다리우스 1세 즉위(BC 522-486)

학개, 스가랴 예언 활동과 성전공사 재개 520

예루살렘 제2성전 완공 516

490 페르시아의 그리스 원정. 마라톤 전투

486 아하수에로 크세르크세스 1세(BC 486-465)

480 페르시아의 그리스 재침략

479 에스더 왕후 즉위

473 부림절 제정

465 아닥사스다 1세(BC 465-424)

예루살렘 2차 귀환(에스라) 458

445 아테네와 스파르타 전쟁

느헤미야의 예루살렘 성벽 재건축 444

회개운동과 초막절 준수 443

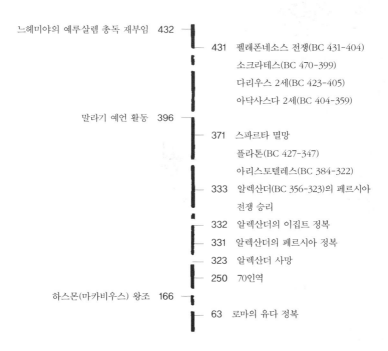

색인표

315

참고 문헌

성경

The Holy Bible, King James Version, America Bible Societies, 1952.
The Holy Bible, New International Version, Zondervan, 2002.
SEPTUAGINTA, Deutsche Bibelgesellschaft, 1979.
현대인의 성경, 생명의말씀사, 1986.
톰슨주석 성경, 기독지혜사, 1990.
표준새번역개정판 성경, 대한성서공회, 2001.
쉬운 성경, 아가페출판사, 2003.
개역개정판 성경, 대한성서공회, 2005.
우리말 성경, 두란노서원, 2009.

성경 외

김영재 저, 《바이블웨이》, 컴퓨터선교회, 2013.
김형원 저, 《소명, 그 거룩한 일상》, 대장간, 2018.
김흔중 저, 《성서의 역사와 지리》, 엘맨출판사, 2013.
김희보 저, 《요나, 나훔, 오바댜 주해》, 총신대학교출판부, 1988.
데이비드 W. 베이커, 빌 T. 아놀드 공저, 강소라 역, 《현대 구약성서 연구》, 새물결
　　　　플러스, 2019.
데이비드 베이커 저, 임요한 역, 《구약과 신약의 관계》, 부흥과개혁사, 2016.
레온 우드 저, 김의원 역, 《이스라엘의 역사》, 기독교문서선교회, 2012.
마르크 반 드 미에룹 저, 김구원 역, 《고대 근동 역사》, 기독교문서선교회, 2010.
박정수 저, 《고대 유대교의 터·무늬》, 새물결플러스, 2018.
반성호 저, 《성경 연대기》, 밀알서원, 2013.
배리 웹 저, 백지윤 역, 《스가랴》, 한국기독학생회출판부, 2019.
송병헌 저, 《엑스포지멘터리 선지서개론》, 국제제자훈련원, 2012.
신성균 저, 《하나님 나라의 관점에서 본 성경》, 생명의말씀사, 2018.
아브라함 J. 헤셀 저, 이현주 역, 《예언자들》, 삼인, 2004.

알프레드 J. 허트, 제랄드 L. 매팅리, 에드윈 M. 야마우치 공저, 신득일, 김백석 공역,《고대근동문화》, 기독교문서선교회, 2012.

에드가 W. 콘래드 저, 장세훈 역,《새롭게 읽는 선지서》, 기독교문서선교회, 2013.

에드워드 J. 영 저, 오병세, 홍반식 공역,《구약총론》, 영음사, 1971.

에릭 H. 클라인 저, 류광훈 역,《성서 고고학》, 기독교문서선교회, 2013.

S. 쉬반테스 저, 이종근 역,《고대근동의 역사》, 삼영출판사, 2001.

《옥스퍼드 원어성경대전》, 제자원, 2003.

요세푸스 저, 성서자료연구원 역,《유대고대사 II》, 달산, 1992.

월터 모벌리 저, 박규태 역,《예언과 분별》, 새물결플러스, 2015.

윌리엄 반 게메렌 저, 채원석 역,《예언서 연구》, 솔로몬, 2012.

유병헌 저,《연대기로 보는 구약성경》, 예수전도단, 2017.

유진 피터슨 저, 이종태 역,《메시지/구약 예언서》, 복있는사람, 2013.

이병규 저,《예레미야 중, 하》, 염광출판사, 2010.

이안 프로반 V, 필립스 롱 공저, 김구원 역,《이스라엘의 성경적 역사》, 기독교문서 선교회, 2013.

이영제 저,《헤로도토스의 역사와 신구약 중간사》, 한국컴퓨터선교회, 2015.

이학재 저,《에스겔, 어떻게 읽을 것인가?》, 성서유니온선교회, 2011.

존 칼빈 저, 존 칼빈 성경주석출판위원회 역,《성경주석》, 성서원, 1999.

질 미들마스 저, 홍성혁 역,《이스라엘의 무성전 시대》, 기독교문서선교회, 2018.

차준희 저,《예레미야서 다시보기》, 프리칭아카데미, 2007.

_____,《예언서 바로 읽기》, 성서유니온선교회, 2013.

최의원 저,《새즈믄 하나님의 말씀》, 예영커뮤니케이션, 2008.

콘라드 슈미트 저, 이용중 역,《고대근동과 구약 문헌사》, 기독교문서선교회, 2018.

크리스토프 라이트 저, 홍종락 역,《구약에 나타난 예수, 성령, 하나님》, 성서유 니온선교회, 2018.

트럼프 롱맨 3세 저, 최광일 역,《구약성경의 정수》, 기독교문서선교회, 2016.

팀 켈러 저, 최종훈 역,《고통에 답하다》, 두란노서원, 2018.

피터 R. 아크로이드 공저, 이윤경 역,《이스라엘의 포로와 회복》, 기독교문서선교회, 2019.

필립 얀시, 브렌다 퀸 공저, 신순호 역,《필립 얀시의 성경을 만나다》, 포이에마, 2010.

하용조 저,《연대기 성경》, 두란노서원, 2009.

허성갑 저,《히브리어-한글 직역 대조 구약성경》, 말씀의집, 2009.

존 브라이트 저, 박문재 역,《이스라엘 역사》, 크리스천 다이제스트, 1993.

신국 회복

Restoring the Kingdom

지은이 고영길
펴낸곳 주식회사 홍성사
펴낸이 정애주
국효숙 김의연 김준표 박혜란 손상범
송민규 오민택 임영주 차길환

2022. 10. 25. 초판 1쇄 인쇄   2022. 11. 4. 초판 1쇄 발행

등록번호 제1-499호 1977. 8. 1.
주소 (04084) 서울시 마포구 양화진4길 3   **전화** 02) 333-5161   **팩스** 02) 333-5165
홈페이지 hongsungsa.com   **이메일** hsbooks@hongsungsa.com
페이스북 facebook.com/hongsungsa
양화진책방 02) 333-5161

ISBN 978-89-365-1455-6 (03230)